JN442157

중국 경제를 논하다

Justin Yifu Lin on China's Economy

林毅夫 지음
張紅英·김현철·김홍범·하경심 옮김

연세대학교 출판문화원

중국 경제를 논하다

2024년 9월 30일 초판 1쇄 발행

지은이 林毅夫
옮긴이 張紅英·김현철·김홍범·하경심
펴낸곳 연세대학교 출판문화원
주소 서울특별시 서대문구 연세로 50
등록 1955년 10월 13일(제9-60호)
전화 02) 2123-3378~80
팩스 02) 2123-8673
전자우편 ysup@yonsei.ac.kr
홈페이지 http://press.yonsei.ac.kr
인쇄 네오프린텍(주)

ISBN 978-89-6850-895-0(93300)

값 25,000원

Copyright © 2021 by Justin Yifu Lin
Korean edition copyright © 2024 by Yonsei University Press
by arrangement with CITIC Press Corporation, All rights reserved

* 이 책은 저작권자와 본사 양측의 동의 없이 어떠한 형태나 수단으로도 이용할 수 없습니다.

이 저서는 '중화사회과학기금(中華社會科學基金, Chinese Fund for the Humanities and Social Science)'의 지원을 받아 수행된 연구임

서 문

본 서는 저자의 최근 발표 논문들을 수록하고 하나의 경제이론을 제안함으로써 중국 경제의 과거의 발전, 현재의 도전, 미래의 성장 전망을 이해하고자 한다. 중화문명은 세계에서 가장 오래되고 위대한 문명 중 하나이다. 매디슨(Angus Maddison)의 추정에 따르면, 1820년 중국의 경제규모는 전 세계 GDP의 1/3을 차지했다. 그러나 산업 혁명 이후 서방이 빠르게 성장하면서 1949년 중화인민공화국 성립 시 중국 경제의 세계 비중은 4.2%까지 급락했다.[1]

기타 개발도상국과 마찬가지로, 중국 정부는 국가 주도의 산업화를 통해 민족 부흥을 추진하였다. 계획경제에서 시장경제로 전환하기 전까지의 수십 년 동안 중국은 줄곧 빈곤국가였지만, 1978년 시장경제로 전환하면서부터 중국의 경제는 급속하게 발전하기 시작하여, 1978-2021년 동안 연평균 성장률 9.2%라는 인류 역사상 유례없는 경제 발전의 기적을 이뤄냈다. 중국의 1인당 GDP는 1978년 156달러로, 당시 사하라 이남 아프리카 국가 평균의 1/3에도 못 미치는 수준이었으나, 2021년에는 12,551달러까지 상승했으며

1 Maddison, A., Monitoring the World Economy 1820-1992, Paris: Organization for Economic Cooperation and Development, 1995.

2025년 전까지 세계은행(The World bank)의 고소득 국가 기준인 13,205 달러를 넘어설 것으로 전망되고 있다. 주목할 점은, 시장경제로의 전환 과정에서 중국은 당시 주류 경제이론을 기반으로 한 '워싱턴 컨센서스(Washington Consensus)'의 전략을 따르지 않은 반면, 다른 개발도상국들은 워싱턴 컨센서스를 준수하였음에도 불구하고 경제 붕괴, 침체 및 빈번한 위기에 부딪혔다는 사실이다.

제2차 세계대전 이후, 대다수의 개발도상국은 정치적 독립을 이룬 후 선진국의 주류 경제이론의 지휘 하에 현대화와 산업화를 추진하기 시작했다. 하지만 선진국과의 소득격차 축소에 성공한 국가는 많지 않았다. 성공한 경우는 대부분 동아시아 국가들인데, 이들이 취한 전략은 선진국의 주류 이론에서는 이상적이지 못한 것으로 간주되었던 것이었다. 예를 들면 한국, 대만, 홍콩, 싱가포르 등 동아시아 신흥 산업화 경제체들이 1950-60년대 채택한 것은 전통적·소규모적·노동집약적 산업을 통해 단계적으로 발전해가는 '수출 주도 전략'이었지 과거 유행하던 '수입 대체 전략'이 아니었다. 중국, 베트남, 캄보디아의 경우는 1980-90년대 계획경제에서 시장경제로 전환하면서 안정적이고 동태적인 성장을 이뤘는데, 이들이 채택한 것은 점진적, 일시적 방법이었지 당시 성행하던 대폭발식 시장화, 사유화, 안정화 방식이 아니었다.

경제이론은 경제현상으로부터 형성되는 것으로, 경제현상의 본질과 원인을 이해하고 사람들의 행동을 이끌며 사회 발전을 촉진하는 것을 목표로 한다. 1776년 아담 스미스(Adam Smith)가 『국부론(The Wealth of Nations)』을 발표한 이후로 경제이론은 대다수가 선진국, 특히 영국과 미국으로부터 나왔다. 선진국의 성공 요인을 반영한 이런 경제이론들은 개발도상국에게도 정책적 방침이 되어줄 수 있을 것으로 여겨졌다. 그러나 경제이론은 경제현상으로부터 추상화된 간단한 인과 관계로서, 현상이 발생한 국가의 경제, 사회, 정치 및 문화 구조에 내재되어 있다. 다시 말해, 국가의 구조는 경제이론의 전제조건이 된다. 따라서 이론이 아무리 통용되었다 해도 국가의 기본 구조에 질적인 변화가 발생한다면, 이론은 유효성을 상실하고 새로운 이론이 출현하게 된다.

선진국과 개발도상국 간에는 발전단계의 차이에 따른 구조적 차이가 필연적으로 존재하므로, 개발도상국의 경제현상을 관찰하고 경제문제를 처리할 때는 반드시 구조적 관점을 주류인 신 고전주의 경제이론 안에 반영해야 한다. 이것이 신구조경제학(New Structural Economics, NSE)의 목표이자, 내가 2009년 세계은행에서 수석경제학자로 부임한 이후 줄곧 주장하고 있는 목표이다.

신구조경제학은 마르크스(Karl Marx)의 역사유물론을 반영하고 신 고전주의 방식을 분석틀로 삼는다. 이를 기초로 경제는 부존(endowment)구조, 생산(산업 및 기술) 구조, 기반 시설 및 상부구조 등을 포함하는 일련의 상호 연결된 구조로 구성되어 있다고 본다. 또는 신 제도경제학 용어를 사용하여 법률, 규칙, 경제, 사회, 정치제도 등의 '공식 제도'와 행위양식, 전통, 신앙, 가치관, 의식형태 등의 '비공식 제도'로 구성된다고 보기도 한다. 한 경제체의 생산구조는 그 경제체의 부존구조로부터 내생 결정된다. 부존구조는 어느 특정시간에 주어진 것으로서 시간의 흐름에 따라 변할 수 있으며, 경제체의 비교 우위를 결정하고 이를 기반으로 경제체에 적합한 기술과 산업을 결정한다. 특정 자본, 기술 및 기반 시설 요구, 규모경제와 벤처경제 등과 같이 기술과 산업은 종류마다 특성이 다르므로, 생산구조에서 기술과 산업이 생산력을 제대로 발휘하려면 그 특성에 부합하는 기반 시설과 상부구조가 필요하다. 이처럼, 한 경제체에 적합한 기반 시설과 상부구조는 그 경제체의 생산구조로부터 내생 결정되고, 부존구조로부터도 간접적으로 내생 결정된다.

한 경제체의 효과적인 운영을 위해서는 두 가지 기본 제도가 필수적인데, '충분히 경쟁적인 시장'과 맞춤형 성장 촉진을 할 수 있는 '유능한 정부'이다. 전자는 기업에게 인센티브와 상대가격(relative price) 정보를 제공하면서 기업가와 협력해, 경제의 비교 우위에 따라 생산(산업 및 기술)을 선택하는 작용을 해야 한다. 후자는 국가에서 유일하게 합법적 권력으로 강제력을 행사할 수 있는 기관으로서, 혁신의 외부효과(externalities)로서 발생하는 불가피한 시장 실패를 극복하고, 구조전환이 특징인 발전과정에서 기반 시설과 상부구조에 대한 지원 및 개선 문제를 해결해야 한다.

사상, 정보, 자본, 무역이 국경을 넘나드는 현대 세계에서, 경제구조 불균형은 주로 두 가지 요인에 의해 발생한다. 첫째는 경제 체계를 구성하는 구조 간의 견고성 차이로 인한 것이다. 한 경제에 적합한 생산구조, 기반 시설 및 상부구조가 조성되면, 부존구조에 빠르게 변화가 일어난다. 경제에 이상적인 구조가 갖춰지면 경제 성장과 자본축적이 신속하게 진행될 수 있고, 축적된 자본으로 인해 부존구조의 상대적 비중과 경제 비교 우위에 변화가 일어나, 생산구조, 기반 시설 및 상부구조 역시 이에 맞춰 변화하도록 요구받기 때문이다. 상부구조 중에서 특히 행동양식, 전통, 신앙, 가치관, 의식 형태와 같은 비공식 제도는 변화 속도가 가장 느리다. 부존구조에 변화가 발생할 때, 상술한 자본축적이나 그 외 인구증가, 교육, 이민, 외국자본 유입, 천연자원 발견과 같은 기타 요인들로 인해 상부구조와 하부구조의 변화가 동시에 일어나지 않게 되면 구조 불균형이 나타날 수 있다. 구조 불균형의 두 번째 요인은 생산구조에 대한 국가의 개입이다. 예를 들면 제2차 세계대전 이후 사회주의 국가와 다수의 개발도상국이 구조주의 이론에 따라 자국의 비교 우위에 맞지 않는 수입대체 전략을 채용한 것, 또는 개발도상국이 정치적 독립이나 일부 사회·정치적 동요 후, 교육받은 엘리트들의 기대, 다자개발기구의 제안, 전세계 대국(大國) 등의 영향으로 선진국의 정치, 법률 및 기타 공식제도를 계승 및 모방한 것이 있다. 이러한 국가의 1차적 개입은 마치 연못에 돌을 던진 것과 같은 잔물결효과가(Ripple effect) 2차 제도의 출현을 유발하기도 한다. 위에 기술한 두 가지 유형의 구조적 불균형은 경제실적의 부진은 물론, 사회·정치적 불안을 야기할 수 있다.

첫 번째 유형의 불균형의 경우, 구조 균형의 회복은 비교적 직접적으로, 국가나 일부 비즈니스, 정치, 제도, 기업가가 서로 협조하며 개혁을 선도하는 것이 균형 개혁의 조건이 되기 때문이다. 두 번째 유형인 국가의 개입으로 인한 구조 불균형의 경우, 균형 회복의 관건은 경제체제 내 여러 왜곡되어 보이는 2차 제도들은 생산구조나 상부구조에 대한 국가의 1차적 개입으로 인해 내생된 것으로, 본질적으로 부차적이라는 사실을 인식해야 한다는 것이다. 따라서 실질적인 방법을 채택해 체제의 동요를 피하고, 상부구조 제도개혁에 앞서 저차원적 구조의 조건부터 완비하여, 전환 과정에서 파레토 개선(Pareto improvement)을 실현하는 것이 가장 이상적이다. 예를 들어보자. 구조주의의 수입대체 전략 위주 산업에서는 생존능력이 없는 기업을 보호해야 하므로, 금융 억압(financial repression)과 연성예산제약(soft budget constraint)을 취소하고 생존능력이 없는 기업이 자본축적과 비교 우위 변화를 통해 활력을 되찾기를 기다려야 한다. 이때 비교 우위가 있는 새로운 산업을 점진적인 이원화(the dual track)식 전환을 통해 빠르게 성장시킴으로써 비교 우위를 변화시킬 수 있다. 선진국의 공식제도를 강제 도입한 개발도상국은 제2차 세계대전 이후 경제 추월 단계의 동아시아에서처럼 진보적인 정치 지도자의 견인(堅忍)이 있다면 이러한 구조적 불균형을 극복할 수 있다. 정치 지도자는 자유재량권을 현명하게 행사해 먼저 국가의 정치적 안정을 유지하고, 정치적 안정의 토대 위에 경제를 발전시켜 경제 기반을 업그레이드함으로써 균형 회복의 필요조건을 마련해야 한다. 이렇게 해야 강제 도입한 제도를 효율적으로 운용하면서 낡은 비공식 제도(인척 파벌 관계, 정치적 비호 등의 2차 왜곡)와의 충돌을 피할 수 있다.

본 서의 구성은 다음과 같다. 제1장에서는 중국 내부에서 산업 혁명이 발생하지 못한 원인을 분석하여 세계적 지위 변화와 국가 부흥을 향한 동기를 모색하고, 1978년 시장경제 전환 이후 중국 경제 활력의 원천 및 민영경제의 발전 역할에 대해 논한다. 제2장에서는 중국의 굴기가 개발도상국과 세계 빈곤 탈피에 어떤 시사점을 제공하는지에 대해 논한다. 제3장에서는 중국의 발전 경험으로부터 신구조경제학을 포함한 새로운 경제이론의 출현이 가능함을 논한다. 제4장에서는 신구조경제학 이론의 혁신 동기 및 경제 연구에서의 응용 방법을 알아본다. 제5장에서는 신구조경제학을 운용한 중국의 혁신 및 발전 정책 방안을 제시한다. 제6장에서는 산업구조와 금융구조 간의 관계 및 금융 혁신을 이용한 중국에서의 양질의 발전 지원 방안을 탐구한다. 제7장에서는 중국이 새로운 발전 모델을 채용한 이유를 논하면서, 국내 대순환(國內大循環)을 위주로 국내외 쌍순환을 상호 촉진하는 새로운 발전구도 구축의 필요성을 강조한다. 제8장에서는 중국의 2021-2025년 제14차 5개년 계획의 목표, 도전 및 필요 정책에 대해 논한다. 마지막 제9장에서는 중미(中美) 간 긴장 관계, 코로나19 사태, 전세계 거버넌스 개혁 등에 대한 대응

방안에 대해 논하면서 협력상생의 필요성을 강조할 것이다.

중국은 세계 모든 국가에게 체제적으로 중요한 국가이다. 본 서가 제공하는 신구조경제학의 시각이 독자들에게 전세계 여러 매체에서 반복적으로 중국의 붕괴를 예측하는 상황에서도 중국이 안정과 빠른 발전을 지속할 수 있는 이유, 중국의 발전이 기타 개발도상국에게 주는 시사점, 그리고 중국이 향후 수 년간 발전을 유지하면서 글로벌 협력상생을 통해 조화로운 세계로의 길을 마련할 수 있음을 이해하는데 도움이 되기를 바란다.

목 차

제1장

중국의 성과는 어디서 시작되었는가

조지프 니덤(Joseph Needham)의 수수께끼와 중국의 부흥[2]

조지프는 내가 존경하는 학자로, 그는 전(前)근대 사회에서 중국은 과학, 기술, 경제 발전 성취가 세계 선두에 있었는데, 왜 현대 사회의 중국은 낙후되었는가'라는 일명 '니덤 수수께끼(Needham puzzle)'를 제기하고 자신의 평생 연구 주제로 삼았다. 그가 이 문제를 제기한 주 목적은 이를 통해 중국의 부흥 가능성을 고찰하는 것이었다. 젊었을 때부터 이 수수께끼는 줄곧 내 머리 속을 맴돌았던 것으로, 본 장에서는 내가 2009년 세계은행에서 수석경제학자를 맡은 이후 제창하기 시작한 발전경제학의 제3버전인 신구조경제학 이론틀과의 시각으로 이 문제를 분석하고 해결할 것이다.

조지프의 신뢰할 만한 문헌 자료에 의하면, 중국은 근현대 이전에는 세계에서 가장 선진적인 국가 중에 하나였다. 그러나 18세기 후반 영국에서 산업혁명이 발생한 이후 중국은 서방 국가에 빠르게 뒤처지기 시작했다.

2　본문은 저자가 2017년 10월 27일 영국 케임브리지 조지프연구원 주최 제2회 조지프 연례 기념강좌에서의 연설을 정리한 것으로, 왕피아오이(王飄怡)가 처음 번역해, 차이신(財新網)에 최초 발표했다.

경제 기초는 국력을 판단할 수 있는 중요 지표이다. 경제사학자 앵거스 매디슨(Angus Maddison)의 연구에 의하면, 1820년대까지도 중국의 GDP는 당시 세계 GDP의 1/3을 차지했으나, 이후 급속하게 하락하기 시작하여 1949년 사회주의 국가 성립 당시 중국 GDP의 세계 비중은 4.2%에 불과하게 되었다. 1978년 중국이 계획경제에서 시장경제로 전환을 모색했을 때는 경제규모가 겨우 4.9%까지 반등한 상태였다.

막스 베버(Max Weber)의 연구에 따르면, 13-14세기 무렵 중국은 이미 산업 혁명 발생의 경계에 와있었다. 일부 학자들의 연구에서도 송나라의 과학기술과 방직업의 발전 수준이 18세기 산업 혁명 발생 무렵의 영국과 비등했음을 밝힌 바 있다. 하지만 중국에서는 결국 산업 혁명이 발생하지 않았고 그 결과 근대의 경쟁에서 빠르게 무너져버렸다. 조지프는 이에 대해 '중국은 근현대 이전에는 다른 문명들을 크게 앞질렀는데, 왜 근현대에는 그 선도적 지위를 유지하지 못했는가?'라는 매우 도전적인 문제를 제기했다. 이 문제의 답은 중국의 향후 발전 전망에 대한 우리의 판단과 연결된다.

조지프가 1950년대에 최초로 이 문제를 제기했을 당시, 그는 중국이 1970년대 말부터 40년 동안 엄청난 번영을 이루리라고는 예상하지 못했다. 1978년 시장경제로 전환한 후, 중국은 세계에서 경제 발전 속도가 가장 빠른 국가가 되었다. 구매력평가 지수(Purchasing Power Parity, PPP)에 따른 중국 경제의 세계 GDP 점유율은 1978년 4.9%에서 2016년 18.6%까지 급상승하였다. 이렇게 빠른 속도로 오랫동안 지속된 성장은 인류 경제사에 유례없는 기적이었다. 중국공산당 제19차 전국대표회의에서 시진핑(習近平) 총서기는 "현재 중국은 역사적으로 그 어떤 시기보다 중화민족의 위대한 부흥이라는 목표에 가장 근접해 있다"고 강조하였다.

아래에서는 몇 가지 문제를 분석해 볼 것이다. 첫째, 산업 혁명은 왜 중국에서 기원하지 않았는가? 중국의 서방과의 경쟁 패배는 여기에서 출발한다. 둘째, 중국은 어떻게 1978년 이후부터 발전에 박차를 가할 수 있었는가? 셋째, 1978년 이전에는 왜 동일한 정도의 경제 성과가 나타나지 못했는가? 넷째, 중국과 같은 시기에 다른 사회주의 및 비(非)사회주의 국가도 정부 주도로 계획경제에서 시장경제로의 전환을 시도했는데, 중국이 안정적이고 강력한 성장을 지속한 반면, 다른 국가들은 경제 붕괴, 침체 및 거듭되는 위기를 겪었다. 중국과 같은 계획경제에서 시장경제로의 전환을 시도했음에도 왜 그 성과는 크게 차이가 나는가? 다섯째, 동전의 양면처럼 모든 일에는 양면성이 존재한다. 중국이 빠른 경제 성장을 위해 치른 대가는 무엇인가? 여섯째, 중국의 빠른 성장률이 향후에도 지속될지는 중국의 지식인과 조지프가 모두 주목했던 중국 부흥의 실현 여부에 달려있는 것인가? 마지막 문제는 세계 경제에도 매우 중요한 논안이다. 2008년 글로벌 경제위기 이후 매년 세계 경제 성장에 대한 중국의 기여도는 1/3에 이른다. 세계 경제가 2008년 위기의 여파에서 아직 완전히 벗어나지 못하고 있는 현재, 중국 경제가 빠른 성장을 지속하는 것은 전세계적으로 긍정적인 일이다. 중국의 경제 성장이 둔화되면 세계 경제의 성장 동력 엔진이 멈출 수 있고, 이는 중국과 전세계 모두에게 매우 힘든 도전이 될 것이다.

왜 중국에서 산업 혁명이 발생하지 않았는가

논의에 앞서 먼저 '산업 혁명'의 함의를 이해할 필요가 있다. 일반적으로 통용되는 산업 혁명의 의미는 '증기 기관의 상용화, 방직산업의 기계화, 철강 사용의 보편화'이다. 하지만 내 생각에 이는 좋은 정의가 아니다. 이 세 가지 혁신 조건은 한 경제체의 생산률을 급속히 향상시킬 수는 있어도 경제 발전을 지속시킬 수는 없기 때문이다.

주지하듯, 18세기 이전까지 서방 국가들의 1인당 GDP 연평균 성장률은 0.05%에 불과했다. 이 성장률은 1인당 국민소득이 두 배가 되는 데에 1,400년이 걸린다는 것을 의미한다. 세계 다른 지역의 상황도 비슷했는데, 18세기 이후부터 1인당 GDP의 연평균 성장률은 20배 가까이 상승하여 0.05%에서 1%가 되었고 이에 따라 1인당 국민소득이 두 배가 되는 소요 시간도 1,400년에서 70년으로 급감했다. 19세기 중엽부터 현재까지 서방 국가의 국민 연평균 소득 성장률은 다시 두 배로 늘어 2%가 되었고, 국민소득이 두 배가 되는 시간도 70년에서 35년으로 줄어들었다. 이 같은 급속한 경제 성장은 앞서 서술한 세 가지 신기술의 운용 때문이 아니라, 과학기술의 거듭된 혁신이 경제 발전을 일사천리로 가속화했기 때문이다. 그렇다면 과학기술의 혁신 속도는 어떻게 갑자기 향상되어 산업 업그레이드를 가속화할 수 있었는가? 나는 이 기술혁신과 산업 업그레이드의 속도 향상이야말로 산업 혁명의 본질이자 핵심 의미라고 생각한다.

서방의 경제 성장은 왜 갑자기 가속화되었을까? 나는 기술혁신 패러다임의 변화 때문이라고 본다. 산업 혁명 이전, 사회나 문명에서의 기술혁신은 모두 농민이나 수공업자의 경험으로부터 나왔다. 그러나 산업 혁명 이후인

18세기 중엽부터 기술혁신은 주로 실험실에서의 실험 및 연구로부터 나왔고, 19세기 이후에는 더 나아가 과학 이론을 기반으로 하는 실험에서 탄생하였다. 이 같은 기술혁신 패러다임의 전환은 중국을 포함한 전세계에 근본적인 영향을 미쳤다.

18세기 이전에는 기술혁신이 경험을 바탕으로 이뤄졌기 때문에 중국이 우위를 지닐 수 있었다. 중국은 토지와 기후 조건이 모두 농업 생산에 유리하여 대규모의 인구를 부양할 수 있었다. 중국의 거대한 인구는 곧 중국이 다른 국가에 비해 더 많은 농민과 수공업자를 보유하여, 경험 축적을 통한 기술혁신 및 경제 발전에 유리했음을 의미한다. 중국뿐 아니라 고대 이집트, 고대 인도 등 고대의 문명 국가는 모두 큰 강 유역의 비옥한 지역에서 출현하였다. 나는 바로 이것이 중국이 과거에 선진적일 수 있었던 이유라고 생각한다. 그러나 기술혁신의 패러다임이 실험으로 옮겨가면서, 중국의 거대한 인구는 그 우위를 상실하게 되었다. 실험실에서는 한 명의 과학자가 일 년 동안 수많은 실험을 진행할 수 있지만, 농민과 수공업자의 경험 축적은 평생을 바쳐야 완성되는 것이기 때문이다.

그러나 기술혁신 혁명은 또 다른 혁명인 15-16세기 과학 혁명의 결과라는 것을 알아야 한다. 과학 혁명으로 사람들은 실험을 통해 지식을 얻게 되었다. 실험을 통한 신기술의 발명은 그 과정에서 여러 난관을 겪기 마련인데, 과학 혁명의 업적 중 하나는 사람들이 과학 연구를 통해 더 많은 자연계 지식을 축적하여, 기술혁신에서의 난관을 극복하고 신기술을 계속 발명할 수 있게 하였다는 것이다. 이처럼, 과학을 기반으로 한 기술혁신 실험이라는 새로운 실험 방식은 바로 과학 혁명의 결과로 출현하였다. 따라서 '왜 산업 혁명은 중국에서 기원하지 않았는가'에 답하기 위해서는 먼저 '왜 중국에서는 과학 혁명이 발생하지 않았는가'부터 답해야 한다.

과학 혁명의 정수(精髓)는 수학 모델을 운용해 우주와 자연의 운행 규칙을 귀납하고, 통제 가능한 실험을 통해 수학 모델에서 만들어진 가설을 검증하는 것에 있다. 이러한 세계의 운용 규칙을 이해하는 새로운 방식을 중국은 왜 발견하지 못했을까? 과학 혁명이 발생하려면 가장 먼저 자연현상에 대한 호기심과 이해가 충만한 사람이 반드시 있어야 한다. 자연현상에 대한 충만한 이해와 호기심은 일종의 천성적 능력으로, 인구가 많은 중국에는 이런 재능을 가진 사람이 더 많았을 것이다. 그렇다면 이 인재들은 왜 자연현상을 연구하는 새로운 방식을 찾지 못했을까?

이에 대한 나의 해석은 중국의 사회정치 제도로 향한다. 근현대 이전 중국에는 과거(科擧)라는 독특한 제도가 있어, 일반 백성도 이를 통해 통치 계급으로 올라갈 수 있었다. 전통 사회에서는 관료가 되면 가문을 빛내고 높은 보수도 받을 수 있었기에, 대중들은 과거에 합격하고 관료로 등용되는 것에 큰 매력을 느꼈다. 송나라 때부터 과거제가 수험생들에게 유가의 사서오경(四書五經)을 암기할 것을 요구하면서, 젊은 인재들은 유가 경전에 몰두하며 시험을 준비하느라 수학이나 실험에는 관심을 가질 여유나 동기를 가질 수 없게 되었다. 이로 인해 중국에는 수학과 실험에 대한 능력과 호기심을 가진 인적자본이 부족해져, 시대 혁명에 발맞춘 과학 혁명이 일어나지 못하게 된 것이다.

그에 비해 서방에는 과거제도와 같이 인재의 수학 및 실험 학습을 억압하는 사회적 요인이 존재하지 않았다. 자연현상에 호기심을 가진 인재는 수학과 실험을 통해 그 호기심을 충족시키면서 과학 혁명을 촉진할 수 있었다. 중국에서는 이러한 과학 혁명이 없었기 때문에 산업 혁명 역시 일어날 수 없었던 것이다.

과거제도가 국가 인재 선발 제도로서 시행된 초기에는 수학도 시험 과목 중 하나였다. 그러나 이후 황제는 수학에 능통한 인재는 쓸모가 없고, 그보다는 황제에 대한 충성심이 더 중요하다고 여겼다. 유가 사상은 충군애국(忠君愛國)의 인재 배양에 훨씬 유용했다. 유가에서는 군자가 되기 위해서는 백성에게 인자하고 만물을 사랑하며(仁民愛物) 황제께 충성을 바쳐야 한다고 가르친다. 또한 중앙 정부 관할 밖의 자유로운 상태에서도 자신에게 엄격하고 황제에게 충성을 다해야 한다. 이와 같이 근현대 이전에는 비록 국가의 정보 및 통제 기술은 낙후되었어도, 유가의 가르침과 과거제가 국가의 통합과 정치 안정 유지에 유용하게 작용하였다.

유가 사상을 주 내용으로 하는 과거제도는 정보 및 통제 기술이 낙후된 시대에 일종의 혁신 제도였다. 그러나 이 제도는 인재들의 수학 및 실험 학습을 독려하지 않았고, 공교롭게도 이 중 후자인 '실험'은 과학 혁명 발생의 관건이었다. 서방 국가에서 과학 혁명과 산업 혁명이 발생한 후 중국은 가장 선진적인 국가에서 급격하게 밑바닥으로 추락하였다. 중서(中西) 경제·사회 비교와 관련하여, 나는 치폴라(Carlo M. Cipolla)의 『산업 혁명 이전의 유럽 경제사(Before the Industrial Revolution: European Society and Economy 1000-1700)』의 문장을 가장 좋아한다. 책의 마지막 부분에 따르면, 서기 1000-1700년 동안 서방은 기본적으로 농업사회이자 암흑시대에 갇힌, 동 시기의 중국에 비해 가난하고 낙후된 세계였다. 그러나 18세기 이후 모든 것이 뒤바뀌었다. 서방 국가들의 경제, 군사, 정치 역량이 빠르게 성장한 반면 중국은 다른 개발도상국과 마찬가지로 영국 및 서방 세력에 굴복하고 반(半)식민, 반(半)봉건사회가 되었다. 이것은 모두 중국에서 산업 혁명이 일어나지 않아 일어난 결과이다.

중국은 1978년 이후 어떻게 급속하게 발전하였는가

‘중국은 어떻게 해야 부흥할 수 있는가?’ 이는 근대 중국 지식인들이 줄곧 탐구해 온 문제이다. 아편전쟁 이후, 중국 지식인들은 양무운동(洋務運動)을 포함한 각종 개혁안을 시행해 외국의 기술을 도입하여 군사력을 증강하고, 혁명을 통해 군주제를 전복한 후 ‘민주와 과학’을 기치로 하는 신문화 운동 및 사회주의 건국을 추진하였다. 그럼에도 불구하고 중국은 1978년 개혁개방 이전까지 가난하고 낙후된 상태를 벗어나지 못했는데, 1978년부터는 어떻게 신속한 발전을 이룰 수 있었을까? 개혁개방 후 38년 간 중국은 9.6%의 연평균 GDP 성장률을 유지했고 무역 성장률은 이보다 더 높은 14.8%에 이르렀다. 이렇게 빠른 속도로 오래 지속된 성장은 인류 경제사에 유례없는 기적으로 불릴 만하다.

고속 성장에 힘입어, 중국은 2009년 일본을 추월해 세계 2위의 경제체가 되었고, 2010년에는 독일을 넘어서 세계 1위의 수출국으로 자리잡아 ‘세계의 공장’이라는 칭호를 얻었다. 이 칭호는 산업 혁명 이후 영국에게 불려진 것을 시작으로, 미국, 독일, 일본을 거쳐 중국이 넘겨받은 것이다. 또한 중국은 2013년 미국을 제치고 세계 1위의 무역국이 되었으며, 2014년에는 구매력평가 지수 기준 세계 1위의 경제체가 되었다. 지난 40년 간의 이러한 천지개벽할 변화는 어떻게 일어나게 되었을까? 조지프가 지금 중국의 미래 전망 문제를 다시 생각한다면, 아마도 새로운 ‘니덤 퍼즐’을 제시할 것이다.

1978년 이후 중국은 어떻게 빠른 발전을 이룰 수 있었을까? 내 답은 매우 간단하다. 바로 후발자 우위(latecomer's advantage) 덕분이다. 경제 발전은 1인당 소득의 지속적인 향상을 의미하고, 1인당 소득의 지속적인 향상은 노동 생산률의 지속적인 향상에 의존한다. 이는 어떻게 실현되는가? 신구조경제학에서는 기존의 산업에서 기술혁신과 새로운 고부가가치 산업이 계속해서 대량 출현하려면 노동력 및 각종 자원이 저부가가치 산업에서 고부가가치 산업 쪽으로 재배치되어야 한다고 본다. 따라서 빠른 기술혁신과 산업 업그레이드는 산업 혁명 이후부터 가능해진다.

산업 혁명을 이룬 고소득 선진국은 기술과 산업 수준이 이미 세계 최전선에 있다. 이러한 선진국에게 기술혁신은 곧 기술의 발명을, 산업 업그레이드는 새로운 산업의 창출을 의미한다. 발명은 대규모의 자본 투입과 엄청난 리스크를 수반한다. 실제로 이는 19세기 중엽 이후 영국, 서유럽, 북미를 비롯한 고소득 국가들의 연평균 GDP 성장률이 약 3%라는 점에서 증명되었다.

개발도상국도 마찬가지로 소득 상승을 위해서는 노동 생산률의 향상이 필요하다. 개발도상국에서는 새로운 산업과 기술을 발명할 수 있고 고소득 국가에서 자신이 현재 사용하는 기술보다 좋은 발달된 기술을 참고하여, 자국의 기존 산업 부가가치보다 더 높은 산업을 성장시킬 수 있다. 선진국의 기술과 산업을 참고함으로써 개발도상국은 기술혁신과 산업 업그레이드의 비용 및 위험 부담을 크게 줄일 수 있다. 개발도상국이 이런 우위를 충분히 이용할 수 있다면 과거의 선진국보다 더 빠른 속도로 발전을 이룰 수 있다.

제2차 세계대전 이후, 전세계 총 13개 경제체가 선진국과의 기술 및 산업 격차로부터 오는 후발자 우위를 이용함으로써 7% 이상의 연평균 성장률을 25년 이상 지속하는 경제 성장을 실현하였고, 중국은 1978년 이후 이 13개

경제체의 일원이 되었다. 이처럼 산업 혁명에 대한 이해에 기반하여 분석하면 두 번째 문제의 답은 매우 간단하게 얻어진다. 개발도상국과 고소득 국가 간의 소득격차는 기술과 산업의 격차를 의미한다. 개발도상국의 경제체가 제공하는 기술혁신과 산업 업그레이드 방면의 후발자 우위를 충분히 이용할 수 있다면 신속한 발전을 이룰 수 있다.

1978년 이전의 중국은 왜 발전이 느렸는가

후발자 우위는 1978년 이전에도 이미 100년 동안 존재하고 있었다. 영국의 산업 혁명 이후 국가 간의 기술 및 산업 격차가 발생하고 점차 커져갔기 때문이다. 중국의 GDP는 18세기 초 세계 GDP의 1/3을 차지하다가 1949년에 이르면서 4.2%까지 하락하였는데, 이는 중국과 선진국 간의 격차가 그만큼 더 벌어졌음을 의미한다. 1978년에도 이 수치가 여전히 4.9%에 불과했다는 사실에서 알 수 있듯 중국에는 줄곧 후발자 우위가 존재했음에도 불구하고 중국은 1978년 이전에는 왜 이로부터 아무것도 얻지 못했을까? 이에 대한 내 답 역시 간단하다. 중국이 자발적으로 후발자 우위를 포기했기 때문이다.

아편전쟁의 패배 이후, '중화민족의 위대한 부흥'은 중국의 기조가 되었다. 1949년 중화인민공화국이 성립으로 정치적 독립을 이룰 당시 중국인들의 포부는 선진국을 최대한 빠르게 추격하는 것이었고, 중국 정부의 전략은 '영국을 제치고 미국을 따라잡는' 것이었다. 중국의 이러한 발전 목표는 당시 영국과 미국이 보유한 선진적 자본집약형 대규모 산업을 즉시 조성하고자 했음을 의미한다. 그러나 이런 선진적 산업은 모두 특허권의 보호를 받고 있어, 도입을 위해서는 반드시 고액의 특허 사용료를 지불해야 했다. 게다가 이런 산업은 국가 안보과 연관되어 있는 관계로, 특허료를 지불하려 한다 해도 선진국에서는 전수해주기 어려웠다. 이러한 이유로 중국은 후발자 우위를 포기하고 선진적 자본집약형 산업을 직접 창조해 낼 수밖에 없었다. 이 당시 중국은 가난하고 자본이 극단적으로 부족한 농업 국가여서 자본집약형 산업에서의 비교 우위가 없었다. 자본집약형 산업에서는 자본이 가장 중요한 자원인데, 자본이 부족한 중국에게 있어 산업 투자비용은 자본이 풍부한 선진국에 비해 훨씬 높은 것이었고, 이러한 산업 구조에서 기업은 경쟁시장에서의 자생능력이 부족할 수밖에 없었다. 개발도상국은 시장의 힘만으로는 기업의 자발적인 발전이 불가능하므로, 정부가 자원을 직접 동원 및 배분하거나 시장에 개입하여 왜곡하는 방식으로 기업에 각종 보호와 보조금을 제공해야만 자본집약형 산업의 구축이 가능하다. 그러나 이러한 정부의 개입과 왜곡은 반드시 자원의 잘못된 배분을 초래한다. 중국 역시 이런 발전 방식으로 1960년대 원자폭탄 실험, 1970년대 인공위성 발사를 성공시켰지만, 국가 전체적인 발전 효율은 여전히 낮아, 1949-1978년 동안 중국경제의 세계 GDP 비중은 4.2%에서 겨우 4.9%로 상승했을 뿐이었다.

중국은 1978년 발전 전략을 바꾸어, 자국의 비교 우위에 부합하는 노동집약형 산업을 발전시키기 시작했다. 정부의 맞춤형 성장 촉진 아래 경쟁우위를 형성하고 국내외 시장을 점령하여 자본을 축적하였으며, 이를 기반으로 비교 우위에 변화가 일어나면서 기술과 산업이 업그레이드되어 후발자 우위를 이용할 수 있게 되면서 경제가 신속히 발전하였다.

체제 전환 중인 다른 나라들은 왜 경제 붕괴, 침체, 반복적인 위기가 나타났는가

그러나 이 같은 분석은 또 다른 난제를 도출해 낸다. 제2차 세계대전 이후, 모든 사회주의 진영 국가는 스탈린주의(Stalinism)식 자본집약형 발전 패턴을 따랐다. 라틴아메리카, 남아시아, 아프리카 등의 비(非)사회주의 진영 역시 초대 정치 지도자의 견인(堅忍)하에 자국을 식민·반(半)식민지 지위에서 벗어나 현대화·산업화된 고소득 국가로 만들고자 하였다. 이에 따라 1950-60년대에는 진영에 관계없이 모든 국가의 정부가 자원을 직접 동원 및 배분하는 방식을 사용해, 농업경제의 기반 위에서 대규모 자본집약형 산업의 발전을 추진했다. 그러나 정부의 저효율적인 개입으로 선진국과의 격차가 계속해서 벌어져, 이 국가들 역시 후발자 우위를 이용할 수 없었다.

1980-90년대 중국이 계획경제에서 시장경제로 전환하는 동안 다른 개발도상국들도 시장경제로의 전환을 추진했는데, 이들의 체제 전환은 대체로 당시 성행하던 영국의 대처주의(Thatcherism), 미국의 레이건주의(Reaganism), 그리고 신자유주의의 영향을 받았다. 당시의 주류 관점에서는 과거 개발도상국의 경제 성과가 좋지 않았던 주요 원인을 정부의 과도한 경제 개입으로 보았다. 개발도상국에는 고소득 국가와 같은 완전한 시장경제 체제와 보호받을 재산권이 없었다. 이에 당시 제기된 제안은 급진적 '충격요법(shock therapy)'으로, 완전한 시장경제체제의 수립과 경제 성과의 향상을 위해 사유화, 자유화, 시장화, 재정 안정화를 추진하고 시장에 대한 정부의 각종 개입 및 왜곡을 중단하는 것이었다. 많은 국가가 이 전환 전략을 따랐으나, 그 결과는 되려 경제의 붕괴, 침체 및 잦은 위기였다.

1980-90년대 개발도상국의 경제 성과는 1960-70년대보다 더 나빠져, 연평균 경제 성장률은 더 낮아지고 위기 발생 빈도도 더 높아졌다. 이에 일부 경제학자는 1980-90년대를 개발도상국의 '잃어버린 20년(The lost decades)'이라 칭하기도 한다. 왜 이런 결과가 초래되었을까? 이는 신자유주의가 시장에 대한 정부의 개입과 왜곡은 자본집약형 산업의 경쟁시장에서 자생능력이 없는 기업을 보호하기 위함이라는 사실을 인식하지 못했기 때문이다. 정부의 모든 보호 및 보조금이 중단되면 자생능력이 없는 기업은 생존할 수 없어 파산할 수밖에 없고, 정부가 기업의 파산을 방치하면 대규모의 실업, 사회 및 정치 불안정이 일어난다. 이런 상황에서 어떻게 경제가 발전할 수 있겠는가? 게다가 일부 자본집약형 선진 산업은 군사 및 국방과 밀접하게 연관되어 있어, 지금의 러시아에서처럼 국가는 기업이 사유화된 이후에도 국가 안보를 위해 기업의 파산을 허용할 수 없다. 이러한 이유로 정부는 민영화된 기업을 계속해서 보호 및 보조하게 되는 것이다. 기업이 국가 소유일 때는 기업 관리자가 곧 정부의 고용인이므로, 설사 이들이 정부에게 "우리는 정부의 보호 및 보조금 없이는 살아남지 못한다"고 호소해서 받은 보조금을 횡령한다 해도 소액 수준에 그친다. 반면 기업이 민영화되면 기업 경영자들은 정부에 더 많은 보호와 보조금을 요구할 동기가 생기는데, 정부의 보조금이 많으면 많을수록 돈을 빼돌리는 것이 합법적이고 당연한 절차가 되기 때문이다. 이들은 보조금을 받아내기 위해 정부 관료에게 "보조금은 당신 개인 돈도 아닌 나랏돈인데 더 많이 줘도 되지 않나, 아니면 스위스에 당신 계좌를 하나 열어 보조금을 우리 둘이 절반씩 나눠 갖는 것은 어떤가?"식으로 로비할 수도 있다. 이는 러시아와 많은 동유럽 국가에서 실제 일어나는 상황으로, 체제 전환 전보다 지대추구(rent seeking)의 부패가 더욱 심각해져 생산 효

율도 더욱 낮아졌다. 이처럼 신자유주의의 처음 시도는 좋은 것이었지만, 그 결과는 경제의 붕괴, 침체, 그리고 잦은 위기였다.

반면에 중국은 어떻게 전환기에 안정을 유지하면서도 빠른 성장을 이룰 수 있었을까? 중국은 이들과는 다른 전환 전략인 점진적 이원화 시스템 전환을 택했기 때문이다. '기존 사람에게는 기존 방법을, 새로운 사람에게는 새로운 방법을 적용하는(老人老辦法, 新人新辦法: 새로운 정책 수립 이후에도 기존 정책을 폐지하지 않고 선택적으로 병행 실시하는 것—역주)' 방식으로, 전통적인 자본집약형 중점 산업 중에서 자생능력이 부족한 기업에는 전환기의 보호 및 보조금을 제공하고, 비교 우위에 부합하는 노동집약형 산업에는 새로운 시장 진입을 허용해 주었다. 전환 초기의 중국은 기반건설이 매우 낙후하여, 비교 우위에 부합하는 노동집약형 산업이 해외 시장에서도 경쟁우위를 갖기 위해서는 먼저 기반 시설을 완비하는 것이 매우 중요했다. 그러나 전국의 기반 시설을 동시에 완전하게 조성하는 것은 불가능했고, 이에 중국은 경제특구와 공업단지를 설립하고 이 구역의 기반 시설부터 정비하기 시작했다. 전환 초기의 중국은 시장 왜곡이 만연하고 비즈니스 환경이 매우 열악해, 이를 위해 중국 정부는 경제특구와 공업단지 내부에 원스톱 서비스를 시행했다. 세계은행의 비즈니스 환경(Doing business) 지표를 보면, 중국의 비즈니스 환경은 전세계 하위권이지만 경제특구와 공업단지 내의 투자 및 경영 기업에게 있어서 비즈니스 환경은 세계 선두권에 속한다. 이런 점진적인 이원화 시스템의 개혁 하에 중국은 안정을 유지하면서도 후발자 우위를 효과적으로 이용하여 빠른 경제 발전을 이룰 수 있었다. 요컨대, 이는 다른 전환 전략의 선택이 가져다 준 성과인 것이다.

상술한 내용을 통해 강조하고자 하는 것은, 1980-90년대의 국제적 주류 관점은 한 국가가 계획경제에서 시장경제로 전환하려면 반드시 '충격요법' 전략을 사용해야 하고, 이원화 시스템의 전략은 가장 열등한 방식이라고 보았다는 것이다. 그러나 후에 밝혀졌듯, 가장 좋다고 여겨졌던 전략이 가장 실패적이었고 반대로 가장 나쁘다고 생각했던 방식이 가장 효과적이었다.

중국이 빠른 경제 성장을 위해 치른 대가

중국은 점진적 이원화 시스템 전환의 실행으로 횡령, 부패, 소득 불평등의 대가를 치러야 했다. 전통 산업에서 자본집약형 기업은 정부의 보호와 보조금이 필요했고, 이런 보호 및 보조금이 경제지대(economic rent)를 만들어 지대 추구 부패를 초래하면서, 가난한 자가 부유한 자를 보조하게 된 것이다. 예를 들어보자. 전통 산업에서 자본집약형 산업으로 전환하는 데에는 자본 비용이 가장 중요한데, 전환 초창기 자본이 부족했던 중국에서 정부는 어떻게 이런 산업을 보조할 수 있었을까? 한 가지 방법은 대형은행과 주식시장을 통해 자본집약형 기업에 자금을 저렴하게 배당하는 것이었다. 이런 방법으로 자본집약형 기업은 1980-90년대에 대규모의 자본을 공급받을 수 있었을 뿐 아니라, 정부가 인위적으로 낮춰준 이자율과 주식시장 융자의 혜택도 누릴 수 있었다. 초창기 중국의 기업은 모두 국유 기업이었지만 이원화 시스템에서 많은 민영 기업이 새로운 산업 부문에서 빠르게 성장하여 규모를 키웠고, 규모를 키운 기업은 은행 대출과 주식시장의 융자를 받을 수 있었다. 이런 대기업은 부자들의 소유였고 대기업이 획득하는 자금의 출처는 일반적으로 농민, 일반 가정, 중소 기업의 저축이었는데, 정작 이들은 대형 은행이나 주식시장에서 융자를 받을 수 없었고 정부는 이들이 저축으로 얻는 이자와 주식시장 수익을 인위적으로 낮춤으로써 대기업을 지원하였다. 가난한 자가 부유한 자를 돕는 이러한 구조는 당연히 소득의 불평등을 가중시킬 수밖에 없었다. 이와 동시에 대기업은 자금 대출과 주식 상장을 위해 결정권자인 정부 관료에게 뇌물을 제공하여 부패의 만연에 일조하기도 하였다. 이것은 단지 일례로, 이 밖에도 자원 세금의 왜곡, 전기 통신, 전력, 금융 부문에서의 독점과 이로 인한 이윤 및 지대 추구 등의 현상도 일어났다.

이 문제들은 어떻게 해결해야 하는가? 1980-90년대 자본집약형 산업이 국가의 비교 우위에 위배되어 기업의 자생능력이 부족했던 때에는, 이들에 대한 정부의 보호 및 보조금은 마치 '설중송탄(雪中送炭)'처럼 경제 안정 유지에 꼭 필요한 실사구시 방안이었다. 그러나 중국은 40년 가까이 9.6%의 연평균 GDP 성장률을 유지하면서 이제 저소득국가에서 중등 이상 소득국가로 발전했다. 중국은 2016년 1인당 GDP가 8,100달러에 이르러 자본 부족 국가에서 상대적 자본 풍요 국가로 변모하였고, 이에 따라 대규모 자본집약형 산업이 비교 우위에 부합하게 되면서 기업 역시 경쟁시장에서의 자생능력을 갖추게 되었다. 이런 기업들이 적절하게 관리된다면 시장에서 수용 가능한 이윤율을 창출할 수 있다. 이때 정부의 보호, 보조금은 과거의 '설중송탄'에서 '금상첨화(錦上添花)'로 변모하여, 필수 요건이 아닌 일종의 특혜가 된다. 기업에서는 당연히 정부의 이러한 혜택을 원하지만, 그러려면 전 사회가 이들을 위해 정치적, 사회적 대가를 치러야 한다. 개혁은 시대에 발맞춰야 하므로, 이원화 시스템의 유산인 자본집약형 기업을 보호 및 보조하기 위한 정부의 각종 시장개입 및 왜곡 조치는 이제 제거되어야 한다. 2013년 제18기 3중전회(중국공산당 중앙위원회 3차 전체회의—역주)에서는 전면적인 심화개혁으로서 자원 배분에 대한 시장의 주도적인 역할을 결정했다. 이 결정은 중국이 이제 모든 시장 왜곡을 중단할 시기가 되었음을 의미한다. 만약 중국이 이를 해낼 수 있다면, 횡령, 부패 및 소득 불평등을 발본색원하여 궁극적으로 성공적인 시장경제체제 운영을 실현할 수 있을 것이다.

중국은 여전히 빠른 성장 잠재력을 지니고 있는가?

중국은 여전히 빠른 성장 잠재력을 갖고 있는가? 상술한 분석에 의하면, 이는 중국과 고소득 국가 간의 기술격차가 얼마나 되는가에 달려있다. 기술격차를 판단하는 가장 좋은 방법은 1인당 GDP의 격차를 확인하는 것이다. 1인당 GDP는 한 국가의 평균 노동 생산률을 대표하고, 평균 노동 생산률은 평균 기술 수준을 반영하기 때문이다. 매디슨(Angus Maddison)이 발표한 2008년까지의 실적 통계 데이터를 구매력평가 지수로 환산하면, 2008년 중국의 1인당 GDP는 미국의 21%로, 이는 1951년의 일본, 1967년의 싱가포르, 1975년의 대만, 1977년의 한국에 해당하는 수치다. 이 동아시아 4개 경제체는 모두 앞서 언급한 제2차 세계대전 이후 연평균 7% 이상의 성장률을 25년 이상 지속한 13개의 경제체에 속하며, 1인당 GDP가 미국의 21%에 달한 것을 기점으로 후발자 우위를 이용해 20년간 8-9%의 연평균 성장 속도를 유지했다. 이를 참고할 때, 중국은 2008년부터 20년 동안 후발자 우위를 이용한 연평균 8%의 성장 잠재력을 갖고 있다고 볼 수 있다.

언급한 대로, 중국은 2028년까지 연평균 8%의 성장 잠재력을 지니고 있다. 하지만 잠재력은 그저 가능성일 뿐이다. 이 가능성을 현실로 바꾸려면 중국은 내부적으로는 철저한 개혁을 추진하고 이원화 시스템이 남긴 각종 부작용을 제거하는 동시에, 외부적으로는 글로벌 경제 환경도 살펴야 하는데, 후자의 경우 중국이 자체적으로 통제할 수 있는 것이 아니다. 2008년 미국의 서브프라임 모기지 사태 이후 전세계 경제 성장은 둔화되었고 경기 침체는 장기화될 가능성도 있다. 하지만 중국이 사상해방(과거의 낡은 사고를 청산하고 새로운 시각으로 문제를 해결하는 것—역주)과 실사구시의 정신에 입각해서 국내의 유리한 환경을 이용하고 공급측 구조를 개혁하는 노력을 지속한다면, 향후 10년 간 최소 6%의 성장률을 지속할 수 있다고 본다. 6%의 성장률은 무엇을 의미하는가? 중국의 2016년 경제규모는 구매력평가 지수로는 세계 경제의 18.6%, 시장환율 계산으로는 14.9%를 차지한다. 6% 성장률은 중국이 매년 세계 경제에 약 1%의 성장률을 기여할 수 있음을 의미한다. 현재 세계 경제의 성장률은 3%로, 중국은 매년 세계 경제 성장률에 약 30%를 기여할 수 있다. 이처럼 향후 10년 동안에도 중국은 여전히 세계 경제의 성장 엔진이 될 수 있다.

위의 내용을 종합해보면, 18세기 이전에는 기술혁신이 주로 농민과 수공업자의 축적된 경험으로부터 나왔으므로 거대한 인구를 보유한 중국이 우위를 누렸다. 그러나 기술혁신의 패러다임이 경험의 축적에서 과학 기반의 실험으로 전환되면서 중국은 빠르게 몰락하기 시작했다. 과거제와 유가 사상은 중국의 사회 및 정치 안정과 국가 통합에는 효과적이었지만 기술혁신 패러다임의 전환에는 오히려 걸림돌이 되어, 중국에서는 자체적인 산업 혁명이 발생할 수 없었다. 중국이 이로 인해 좌절을 겪고 서방 국가들에 뒤처지게 된 것은, 중국에게 경제 추월에서의 후발자 우위 기회가 주어졌음을 의미하는 것이었다. 하지만 1978년 개혁개방 실행 이전까지 중국은 대다수 다른 개발도상국과 마찬가지로 후발자 우위를 활용해 경제 발전을 가속화할 방법을 찾지 못했다. 1978년 이후에야 중국은 정상 궤도에 올라설 수 있었지만, 전통적 자본집약형 중공업 산업 체계에서 자생능력이 부족한 기업이 너무 많았고, 사상해방과 실사구시의 방식으로 이원화 시스템을 실행함으로써 시장경제체제로의 전환을 어렵게 진척시킬 수 있었다. 이 같은 실질적 전략은 중국에게 사회의 안정 유지와 경제 번영의 성과를 가져다주었다. 중국이 이러한 개방적이고 실용적인 전략을 계속 추진한다면, 이후에도 비교적 높은 경제 성장률을 유지하여 종국에는 선진국들을 앞지르고 중화민족의 위대한 부흥의 꿈을 이룰 수 있을 것이라고 본다.

이제 개발도상국들이 중국의 발전으로부터 얻을 수 있는 교훈을 요약해 보자. 모든 개발도상국은 고소득 국가를 향한 포부를 가지고 있다. 나는 세계은행에서 근무하는 동안 세계 각국을 방문하면서, 개발도상국의 지도자도 중국의 지도자와 똑같은 목표를 갖고 자국의 현대화와 산업화를 추진했으나 이들이 잘못된 전략을 사용했다는 것을 발견할 수 있었다. 이들은 고소득 국가를 본보기 삼아 그들의 이론, 사고 방식, 전략을 단계별로 답습하면서 많은 노력을 기울였으나 결과는 뜻대로 되지 않았다. 이에 나는 신구조경제학 이론을 제안해, 개발도상국은 자국이 현재 갖고 있는 것, 즉 현 시점에 주어진 요소부존에 기반하여 자국에게 현재 유리한 것, 즉 비교 우위를 확인한 다음, 정부가 적극적이고 유능한 맞춤형 성장 촉진으로 기업이 시장경제에서 경쟁할 수 있는 산업을 확장할 수 있게 지원해야 한다고 주장했다. 저소득 국가는 많은 노동력과 천연자원을 보유한 반면 자본은 부족하므로, 자국의 비교 우위에 맞는 산업을 육성하려면 정부의 맞춤형 성장 촉진 하에 산업의 잠재적 비교 우위를 국가의 경쟁우위로 전환해야 한다. 경제 전환 추진 시 정부는 실질적인 방법으로 과거의 잘못된 정책으로 인한 각종 왜곡을 제거하면서 정치와 사회 안정 유지에도 힘써야 한다. 개발도상국이 이를 해낸다면, 후발자 우위를 효과적으로 이용해 연평균 8-10%의 빠른 성장 속도를 수십 년 간 지속하여 저소득 국가에서 중등 소득을 넘어 고소득 국가로까지 발전할 수 있다. 개발도상국의 이런 고속 성장은 고소득 국가에도 유리하다. 선진국에 거대한 해외 시장이 마련될 뿐만 아니라, 개발도상국 국민들이 자국에서 일자리를 찾게 되어 유럽, 미국이 현재 겪고 있는 아프리카나 기타 저소득 국가에서 불법 이민자들이 대거 유입하는 현상도 줄어들어, 선진국의 발전과 사회 안정에 도움이 될 것이기 때문이다.

중국 경제의 성장 동력은 어디서 오는가[3]

'중국 경제의 동력은 어디서 오는가?' 1978년 개혁개방 이후 중국 경제가 고속 성장을 지속함에 따라 이 같은 질문이 제기되었다. 40년 전만 해도 중국은 세계에서 세 번째로 가난한 나라였다. 세계은행의 자료에 의하면, 1978년 중국의 1인당 GDP는 156달러에 불과해 사하라 이남 아프리카 국가 평균의 1/3에도 못 미쳤다. 하지만 1978년부터 중국에는 천지개벽할 변화가 일어나기 시작했다.

1978-2017년 동안 중국의 연평균 GDP 성장률은 9.5%에 달했다. 거대한 인구를 가진 가난한 나라가 이처럼 빠른 경제 성장을 오래 지속한 것은 인류 역사에 유례가 없는 일이었다. 이러한 성장 속도에 힘입어 중국의 1인당 GDP는 2017년 8,800달러를 넘어섰다. 40년 동안 7억 이상의 인구가 빈곤에서 벗어나게 된 것이다.

향후 중국은 2025년 1인당 GDP가 12,700달러를 초과하여, 대만과 한국 다음으로 세 번째로 제2차 세계대전 이후 저소득에서 고소득 국가로 전환하

3 본문은 저자가 2018년 1월 25일 텐센트신문, 베이징대학이 다보스에서 공동 개최한 '성장의 책임·중국은 세계의 미래를 돕는다' 오찬회에서의 기조연설에 근거해 정리.

는 경제체가 될 것으로 전망되고 있다.

지난 40년 동안 중국 경제의 급속한 발전을 이끈 것은 대체 무엇인가?

경제학자로서 이에 대한 나의 해석은 다음과 같다. 중국 국민들이 자신의 생활환경 개선을 위해 꾸준히 노력한 것, 기업가가 이윤 추구의 기업가 정신을 발휘하여 각종 수익의 기회를 놓치지 않은 것, 각급 정부 관료들이 '공직자는 국민의 행복을 위해야 한다'는 각오로 임기 동안 고군분투한 것 모두 국가의 성장 동력이 된 것은 분명하다. 하지만 이런 요인들은 1978년 이전에도 있었고 다른 국가들도 가지고 있는 것이다.

세계은행 수석경제학자로 재임하는 동안 나는 아프리카, 라틴아메리카, 중앙아시아, 남아시아 등 많은 국가를 방문했다. 그곳의 국민에게는 우리와 똑같은 희망과 갈망이, 기업가와 사회 엘리트에게는 우리와 똑같은 지혜, 재능, 목표가, 정부에게는 우리와 똑같은 국가 번영의 추진 열의가 있었다. 따라서 제목의 질문이 진정한 함의를 가지려면 '중국 경제의 성장 동력은 어디에 있는가'가 아니라, '지난 40년 간 중국의 급속한 발전을 이끈 것은 무엇인가'가 되어야 한다고 나는 생각한다.

이 질문에 답하기 위해서는 내가 주장하고 있는 경제 발전 이론인 신구조경제학을 소개할 필요가 있다. 내가 생각하는 경제 발전의 의미는 소득의 지속적인 증가이다. 소득의 지속적인 증가를 위해서는 구조의 부단한 변화가 필요한데, 구조의 변화는 기술과 산업을 혁신 및 업그레이드하여 노동 생산률을 향상하고 소프트웨어 및 하드웨어 기반 시설을 개선하여 거래 비용을 낮추는 것을 포함한다. 그런 후에야 노동자와 농민의 생산력과 소득 수준이 지속적으로 향상되고 생활 환경 역시 지속적으로 개선될 수 있다.

이러한 구조적 변화를 위해 기업가는 시장경쟁에서 새로운 수익 증가점을 발견하고 리스크를 감수하면서 신기술혁신과 신산업 개발을 추진할 필요가 있다. 동시에 정부의 역할도 매우 중요하다. 정부는 선두 기업가에게 필요한 인센티브를 부여하고 새로운 산업에 필요한 소프트웨어 및 하드웨어 기반 시설을 개선하여 거래 비용을 낮춤으로써, 새로운 산업이 시장에서 경쟁우위가 되게 해야 한다.

정리하면, 경제 성장은 효과적인 시장과 유능한 정부의 유기적 결합으로, 각자의 올바른 역할 수행으로 나타나는 결과라고 할 수 있다. 이 공식은 중국과 같은 개발도상국뿐 아니라 미국, 유럽 등의 고소득 국가에도 적용된다. 다만 차이점이 있는데, 고소득 국가는 기술과 산업 수준이 이미 세계 최전선에 있어 신기술 및 신산업의 개발을 그들 스스로 창출해야 하기에 투자와 리스크가 모두 크다. 이에 반해 기술과 산업 수준이 낮은 개발도상국의 경우, 기술혁신과 산업 업그레이드 시 선진국의 선행 기술과 산업을 참고하여 비용과 리스크를 비교적 낮출 수 있으므로 선진국보다 빠른 성장 속도를 낼 수 있다. 제2차 세계대전 이후 전세계 13개 경제체가 이런 잠재력을 활용하는 비법을 찾아내어 연평균 7% 이상의 성장 속도를 25년 넘게 지속하는 경제 발전을 이뤘다. 1978년 이후의 중국 역시 그 중 하나이다.

이처럼 지난 40년 동안 중국의 개혁개방이 거둔 성취는 다방면에서 그 원인을 찾을 수 있으며, 후발자 우위는 그 중 매우 중요한 요소이다.

현재 이미 중등 이상 소득국가가 된 중국의 향후 경제 발전을 위한 새로운 동력은 어디에 있는가? 중국은 현재 적지 않은 산업이 세계 선두를 달리고 있다. 중국의 이런 산업은 선진국에서처럼 발전에 필요한 신기술, 신상품의 연구 개발을 자체적으로 진행해야 한다. 하지만 2017년 중국의 1인당 GDP가 8,800달러를 갓 넘긴데 반해 미국은 약 6만 달러인 것에서처럼, 여전히 많은 영역에서 중국의 산업과 기술은 미국 등 선진국과 큰 격차를 갖고 있다. 이는 중국이 자체적인 혁신을 성장 엔진으로 삼는 동시에 선진국을 참고하면서 그들의 과학기술을 따라잡는 전략으로 경제 발전을 추진할 수 있음을 의미한다.

이처럼 중국은 선진국보다 빠른 성장 속도로, 중등 소득을 넘어 고소득 국가의 대열에 진입할 수 있는 잠재력이 있다. 이 잠재력은 얼마나 되는가? 나는 앞 글에서 중국은 국내 유리한 성장 조건을 이용해 앞으로 2030년까지 6% 이상의 성장률을 유지할 가능성이 있고, 그 즈음 중국은 시장환율 계산으로도 세계 최대의 경제체가 될 것이며 매년 세계경제 성장률에 대한 중국의 기여도는 30%가 넘을 것이라고 분석하였다.

중국이 고소득 국가가 되고 세계 1위의 경제체가 되면, 전세계에 대한 막중한 책임을 짊어지고 자국의 발전은 물론 다른 국가들의 발전을 위해서도 노력해야 할 것이다.

경제학자로서 나는 경제 성장의 동력은 사실 모든 나라가 대동소이하다고 생각한다. 사람은 모두 더 나은 생활을 원하고, 기업가는 모두 자신의 능력을 발휘해 더 많은 부를 창출하려 하며, 정부는 모두 자국에 번영을 가져오고자 한다. 하지만 대다수의 국가가 중등 소득 심지어 저소득 함정에서 벗어나지 못했다. 나는 여기에 문제의 핵심이 있다고 본다. 중국은 1978년 이전에도 지금과 똑같은 성장 동력을 갖고 있었지만 당시 상황은 계획처럼 되지 않았고, 1978년에도 중국은 여전히 세계에서 세 번째로 가난한 국가였다.

신구조경제학의 분석에 따르면, 국민, 기업가, 정부의 성장 동력이 잘 가동하여 경제 번영을 실현하기 위해서는 시장경쟁이 필요하다. 정부는 경제 발전의 수요를 살펴 하드웨어적 기반 시설과 소프트웨어적 제도환경을 개선

함으로써, 기업가 정신을 북돋는 토양을 제공하여 기업을 더욱 육성해야 한다. 과거의 경제학 이론과 정책은 정부의 역할이나 시장의 역할을 단편적으로 강조했지만, 신구조경제학은 중국과 기타 개발도상국의 성패 경험을 귀납하여 '효과적 시장과 유능한 정부'의 유기적 결합을 강조하며, 이로써 모든 국가가 빈곤을 퇴치하고 번영을 실현할 수 있다고 제안한다. 사고의 방향이 국가의 운명을 결정하므로, 저소득 또는 중등 소득의 함정에서 아직 빠져나오지 못한 국가들에게 발전적인 사고방향을 제시하여 이들이 빈곤에서 벗어나 번영의 꿈을 실현하도록 도와야 한다. 이는 세계 대국으로서 중국에게 주어진 책임이며, 중국이 세계 평화와 발전에 기여할 수 있는 가장 큰 공헌이기도 하다.

중국 민영기업 발전 40년 회고[4]

개혁개방 이후 40년 동안의 중국경제와 민영경제 발전의 기적

1978년 사하라 이남 아프리카의 국가 1인당 GDP가 490달러였을 때 중국의 1인당 GDP는 그 1/3도 채 되지 않았다. 당시 중국의 인구 중 81%는 농촌 거주자였고 인구의 84%는 하루 생활비가 국제 빈곤선 기준인 1.25달러에도 미치지 못했으며, 국가의 수출, 수입 비중은 각각 GDP의 4.1%와 5.6%에 불과했다. 이는 수출입을 모두 합해도 9.7%에 불과해, 당시 중국 국민경제의 90% 이상이 세계 경제와 관련이 없었음을 보여준다. 이 같은 발전 초창기의 수치는 오늘날의 중국으로서는 그야말로 상상하기 어려운 것이다. 1978-2017년 동안 중국의 연평균 GDP 성장률이 9.5%을 넘은 것은 인류 경제사에서 전례가 없는, 모두의 기대를 넘어서는 것이었다.

중국 개혁개방의 총 설계자로서 덩샤오핑(鄧小平)이 개혁 초기 처음 내건

4 본문은 저자가 2018년 4월 28일 '더셩먼(德胜门)대강당'에서의 주제 발언을 토대로 정리.

목표는 '20년 내 GDP 4배 성장'이었다. 이 목표를 달성하려면 중국의 연평균 경제 성장률은 반드시 7.2% 이상이어야 했다. 당시 국제 경제학계에 통용되던 '자연 성장률(Natural growth rate)' 이론에 의하면, 어떤 국가도 전쟁이나 자연재해 이후 2-3년의 회복기 동안 예외적으로 7% 정도의 경제 성장을 보일 수 있는 것 외에 일반적 상황에서는 7%의 성장률을 달성하기 어렵다. 그런데 중국은 현재 20년 간 연평균 7.2%의 성장을 넘어, 39년 간 연평균 9.5%의 성장률을 기록하고 있다. 39년 간 연평균 7.2%의 성장률로 계산하면 중국의 현재 경제규모는 1978년의 15배이다. 실제로는 39년 간 연평균 9.5%로 성장했으므로, 사실상 중국의 현재 경제규모는 1978년의 34배가 된다.

개혁개방 이후 40년 동안 중국의 무역 성장도 매우 빠르게 일어났다. 통계에 따르면, 지난 39년 간 중국의 연평균 수출입 무역 성장률은 14.5%에 이른다. 1978년 중국 무역 총액의 GDP 점유율은 9.7%에 불과했지만 현재는 30%가 넘는다. 한 국가의 개방 정도는 일반적으로 GDP 대비 대외무역 비율로 평가되며, 경제학에서는 이를 '무역 의존도(Foreign trade dependency ratio)'라 한다. 인구 수 1억 이상 국가 중에서는 중국의 무역 의존도가 가장 높다.

급속한 경제 성장률의 지속으로, 중국은 2009년 경제규모가 일본을 추월해 세계 2위의 경제체가 되었고 2010년에는 수출량이 독일을 넘어서서 세계 1위의 수출국이 되었다. 수출 품목에도 큰 변화가 있었다. 1978년 중국은 수출품의 75% 이상이 농산물 및 농산가공품이었으나 현재는 공업 제품이 수출품의 97% 이상을 차지하여, 명실공히 '세계의 공장'으로 불리우는 제조업 기지가 되었다. 2013년에는 무역 총량이 미국을 뛰어넘어 세계 1위의 무역국이 되었고, 2014년에는 구매력평가 지수가 미국을 능가해 세계 1위의 경제체가 되었다. 또한 중국은 2017년 1인당 GDP가 8,800달러를 초과하여 이미 중등 이상 소득국가 대열에 들어섰으며, 2025년까지 12,700달러를 돌파하여 고소득 국가로 진입할 것이라고 관측되고 있다. 통계를 보면, 2차 세계대전 이후부터 현재까지 전세계 200여개 개발도상국 중에서 고소득 국가로의 전환에 성공한 경제체는 대만과 한국, 단 두 곳 밖에 없다. 그리고 중국이 2025년 이전에 세 번째로 성공하는 경제체가 될 가능성이 있다. 현재 고소득 경제체 생활 인구의 전세계 비중은 15%에 불과한데, 중국이 고소득 국가로 진입하면 이 비율은 15%에서 34%로 늘어나게 될 것이다.

그 과정의 일환으로, 중국은 이미 7억 여 인구의 1인당 하루 생활비가 국제 빈곤선인 1.25달러를 초과하여 세계 빈곤 퇴치 사업에 크게 기여하였다. 제2차 세계대전 이후 지금까지 모든 개발도상 경제체가 자국의 경제 발전을 위해 고군분투하고 있다. 세계은행, 국제통화기금(IMF), 유엔개발계획(UNDP) 등의 국제기구에서도 이들의 경제 발전과 빈곤 퇴치를 지원하고 있으며, 중국의 세계 빈곤 퇴치 기여도는 70%가 넘는다.

개혁개방 이후 40년 동안 중국은 전세계에서 유일하게 금융위기를 겪지 않은 국가이다. 뿐만 아니라, 글로벌 금융위기 발발 시에도 유지되었던 중국의 경제 성장은 세계경제의 회복에 지대한 공헌을 했다. 1997년 동아시아 금융위기 발생 당시, 전세계는 동아시아 경제의 몰락을 예상했다. 그러나 예상과 달리 동아시아의 경제는 2000년부터 예전의 높은 성장률을 회복했는데, 여기에는 평가절하되지 않은 위안화가 동아시아 경제의 안정적인 중추가 되어주었고, 동아시아 금융위기 시에도 8%의 성장률을 유지한 중국의 경제가 주변 경제체의 회복을 효과적으로 이끈한 덕이 크다. 2008년 발생한 글로벌 금융위기는 파급력이 대단하여, 이로 인해 세계경제는 1929년 월스트리트 대폭락 때와 같은 10여 년간의 대공황을 겪어야 했다. 이때 중국은 대국의 책임을 가지고 '일괄' 계획이라는 적극적 재정정책을 즉각 실시하였다. 2009년 1분기에 국내 경제가 회복된 것을 시작으로, 2009년 2분기에는 신흥시장경제체의 성장세 회복을 이끌었고, 3분기에는 선진국들의 마이너스 경제 성장을 멈추는 데에 기여하였다. 중국의 이러한 공헌에 대해 중국인들은 큰 자부심을 갖고 있다.

개혁개방 이후 40년 동안 중국 민영경제의 발전 성과 역시 눈부셨다. 1978년부터 현재에 이르기까지, 중국의 민영경제는 그야말로 무(無)에서부터 시작하여 점차 규모를 키워왔다. 1978년 중국 국민경제의 구성 비율 통계를 보면, 전국민 소유제가 80.8%, 집단소유제가 19.2%로, 도농 자영업경제, 사기업, 합자기업, 외국기업의 비중은 모두 '0'%이다. 1992년 덩샤오핑의 남방 시찰 시 전국민 소유제 경제의 GDP 비중은 51.4%, 집단소유제 경제는 35%, 도농 자영업 경제는 7.8%였고, 사기업, 합자기업, 외국기업의 국민경제 기여도는 5.8%로, 마지막 두 가지를 합해도 14%가 되지 않았다. 중국 전국상공연맹의 통계자료에 따르면, 2017년 말 기준 중국의 민영기업은 약 2,726.3만 개, 자영업자는 약 6,579.3만 명, 등기자본은 165조 위안 이상으로, 중국 민영경제의 국가 세수에 대한 기여도는 50% 이상, GDP와 고정자산 투자 및 비금융 부문 대외직접투자에 대한 점유율은 모두 60% 이상, 기술혁신과 신상품 점유율 70% 이상, 도시 취업 점유율 80% 이상, 신규 취업 기여도 90% 이상을 차지하는 것으로 나타났다. 이처럼 현재 중국의 성장 추진, 혁신 촉진, 취업 증가, 민생 개선 등 여러 방면에서 민영경제는 이미 중추적인 역할을 하고 있다. 개혁개방 이후 40년 동안 중국의 경제발전 성과가 인류 경제사에 유례없는 기적이라면, 중국 민영경제의 발전 성과는 기적 중의 기적이라 할 만하다.

이원화 시스템은 민영경제의 빠른 성장에 걸림돌이 된 중요 요인이다

그러나 개혁개방 이후 중국 민영경제의 발전이 순탄하게만 진행된 것은 아니었고, 발전을 제약하는 '유리문·자동문·회전문' 문제에 직면하기도 했다. 이 문제는 중국이 개혁개방 이후 얻은 안정 및 발전과 동전의 양면 같은 것으로서, 민영경제의 발전을 제한하는 동시에 안정적이고 유리한 환경을 제공했다.

소련, 동유럽 등 사회주의 국가들도 계획경제에서 시장경제로 전환하면서 민영기업의 발전을 허용했으나 그 결과는 경제의 침체, 붕괴, 빈번한 위기였다. 1980-90년대 국제사회의 주류 이론에서는 사회주의 국가들이 계획경제 시대에 발전 성과가 좋지 않았던 원인은 시장경제에 대한 정부의 과도한 개입 및 왜곡이 자원의 잘못된 배분, 지대 추구 부패, 효율성 저하를 초래했기 때문이라고 보았다. 이에 '워싱턴 컨센서스'는 체제 전환 국가들에게 '충격요법'을 적용하여 사유화, 시장화, 자유화를 추진하고 정부의 각종 개입과 왜곡을 일시에 제거해 완전한 시장경제 체계를 수립할 것을 제안했다. 하지만 이러한 전환 방식은, 사회주의 국가에서 정부의 시장에 대한 개입과 왜곡은 본래 그 목적이 자본집약적·기술선진적·대규모적 특성의 중공업을 보호하는 데에 있음을 간과하는 것이었다. 사회주의 국가에서 이러한 '선진' 산업은 비교 우위에 위배되어 경쟁시장에서의 자생능력이 부족한데, 정부의 보호 및 보조금마저 없어지니 도산이 불가피하게 되어 대량 실업, 사회 및 정치 불안정을 일으키고 경제 발전도 저해하였다. 이런 상황에서 전면적 사유화를 시행한 경우에도, 사유화 과정에서 소수 업종의 기업이 대량의 천연자원이나 전기통신, 전력 등을 독과점하고 그 외 민영기업은 어려운 경제와 위기가 지속되는 상황 속에서 성장하기 어려웠다.

개혁개방 이후 중국경제는 안정 및 빠른 성장에 성공했고, 민영경제는 무(無)에서 시작하여 발전을 거듭했다. 이는 중국이 독자적인 개혁 방식을 택했기에 가능한 것이었다. 계획경제 시대 중국의 경제체제는 소련, 동유럽 등의 사회주의 국가와 유사하게 국유제를 주요 제도로, 집단 소유제를 보조 제도로 하는 공유제 경제였다. 당시 중국이 이런 경제체제를 택한 것은, 경제·문화적으로 낙후된 인프라 위에 자본집약적·기술선진적 중공업 체계를 세우기 위함이었다. 경제·문화적으로 낙후되고 자본은 부족하며 농업경제 위주인 국가에서 비교 우위에 위배되는 자본집약형 중공업을 발전시키기 위해서는, 정부가 직접 자원을 동원 및 배분하고 국영기업에 대규모의 보호와 보조금을 제공하면서 시장 독점지위를 부여하여, 기타 소유제 기업의 경쟁 참여를 제한할 필요가 있었다. 충격 요법을 채택한 소련이나 동유럽과 달리, 중국은 사상해방과 실사구시의 전략으로써 이원화식 점진적 개혁의 길을 선택했다. 계획경제 시대에 조성된 자본집약형 대형 중공업 국영기업에는 필요한 보호 및 보조금을 계속 제공하는 한편, 비교 우위에는 부합하였지만 과거에는 줄곧 제약해왔던 노동집약형 산업에게는 시장 진입을 허가해 준 것이다. 이로써 향진(鄕鎭)기업, 민영기업, 나아가 외자기업을 포함한 다수의 비(非)국영기업들이 중국의 경제 건설에 참여하게 되어 경제 발전의 큰 활력소가 되어주었다. 이런 전환 방식은 안정을 유지하면서 많은 민영 기업가들에게 역량 발휘와 가치 추구의 기회를 제공할 수 있다는 장점이 있다. 중국의 민영경제 점유율은 1978년 0%에서 시작하여 1992년 초의 13.6%를 거쳐, 현재 약 50%까지 성장했다.

이 과정에서, 정부는 비교 우위에 위배되어 자생능력이 부족해 보호와 보조금 없이는 존속이 어려운 자본집약적 대형 국영기업에게 은행과 주식시장의 자금을 지원하고, 이에 더해 시장 독점적 지위도 부여하여 민영, 외자기업 등의 기타 소유제 기업과 국영기업 간의 경쟁을 막음으로써, 결과적으로 민영기업의 시장 진입을 제한하는 유리문·자동문·회전문이 형성된 것이다.

민영경제의 발전은 새로운 봄을 맞게 될 것이다

40년 동안의 개혁개방 결과, 2017년 중국은 1인당 GDP가 8,800달러를 초과하여 이제 더 이상 과거의 가난하고 낙후하며 자본이 부족한 국가가 아니게 되었다. 대형 장비 제조업을 포함한 대다수 제조업은 이제 비교 우위에 부합하게 되어, 이들에 대한 보호 및 보조금은 과거의 필수 불가결한 '설중송탄'이 아닌 보너스 성격의 '금상첨화'가 되었다. 2013년 열린 제18기 3중전회에서 전면적인 심화개혁 방안으로써 시장이 자원 배분에서 주도적 역할을 해야 한다고 강조한 것은, 이원화 시스템의 유산인 정부의 보호 및 보조금을 중단하고 각종 소유제 기업에게 공정한 경쟁시장을 제공해야 함을 의미하는 것이었다. 이에 따라 민영기업의 시장 진입과 관련한 유리문·자동문·회전문도 개혁의 진척에 따라 하나씩 사라지게 될 것이다.

2017년도 세계 500대 기업 명단 중에는 16개의 중국 민영기업이 포함되어 있다. 이를 보면 내가 기조 연설을 요청받아 중국 경제와 중국 기업인의 발전을 논했던 2003년 베이징에서 열린 세계 중국기업인대회(世界華商

大會)가 떠오른다. 당시 내가 확인한 자료는 '2002년 『포춘(Fortune)』지 세계 500대 기업'으로, 그 가운데 중국은 11개, 미국은 198개의 기업을 보유했다. 나는 연설 중에 "2030년에 이르면 세계 500대 기업 중에서 중국이 120개, 미국도 대략 120개의 기업을 포함하여, 중국과 미국의 비중이 비등해질 것"이라고 예측했다. 당시는 '중국 붕괴론'이 전세계적으로 유행 중이었던 탓에, 많은 이들이 내가 지나치게 낙관적이라고 평가했다. 그러나 내 예측의 실현은 내 예상보다도 빨라, 2017년 공개된 세계 500대 기업 중에서 미국 기업은 124개, 중국 기업은 115개였고 그 중 민영기업은 16개가 포함되었다.

상술한 2003년도의 내 예측은, 한 국가의 세계 500대 기업 보유 수와 GDP의 세계경제 비중은 정적 상관관계(positive relationship)에 있다는 사실에 근거한 것이었다. 2002년 기준, 세계 GDP 비중은 중국이 4.2%, 미국이 32.9%였고, 세계 500대 기업 중에서 중국은 11개, 미국은 198개를 보유하여 두 요인이 높은 관련성을 보였다. 그 당시 나는 중국이 중국의 길을 개척하여 사상해방, 실사구시, 시대 정신이 반영된 개방개혁을 추진한다면, 2030년에는 시장환율 계산에 따른 경제규모도 미국을 뛰어넘게 될 것이라고 전망하였다. 2003년 이후의 중국의 발전 속도는 내 예상보다도 빨라, 2017년 중국의 경제규모는 이미 전세계의 16%를 차지했고, 미국은 23.4%를 차지했다. 1994년 출간된 나의 저서 『중국의 기적(中國奇蹟)』에서 언급한, '2030년에 이르면 중국 경제규모는 미국을 제치고 세계 GDP의 20% 이상을 차지하게 될 것'이라는 예측은 현재 전세계적으로 널리 받아들여지고 있다.

그때가 되면, 세계 500대 기업 중에서 중국 기업은 최소 125개 이상이 포함될 것이다. 2050년 중국이 사회주의 현대화 강국 건설을 실현할 때에는 중국의 경제규모가 미국의 1.5배를 넘어서, 세계 GDP의 25% 이상을 차지하고 150개에 이르는 중국의 기업이 세계 500대 기업에 들어설 가능성이 있다. 2017년 세계 500대 기업에 포함된 115개 중국 기업 중에서 민영기업은 16개로, 10% 이상을 차지한다. 민영기업은 다른 기타 소유제 기업보다 강력한 내재적 성장 동력을 갖고 있다. 만약 내 예상대로 2030년 세계 500대 기업 중에서 중국 기업이 125개에 이른다면, 분명 민영기업이 그 중 40개를 차지할 것이다. 나아가 2050년 세계 500대 기업 중 중국 기업이 150개가 된다면, 민영기업이 75개 이상을 차지할 것이라고 본다.

개혁개방 이후 민영기업이 걸어온 길을 회고할 때마다 나는 민영 기업가들에게 무한한 경의를 느끼게 된다. 이들은 개혁개방의 기회를 놓치지 않고 적극 발분하여, 빠른 성장을 이루며 자본을 축적하였다. 그 덕분에 중국의 비교 우위가 빠르게 변화하여 자본집약형 대규모 국영기업에 대한 정부의 보호 및 보조금이 '설중송탄'의 성격에서 벗어나 중단될 수 있었고, 2013년 전면적 심화개혁의 단행으로 민영기업의 발전을 제한하는 유리문·자동문·회전문이 제거되는 시기가 다가오면서 민영기업의 더 큰 도약을 위한 발판이 조성되고 있다.

제19차 대보고(중국공산당 전국대표대회—역주)에서는 '확고하게 공유제 경제를 공고히 하여 발전시키고, 확고하게 비(非)공유제 경제의 발전을 격려, 지원, 견인한다'는 입장을 재차 표명했다. 공정한 경쟁시장 환경이 마련된다면, 많은 민영 기업가들이 기업가 정신을 더욱 진작하여 개인의 가치와 기업의 발전을 실현하는 동시에, 중화민족의 위대한 부흥의 실현에도 기여하게 될 것이라고 믿어 의심치 않는다.

제2장

중국 발전의 시사점[5]

5 본문은 2019년 8월 13일 <인민일보>에 원문 기재.

중국 발전의 몇 가지 시사점

개혁개방 이후 중국 경제발전의 성과는 가난했던 한 나라를 세계 2위의 경제대국으로 변모시킬 만큼 대단한 것이었다. 중국은 발전 과정에서 개발도상국이 현대화를 추진하는 독창적인 길을 개척함으로써, 신속한 발전과 자체 독립성의 유지를 염원하는 전세계 국가와 민족에게 새로운 대안을 제공하였다. 빈곤 국가가 자체적인 발전의 실현을 위해 중국의 경제 발전으로부터 얻을 수 있는 시사점은 대략 네 가지로 요약할 수 있다.

중국은 일찍이 세계에서 가장 가난한 국가 중 하나였다. 1978년 중국의 1인당 GDP는 156달러에 불과했고, 80% 이상의 중국인이 농촌 거주자였다. 1981년에도 84%의 중국인의 생활수준은 국제 빈곤선인 하루 1.25달러를 충족하지 못했다. 그러나 중국은 개혁개방 이후 빠르게 발전하여 중등이상 소득국가 대열 진입에 성공하였고, 2018년에는 1인당 GDP가 1만 달러까지 근접하였다. 40년이라는 짧은 기간 동안 중국은 빈곤에서 벗어나 번영으로 향하는 경제 기적을 이룸으로써 빈곤은 결코 숙명이 아님을 증명했고, 아직 빈곤에서 벗어나지 못하고 있는 세계 여러 국가들에게 산업화, 현대화를 통한 번영과 풍요 실현 가능성의 자신감을 심어주었다. 이것이 중국 발전의 첫 번째 시사점이다.

빈곤 국가에게 있어 가장 시급한 문제는, 어떻게 해야 자국이 빈곤으로부터 탈피하여 발전을 이룰 수 있는 가이다. 빈곤 국가의 산업은 대부분 전통 농업 생산 위주로 생산력 수준이 낮기 때문에, 빈곤에서 벗어나기 위해서는 반드시 농업 및 농촌의 개혁이 필요하다. 첫째, 현대적인 농업 생산기술, 비료, 우량 품종 등의 적극 도입으로 농업 생산력과 농민 생활의 수준을 향상해야 한다. 둘째, 농경지의 수리 및 준설을 대폭 강화하고 관개 조건을 개선하여, 바람, 구름 등 예측하기 어려운 날씨로 인한 악영향을 줄이고 가뭄이나 장마 중에도 농작물의 수확을 보장할 수 있게 해야 한다. 셋째, 농민의 생산 적극성을 진작시켜야 한다. 이는 농업 생산력 수준 향상을 위한 관건 요인이다. 중국은 가족 단위 농업생산 책임제를 시행하여 농민의 생산 적극성을 극대화함으로써 농촌의 면모를 변화시키고 개혁개방의 서막을 성공적으로 열 수 있었다. 넷째, 정부의 더욱 효율적인 개입 및 역할 발휘가 필요하다. 농업의 현대화는 우량 품종의 육성과 분리될 수 없는데, 우량 품종의 육성은 대체로 공공재 영역에 속해 시장의 힘만으로는 효과적인 공급 배분이 어렵고 정부의 적극적인 개입이 필요하다. 그 밖에도, 대규모 농경지 수리, 관개 시설 개선 등의 문제 역시 농가 자체적으로 해결하기만은 어려우므로 정부의 충분한 개입과 역할 발휘가 필요하다. 빈곤 탈출과 발전의 실현은 농업 현대화의 추진에서 시작한다는 것, 이것이 중국 발전의 두 번째 시사점이다.

물론, 국가의 빈곤 탈출과 발전 실현을 농업의 발전에만 기대는 것은 역부족이며 반드시 산업화의 추진이 필요하다. 현대화는 곧 농업 및 농업 인구 비율의 지속적인 감소를 의미한다. 가난한 국가가 빈곤에서 탈피하고 발전을 이루려면 반드시 산업화를 추진해야 하므로, 농민을 농업에서 현대화된 산업 체계로 이전시키는 동시에 산업화 발전의 수준을 계속 업그레이드하여 산업 구조를 최적화해야 한다. 1978년 이후 중국의 발전 경험에 비추어 볼 때, 농촌 개혁을 기초로 산업화와 도시화를 진행함으로써 현대화된 서비스업을 크게 발전시키는 것이 매우 중요하다. 이것이 중국 발전의 세 번째 시사점이다.

사실 일부 국가에서는 농업의 현대화를 통해 산업화와 도시화를 추진하는 이 공식을 진작부터 인지하고 있었다. 그런데 왜 이를 성공시킨 국가는 드물까? 그 근본 원인은 자국의 현대화 추진에서 벤치마킹 대상을 잘못 선택한 데에 있다. 즉, 선진국이 현대화 추진 과정에서 무엇을 가지고 무엇을 했는지를 표본으로 삼은 것이다. 이 국가들은 제2차 세계대전 이후 서방의 주류 이론이었던 구조주의에 따라 수입 대체 전략을 선택하여, 자본이 극단적으로 부족한 상황에서도 선진국에서처럼 선진적 자본 집약형 대규모 공업의 발전을 시도했다. 그러나 이런 산업은 국가의 비교 우위에 부합하지 않아 기업은 경쟁시장에서의 자생능력이 부족할 수밖에 없었고, 정부의 직접적인 시장 개입 및 왜곡과 같은 보호 조치를 통해서만 간신히 산업이 조성될 수 있었다.

1980년대 이후 일부 국가에서는 당시 서방의 주류 이념인 신자유주의에 따라 '충격요법'을 적용하여, 사유화, 시장화, 안정화를 통해 선진국과 같은 완전한 시장경제체제를 성립하고자 하였다. 그러나 이 전략은 경제 전환 및 발전 과정에서의 정부 역할을 간과한 것으로, 기존에 구축한 산업 체계를 붕괴시켰을 뿐만 아니라 새로운 산업 체계의 조성도 불가능해지는 탈산업화 현상을 불러일으켰다. 이로써 일부 국가들은 시장경제 전환 과정에서 경제의 침체, 붕괴 및 반복적인 위기를 겪어야 했다.

중국은 어떻게 성공할 수 있었을까? 주 원인은 중국은 자국의 요소부존 조건 및 요소부존 조건이 결정한 비교 우위를 준수했다는 데에 있다. 정부는 시장경제에서 맞춤형 성장 촉진 역할을 수행하며 경쟁력 있는 산업을 육성하여 비교 우위를 경쟁우위로 확장시켰고, 이로써 중국 경제는 장기적, 안정적, 신속한 발전을 이룰 수 있었다. 이것이 중국 발전의 네 번째 시사점이다.

중국의 굴기로부터 개발도상국은 무엇을 배울 수 있는가[6]

2018년은 중국이 계획경제에서 시장경제로 전환한 지 40주년이 되는 해이다. 이는 중국 역사에 매우 기념비적인 순간이다. 점차 분명해지고 있는 미국의 탈세계화 추세로 인해, 중국이 글로벌 무역시스템의 수호자 역할을 맡게 될 기회도 빠른 속도로 다가오고 있다.

중국은 수십 년 만에 가난한 나라에서 세계적 강국으로 도약했다. 이로부터 다른 개발도상국에 귀중한 경험을 제공할 수 있는데, 미국 트럼프 정부가 반(反)세계화 정책을 고수하고 있는 상황에서는 특히 그러하다.

1978년 중국의 1인당 GDP는 매우 낮았고, 자국에만 신경 쓰느라 대외무역의 GDP 비중은 9.7%에 불과했다. 그러나 지금은 32.7%에 이른다.

1970년대 말부터 중국 경제의 성장세는 두드러지게 나타나기 시작했다. 중국은 2009년 일본을 제치고 세계 2위의 경제체가 되었고, 2010년 독일을 대신해 세계 1위의 수출국이 되었다. 이후 2013년 세계 1위의 무역국이 되었

---

6 본문은 2017년 12월 1일 <뉴욕타임즈>에 원문 게재, 원제목은 'What China Can Teach Developing Nations About Building Power'이며, 중문판은 저자의 심사 수정을 거쳤다.

으며, 2014년에는 구매력평가 지수가 미국을 뛰어넘는 세계 1위의 경제대국으로 올라섰다. 이 과정에서 7억여 명의 중국인이 빈곤에서 벗어났다. 중국은 지난 40년 동안 국내 금융위기를 겪지 않은 유일한 신흥경제체이다.

오늘날 중국은 1인당 GDP가 9,000달러에 육박하는 중등이상 소득국가가 되었고, 2025년 즈음에는 1인당 GDP가 12,700달러를 돌파할 것으로 보인다. 이는 중국이 고소득 국가의 반열에 오른다는 것을 의미한다. 중국은 세계 최대 제품 제조국이자 세계 최대 경쟁력 보유국 중 하나이기도 하다.

중국은 전심전력으로 세계화를 받아들였다. 중국이 야심차게 발의한 '일대일로(一帶一路)' 전략은 기반 시설의 구축을 통해 중국을 아시아, 유럽, 아프리카 등의 시장과 연결하는 것을 목적으로 한다. '일대일로' 사업을 지원하기 위해 중국은 아시아인프라투자은행(AIIB) 설립을 제안했고, 초기에는 미국의 공개적 반대에 부딪혔으나 지금은 77개 회원국을 보유하는 세계 최대의 다자개발기구 중 하나가 되었다.

2015년 위안화는 국제통화기금 특별인출권(Special Drawing Rights, SDR) 통화 바스켓에 편입되어, 달러, 엔화, 유로, 파운드와 함께 5개 통화 단위를 구성하고 있다. 이로써 위안화는 국제 기축통화를 향한 한 걸음을 내딛게 되었다.

구소련과 동유럽 국가가 자체적인 경제 전환 실시 후 모두 경제 붕괴를 겪은 것과 대조적으로 중국이 큰 성공을 거둔 것은 주목할 만한데, 그 주요 원인은 전환 방식의 차이에 있다.

전환 초기 과도적 단계에서, 중국의 중형 설비 제조, 제철 등 자본집약형 산업에는 자생능력이 없는 국영기업이 다수 존재했다. 이 기업들은 경쟁시장에서 보호, 보조금 없이는 살아남을 수 없었다. 따라서 중국정부는 이런 기업에 보조금을 지급하는 동시에 노동집약형 산업에 대한 투자도 병행하여 이 영역에서 비교 우위를 누렸다. 이런 이원화 전략을 통해 중국은 안정을 유지하면서도 빠른 발전을 이룰 수 있었다.

중국은 경제 개방에도 유사한 전략을 사용했다. 국영기업 위주의 자본집약형 산업에서는 외자 유입을 제한하는 한편, 노동집약형 산업에서는 대외개방을 실행해 외자를 흡수했다.

이원화식 전환에는 대가가 따랐다. 시장에 대한 개입과 왜곡은 부패와 소득분배의 불평등을 악화시켰고, 제조업의 빠른 성장으로 인해 환경오염도 심각해졌다. 이에 대한 대응으로, 시진핑 주석은 집권 1기 5개년(2012-2017년) 동안의 전면적인 반부패를 발의했다. 이원화제 개혁의 왜곡 제거를 통해 자원 배분에 대한 시장의 주도적 역할을 실현할 것을 강조했고, 엄격한 환경보호법 규정으로 고속 성장과 '친환경' 성장 간의 균형을 실현할 것을 제창했다.

중국 경제의 영향력 확대로 인해 글로벌 거버넌스에 대한 중국의 영향력도 함께 커졌다. 2017년 10월 중국공산당 제19차 전국대표대회에서 시진핑 주석은 국가 최고지도자로 재선출되어 집권 2기의 5개년 임기를 얻어냈다. 현재 그의 주요 임무는 중국의 고효율적으로 공개시장경제 전환을 완성하는 것, 그리고 세계 평화와 발전의 새로운 질서 확립에 기여하는 것이다.

중국의 빈곤 및 기아 퇴치 사업은 자국에 국한되지 않고 전세계를 대상으로 계속 시행될 것이다. 또한 중국은 앞으로도 계속 불간섭 원칙의 준수 하에 개발도상국에게 원조 및 무역, 투자 기회를 제공할 것이다. 서방 국가처럼 개발도상국에 대한 인도주의 원조를 내세우면서 그 조건으로 자국의 가치관과 이데올로기를 개발도상국에게 강요하는 일은 없을 것이다.

1970년대 말부터 중국은 정부의 강인한 지도력과 실용적 정책의 시너지를 기반으로 큰 도약을 이룰 수 있었다. 이제 중국은 깊은 통찰력과 개방적 자세를 유지하며 세계를 선도했던 대국의 역할을 회복할 것이다.

세계 빈곤 퇴치에 유용한 중국의 경험[7]

중국의 기적을 만든 개혁개방

개혁개방 40년 동안 중국의 경제·사회 발전 성과는 그야말로 눈부셨다. 다른 국가들과 비교할 때 중국의 개혁개방은 어떤 독특한 경험을 가지는가?

중국이 세계가 주목하는 발전 성과를 이룰 수 있었던 핵심 요인은, 사상해방과 실사구시의 정신으로써 과거 이론을 답습하거나 해외 이론을 억지로 적용하지 않고 독자적인 길을 갔다는 데에 있다. 중국은 당면한 문제의 실제에 근거해, 문제의 원인을 철저히 분석하고 중국이 문제 해결을 위한 어떠한 유리한 조건과 제한 조건을 갖고 있는지를 연구했다. '기존 사람에게는 기존 방법을, 새로운 사람에게는 새로운 방법을 적용하는(老人老辦法, 新人新辦法)' 이원화식 점진적 개혁을 사용하여, 국내외 시장과 자원을 효율적으로 활용하면서 안정을 유지한다는 전제 아래 빠른 경제 발전을 실현할 수 있는 방안을 강구했다. 반면, 외국의 이론과 '이상적' 모델의 지휘 하에 국내의 모든 문

7 본문은 2018년 4월 <21세기 경제보도>의 저자에 대한 특별 취재를 토대로 정리.

제를 일시에 해결하고자 했던 다른 국가들은 대부분 경제의 붕괴, 침체, 반복적인 위기를 겪었다.

중국은 사상해방과 실사구시의 정신에 입각하여 점진적 이원화 시스템 개혁을 채택했다. 1980-90년대 외부에서는 이를 '최악'의 전환 방식이라고 보았지만, 이 전략으로 중국은 안정 유지와 빠른 발전의 목표를 실현할 수 있었다. 물론 그 과정에서 부패, 소득 분배 불평등, 환경 악화 등의 문제도 출현했다. 이 문제에 직면해서도 중국은 마찬가지로 사상해방, 실사구시의 원칙으로써 객관적인 분석을 통해 적극 대응했고, 이는 개혁개방의 성공적인 발걸음에 중요한 보탬이 되었다.

2025년 고소득 경제체가 될 중국

나는 다보스포럼에서 2025년에는 중국이 제2차 세계대전 이후 저소득 국가에서 고소득국가로 전환되는 세 번째 경제체가 될 것이라고 예측한 바 있다. 그렇다면, 중국 경제성장의 동력은 어디에서 오는가?

중국은 경제 발전을 향한 멈추지 않는 내재적인 동력 메커니즘을 가지고 중화민족의 위대한 부흥을 추구해왔다. 중국 공산당, 중국의 모든 지식인, 국민이 간직하고 있는 중화민족의 부흥을 향한 초심, 이것이 중국 발전의 내재적 동력이다.

행복한 삶은 소득 수준의 지속적인 향상과 분리될 수 없다. 소득 수준의 지속적 향상은 노동 생산률의 지속적 향상을 전제로 하며, 이를 위해서는 부단한 혁신이 필요하다. 개혁개방 초기, 중국은 모든 분야에서 선진국과 큰 격차가 있었다. 이에 중국은 선진국과의 산업 및 기술 격차에서 오는 후발자 우위를 이용하여 해외의 선진 기술을 도입·소화·흡수하는 방식으로써 기술 혁신과 산업 업그레이드에서의 비용과 위험을 크게 낮출 수 있었다. 이것이 중국의 개혁개방의 중요한 성공 요인 중 하나이다.

2017년 중국은 1인당 GDP가 8,800달러를 돌파하면서 중등이상 소득 국가에 진입했다. 같은 해 미국의 1인당 GDP는 6만 달러, 독일 4.4만 달러, 일본 3.4만 달러, 한국은 3만 달러였다. 지금도 중국은 선진국과 비교했을 때 산업과 기술 수준에서 일정 정도의 격차가 있어, 여전히 후발자 우위를 가지고 있다. 그러나 동시에 중등이상 소득인 대국으로서 일부 산업은 세계 선두를 달리고 있어, 이에 해당하는 가전, 고속철도, 발전설비 방면의 산업은 자체적인 혁신에 의존해야 한다. 또한 연구개발의 주기가 짧은 인터넷, 이동통신 및 그 외 첨단 산업(emerging industry)은 인적자본의 투자가 핵심인데, 14억 가까운 인구를 보유한 중국은 인적 자원 방면에서 우위를 점하고 있어, 첨단 산업에서 '커브길 추월(彎道超車: 경쟁자를 뒤따르다가 기회를 봐서 추월하는 전략—역주)' 및 선진국과의 직접 경쟁을 실현할 기회를 갖고 있다.

이것이 내가 중국이 세 번째로 저소득에서 고소득으로 전환하는 경제체가 될 것이라고 확신하는 근거이다. 만약 실현된다면, 이는 인류 역사에 기념비적 순간으로 기록될 것이다. 중국의 고소득 경제체 진입으로 고소득 경제체 인구의 세계 비중이 현재의 16%에서 35%까지 늘어날 것이기 때문이다.

국제무대에서 자체적인 이론을 제기해야 하는 중국

현재 중국은 세계 제2대 경제체이며 구매력평가 지수로는 2014년 세계 1위의 경제체가 되었다. 중국 경제체 규모의 지속적인 확대에 따라, 중국에 대한 국제기구의 관심도 함께 커졌다. 라가르드(Christine Lagarde) 국제통화기금 총재는 국제통화기금 본부가 10년 후에 베이징으로 이전할 가능성이 있음을 밝힌 바 있으며, 이와 동시에 중국이 국제기구에 등장하는 횟수도 늘어나기 시작했다.

글로벌 거버넌스 시스템에서 중국의 발언권과 영향력은 중국 경제의 지위 향상에 따라 함께 확대되어야 할 것이다.

나는 매우 감사하게도 2008년 개발도상국 출신으로는 처음으로 세계은행의 수석경제학자 겸 고위급 부총재로 임명되었다. 나의 선임자 8명은 모두 선진국 출신의 경제학 대가들로, 노벨 경제학상 수상자이거나 풍부한 정치 경험을 가지고 백악관 경제고문위원회 위원장, 중앙은행 총재 등을 역임했던 이들이었다. 내가 그 자리의 기회를 얻을 수 있었던 것은 모두 중국의 발전 덕분이었다. 세계은행과 같은 국제개발기구는 전세계 빈곤 퇴치를 목표로 하는데, 중국이 지난 40년 동안 고속 발전을 이루면서 7억여 중국인이 빈곤에서 벗어나 세계 빈곤 퇴치에 70%가 넘는 기여를 하였기 때문이다. 내가 경제학자로서 가장 영광스러운 자리에 오를 수 있었던 것은, 중국의 발전과 빈곤 퇴치 사업의 뛰어난 성과에 힘입은 것이라 할 수 있다.

국제개발기구에서 재임 중인 중국인은 점차 많아져, 세계은행 상무 부총재, 국제통화기금 상무 부총재, 유엔산업개발기구(UNIDO) 총괄 간사 모두 중국인이다. 하지만 중국 경제의 높은 세계경제 점유율에 걸맞지 않게 중국의 발언권은 여전히 작다. 아직까지도 국제 사회의 주도권은 서방의 이론과 서방의 발언이 쥐고 있다. 국제 사회는 중국의 성공적인 전환을 분명 목격했지만, 기본적으로 이를 서방 이론의 시각으로 바라보고 있을 가능성이 크다. 전세계 곳곳에서 '중국 붕괴론'이 고개를 드는 것도, 서방 이론의 관점에서 보면 중국은 문제가 많은 나라이기 때문이다.

그러나 중국의 성공에는 분명 공식이 존재한다. 이 성공 공식을 정리하면 중국의 지혜와 노하우로 귀납될 것이다. 이론의 적용성은 조건의 유사성으로 결정되는데, 중국과 기타 개발도상국은 발전의 전제조건이 비교적 유사하므로 중국의 이론은 개발도상국들의 당면한 문제 해결에 중요한 참고 의의를 가진다. 제2차 세계대전 이후 선진국에서 개발도상국에 제공한 원조금은 3조 달러가 넘는 거액으로, 출발점도 좋았다. 하지만 이들이 선진국을 발전의 표본으로 삼고 선진국의 이론을 따르면서 원조의 효과는 되려 매우 미미해졌다. 개혁개방 이후 중국에서 감소한 빈곤 인구를 제외하면, 2000년도 세계 빈곤 인구는 전혀 감소하지 않았다.

중국의 국제적 지위 향상으로 국제기구에 재임하는 중국인이 계속 늘어나면, 중국은 자국의 경험을 면밀하게 귀납한 새로운 이론을 제안하는 동시에 국제 사회의 발언 시스템을 새롭게 구축하여, 세계 빈곤 퇴치를 위한 공헌에 더욱 박차를 가해야 한다.

시장효과를 근거로 해야 하는 유능한 정부

많은 이들이 중국의 개혁은 이제 '심해 구역(深水區: 위험한 고비 단계—역주)'에 들어섰다고 말한다. 중국은 이 개혁이라는 '막중한 임무'를 계속 짊어져야 하는가? 이 임무에서 정부와 시장은 각자 어떤 역할을 수행해야 하는가?

개혁개방 40년 동안 중국이 이룬 성취는 결코 쉽지 않은 것이었다. 실제로 1980-90년대 모든 사회주의 국가가 체제 전환을 위해 전력을 다했으나 진정으로 이에 성공한 국가는 아주 드물었다. 대다수는 경제 붕괴, 침체, 거듭되는 위기를 겪었고, 체제 전환 전보다 위기 발생 빈도가 더 잦아진 국가도 적지 않았다.

중국의 개혁개방이 채택한 것은 점진적인 이원화 시스템 전략이었다. 기존 대형 국영기업을 보호·보조하기 위해 계획경제 시대에서의 많은 개입 및 왜곡을 남겨두면서도, 다른 한편으로는 민영기업과 외자기업에게 과거에는 제한되었던 산업, 국가 비교 우위에 부합하는 산업, 일자리 창출이 가능한 경쟁력 있는 산업, 수출 증가 산업 등에 대한 시장 진입을 허가하였다. 정부는 맞춤형 성장 촉진 전략으로써, 경제특구와 가공수출 지역을 조성하고 해외 시장 진입에 필요한 '하드웨어' 기반 시설과 '소프트웨어' 제도 장치를 구축하였다. 당시 중국의 기반 시설과 제도 환경은 비교적 열악했지만, 중국은 비교 우위 산업을 경쟁우위로 빠르게 변화시킴으로써 안정적이면서도 신속한 발전을 이룰 수 있었다.

이러한 점진적 이원화 시스템 개혁은 1980-90년대 가장 최악이라고 여겨졌던 전환 방식이었다. 당시의 주류 관점에서는 계획경제에서 시장경제로의 전환은 반드시 사유화, 시장화, 자유화를 실행하여 시장 왜곡과 정부 개입을 일시에 제거해야만 가능하다고 보았다.

서방 주류 경제이론을 위배하는 점진적 이원화 시스템 개혁은 어떻게 성공할 수 있었을까? 주 요인은 다음과 같다. 이 방식은 개혁 이전 우선 발전시킨 비교 우위 위배 산업과 자생능력 부족 자본집약형 산업에 대한 보호를 체제 전환기에도 지속함으로써 경제와 사회의 안정을 효과적으로 유지하였고, 동시에 줄곧 억제해 온 비교 우위에 부합하는 노동집약형 산업에는 시장 진입을 허가해주었다. 이러한 정부의 맞춤형 성장 촉진으로 산업의 발전이 활성화되고 경제의 지속 가능한 성장이 실현될 수 있었다. 산업의 발전으로 많은 일자리가 창출되면서 농촌의 잉여 노동력이 도시로 유입되어 공업 분야에서 일하게 되었고, 비교 우위에 부합하는 산업이 빠르게 성장하여 자본을 축적하면서 기존의 비교 우위 위배 기업, 자생능력 부족 기업 역시 비교 우위에 부합하고 자생능력을 갖춘 기업으로 개선될 수 있었다. 또한 정부의 각종 보호 및 보조금이 과거의 '설중송탄'이 아닌 '금상첨화'가 되면서, 이를 점차 감소 및 중단할 수 있게 되었다.

현재 중국의 대규모 산업 중 절대다수는 이미 비교 우위에 부합한다. 국가 안보 관련 산업과 같은 극소수 산업은 자본과 기술이 특히 더 집약되는데, 중국은 비록 비교 우위가 없을지라도 국가 안보를 위해 다른 고소득 국가들과 마찬가지로 이 분야 산업을 반드시 육성해야 한다. 이런 산업은 그 수가 극히 적어, 역시 다른 국가들과 마찬가지로 산업 육성을 위해 재정교부금의 보조금을 지급하거나 시장가격을 왜곡하여 보조할 필요가 없다. 중국공산당 제18기 3중전회에서도 시대에 발맞춘 전면적 심화개혁으로써, 정부의 각종 왜곡을 제거하고 자원 배분에서 시장이 주도적 역할을 맡을 것을 결정하였다.

하지만 경제의 발전 과정에서 시장실패는 반드시 일어나며, 전환 국가의 경우는 특히 더 그러하다. 이에 중국은 유능한 정부를 통해 시장실패를 해결할 필요가 있었다. 정부와 시장은 상호보완적으로, 시장 효과는 유능한 정부를 전제로 하고 유능한 정부는 시장 효과를 근거로 하기에 양자가 모두 필수불가결한 요소라고 할 수 있다. 이것이 바로 중국이 개혁개방의 성공 과정에서 얻은 가장 귀중한 경험이자, 내가 제창하는 신구조경제학의 핵심 내용이다.

체제차이 조정으로 광둥·홍콩·마카오만(灣) 지역을 활성화해야 한다

광둥(廣東)은 개혁개방 이후 가장 빠르게 발전한 성(省)이다. 개혁개방 초기의 '삼래일보(三來一補: 삼래(三來)는 원자재 위탁 가공, 녹다운(knock-down) 수출, 샘플 가공을, 일보(一補)는 보상무역을 가리킨다—역주)'의 무역 형태가 광둥에서 가장 먼저 시작되었으며, 인건비 상승과 비교 우위의 변화로 인한 노동집약형 산업 및 인력 재배치의 필요성도 광둥에서 가장 먼저 제기되었다. 이 과정에서 광둥은 기업가의 적극성을 동원하는 등 시장이 그 기능을 적절하게 발휘하였다. 정부 역시 기반 시설 개선, 양호한 정책 환경 조성 등을 통해 기업가의 난제를 해결해 주는 등, 정부의 역할을 적절하게 수행했다.

발전에 끝이 없듯, 기술혁신, 산업 업그레이드, 제도혁신에는 끝이 없다. 광둥은 남보다 먼저 도전하는 정신을 멈추지 말고 계속 전진하면서 새로운 기회를 발견하는 동시에, 각종 체제, 메커니즘, 소프트웨어 및 하드웨어 기반 시설로부터의 장애를 극복해야 한다. 광둥이 경제 발전에서 국내 선두 자리를 계속 지키고자 한다면, 광둥의 각종 혁신도 계속 시대의 선두를 달려야 한다.

광둥·홍콩·마카오만(灣)은 중국에서 소득과 발전 수준이 가장 높은 지역권이자 세계에서 GDP가 가장 높은 지역권 중 하나이다. 뉴욕만, 샌프란시스코만, 도쿄만과 비교하면, 광둥·홍콩·마카오만은 세계 금융허브와 세계 최대 제조업 기지가 같은 지역권에 있는 등, 지역의 내부적 차이가 매우 크다. 이러한 지역권의 내부적 차이는 경제에서의 상호보완성을 의미한다. 광둥·홍콩·마카오만이 이러한 내부적 상이성과 상호보완성을 충분히 활용한다면, 세계에서 가장 활력 넘치는 만 지역권으로 거듭날 것이다.

현재 광둥·홍콩·마카오만 지역권 발전의 가장 큰 걸림돌은 지역 간의 각종 상이한 제도 장치로, 광둥의 선전(深圳)은 경제특구, 홍콩과 마카오는 2개의 특별행정구에 속하는 것이 그 대표적 예이다. 중국은 체제 간의 차이 조정 방안을 모색해 기존 체제의 장점은 남기고 단점은 보완하여, 만 지역권의 소속 경제체가 다 함께 협력하도록 해야 한다.

정당한 이유와 근거로 맞설 필요가 있는 무역마찰

중국의 발전은 세계화로 대표되는 외부환경으로부터 벗어날 수 없다. 미국이 수입되는 철강과 알루미늄 제품에 전면적으로 관세를 부과함에 따라 각 지역의 무역 조치가 상호 경쟁하게 되면서, 글로벌 자유무역체제는 심각한 도전에 직면하게 되었다.

하지만 무역전쟁은 승자가 없는, 미국, 중국 및 전세계 모두에게 불리한 분쟁이다. 미국 트럼프 대통령의 중국에 대한 징벌적 관세 조치 선포 이후, 미국 주식시장은 급락했고 다른 국가들의 주식시장도 피해를 보았다. 미국이 현재 안고 있는 심각한 무역불균형 문제는 주로 내부적 요인에서 초래한 것이다. 첫째, 미국의 무역적자는 자국의 지나치게 낮은 저축률과 지나치게 높은 소비 수준이 주요 원인이다. 둘째, 미국의 무역적자가 장기간 지속되고 있는 것은 자국의 통화를 발행하여 무역적자를 메울 수 있는 국제 기축통화국의 특성으로 인한 것이다.

그럼에도 미국 정치인들은 개인의 정치적 이득을 위해 내부의 문제를 외부로 돌리고 있는데, 이 같은 처사는 오히려 미국에게 불리하다. 1980년대 미국은 일본과 아시아의 네 마리 용(대한민국, 대만, 싱가포르, 홍콩—역주)에 대해 적지 않은 적자를 보고 있었다. 이에 미국은 '플라자 합의(Plaza Accord)'를 통해 일본과 아시아 네 마리 용에게 통화 절상 및 자발적인 수출제한 또는 미국으로의 공장 이전을 요구했으나, 결과적으로 미국의 적자는 감소는 커녕 더욱 증가했다. 이번에도 미국은 자국의 저축률을 상승하지 않는 한, 그때와 다른 결과를 얻기는 힘들 것이다.

이러한 상황에서, 중국이 전략적인 도덕적 고지에 서서 세계화 추진을 멈추지 않는 것이 중국과 전세계에 유리한 태세라고 할 수 있다. 2017년 다보스포럼에서 시진핑 주석이 이 같은 내용을 담은 주요 발언을 하여 전세계로부터 갈채를 받은 것도 이 때문이다. 중국은 무역마찰에는 합당한 이유와 근거로 대응하여, 필요한 경우 반격의 조치를 취하거나 일부 미국 수입품에 대한 관세를 추가 부과할 수 있다. 미국의 수출감소는 자국 생산자들의 손실을 초래한다. 게다가 미국은 대중(對中) 수출의존도가 비교적 높아 생산자들의 손실은 적지 않을 것이다. 또한 미국이 수입관세를 올림으로써 자국 내 수입품 가격이 올라가면, 그 비용 부담은 결과적으로 미국 국민들이 떠안게 된다. 수출품 생산자와 수입품 소비자가 모두 손실을 봄으로써 미국 유권자들이 무역은 상호이익으로 상생해야 한다는 사실을 깨닫게 될 수도 있다. 나아가 대중 무역제재에 대한 미국 유권자의 태도가 바뀌면, 트럼프 대통령이 대중 무역제재를 이용해 표를 얻으려는 심산을 줄이고 휴전을 시도할지도 모른다.

중국의 일방적인 바람이 아닌 위안화 국제화

2008년 글로벌 금융위기와 1997년 동아시아 금융위기는 우리에게 위험에 대한 경계를 늦추면 안된다는 교훈을 주었다. 2008년 이전만 해도 미국 거시경제학계에서는 미국의 거시경제가 안정적이고 거시경제이론은 성숙하여, 경제는 대(大)안정기(Great moderation) 국면에 돌입해 어떠한 경제 파동도 안정시킬 수 있으리라고 생각했다. 서브프라임 모기지 사태 초기에는 관련 금액이 7,000억 달러에 불과해 사태가 심각하지 않다고 생각했다. 하지만 위기는 갑자기 찾아왔다. 2008년 9월 리먼 브라더스(Lehman Brothers Holdings Inc.)가 파산하면서 미국 내부의 위기가 글로벌 위기로 확산된 것이다. 1997년 동아시아 경제위기 발생 이전의 상황도 마찬가지였다. 1950-60년대 이후의 동아시아 경제의 발전은 독보적이었지만 1997년 갑자기 위기를 맞게 되었다.

금융은 현대 경제의 주요 구성원으로, 마치 식물의 성장에 필수적인 물과 같은 존재다. 하지만 물은 배를 띄우기도, 뒤집기도 한다는 것을 명심하여 발생 가능한 금융위기에 반드시 대비해야 한다. 중국이 '중대 리스크 예방 및 해결'을 3대 공견전(攻堅戰: 힘든 싸움이란 뜻으로, 2017년 제19차 당대회 보고에서 시진핑 주석은 중국이 해결해야 할 3대 공격전으로 빈곤 퇴치, 환경오염 대응, 금융 리스크 예방을 언급하였다—역주)에 포함시킨 이유도 바로 이 때문이다. 이 같은 조치는 중국이 현재 위기를 겪고 있어서가 아니라, 금융시스템 내에서 고(高)레버리지(Leverage) 등의 문제를 초기부터 해결하기 위함이다.

위안화 국제화에 대해서는, 중국은 이미 조건은 성숙되어 있는 문제라고 생각한다. 중국은 현재 세계 1위의 무역국이자 구매력평가 지수 기준 세계 1위의 경제체이다. 시장환율 기준으로는 세계 2위이지만 2030년 즈음에는 1위로 올라설 것이다. 이 같은 상황에서 위안화의 국제화는 중국뿐 아니라 대중(對中) 무역국에도 유리하다. 2030년에 이르면 중국은 엄청난 성장 잠재력으로 비교적 빠른 속도의 발전을 유지하면서 전세계 성장에도 계속 기여할 것이다.

금융위기 이후 매년 세계경제 성장률에 대한 중국의 기여도는 30%가 넘는다. 이런 추세는 분명 앞으로도 계속될 것이다. 이를 고려할 때, 위안화 국제화는 그저 중국의 일방적인 희망사항이 아니라, 위안화를 사용하는 결제 행위가 각국의 거래 비용과 리스크를 낮춰주는 일이 될 것이다. 물론 이는 억지로 서두르면 안되고 조건이 성숙해야 가능한 일이다.

중국 역시 위안화가 국제 기축통화가 되는 것은 '양날의 검'이라는 점을 인식해야 한다. 달러는 국제 기축통화로서 미국에게 많은 편의를 제공했지만, 무역적자를 장기간 지속시키고 내부의 여러 문제를 은폐하여 위기를 축적시키기도 했다. 중국은 이와 유사한 상황이 발생하지 않도록 막아야 한다.

제3장

중국 자체 경제이론의 필요성[8]

8 본문은 저자의 2017년 11월 17일 광저우 국제금융포럼 연회 '19차 대회 이후 중국의 신 발전 이론 해석' 전체회의 발언에 근거해 저자의 심사 수정을 거쳐 정리.

중국공산당 제19차 전국대표회의 이후 중국의 새로운 발전이념 해석

중국 공산당 제19차 전국대표회의(이하 19차 대회)는 중국의 발전이 새로운 시대로의 진입을 명백히 공표하는 효과적인 행사였다.

신시대의 의미와 시진핑의 신시대 중국 특색 사회주의 사상

신시대는 두 가지 의미를 내포하고 있다. 첫째, 중국의 주요 모순이 변화했다는 점이다. 물질적 가치에 대한 국민적 수요의 증가와 낙후된 생산력과의 관계에서 행복한 삶에 대한 국민적 수요의 불균형 및 미흡한 발전의 모순으로 변해갔다. 둘째, 중국은 과거의 번영과 부유의 시대에서 현재는 강세로 나아가며, 중화민족의 위대한 부흥을 실현하기에 과거 그 어떤 때보다 부흥에 더 가까워지고, 이것을 실현할 믿음과 능력을 가지고 있다고 볼 수 있습니다. 중국은 역사적으로 중요한 시기로 진입하고 있다.

중화민족의 위대한 부흥을 실현하기 위해 19차 대회에서 중국은 현재부터 2050년까지의 발전을 몇 단계로 구체화하였다. 2020년까지는 '샤오캉(小康) 사회'의 전반적 구축 단계로, 보통 사람들도 부유하게 살 수 있는 사회를 만드는 것을 목표로 한다. 2020년부터 2035년까지는 '사회주의 현대화'를 기본적으로 실현하는 단계이며, 2035년부터 2050년까지는 '부강, 민주, 문명, 조화, 아름다움의 사회주의 현대화 강국'을 구축하는 것이 목표이다. 이러한 큰 그림을 실현하기 위해, 19차 대회에서는 시진핑의 '신시대 중국특색사회주의 사상'을 확립했다. 이 사상은 경제, 정치, 문화, 사회, 생태 등 다양한 분야를 아우르며, 18차 대회 이후 시진핑이 개발한 '5위 1체(경제건설, 정치건설, 문화건설, 사회건설, 생태문명건설)' 전체 계획, '4개 전면(전반적인 사회주의 현대화 국가건설, 심화개혁, 준법통치, 엄격한 당 관리)' 전략배치, 그리고 '5대 발전이념'을 주로 구현했다.

5대 발전이념과 공급측 구조적 개혁

우리는 새로운 '5대 발전이념'에서 19차 대회 이후 중국발전을 분석한다. 먼저, 인간중심의 발전을 추진하기 위해서는 국민들이 원하는 행복한 삶에 대한 수요를 충족시키는 것이 가장 중요하다는 점을 강조한다. 이 수요를 충족시키기 위해서는 전반적으로 생산력을 향상시키는 것이 필수적이며, 생산력 개발과정에서 불균형과 미흡한 발전을 극복해야 한다고 지적한다. 공급측면에서 구조적 개혁을 진행하는 것이 불균형과 미흡한 발전을 극복하는 주요 조치이다. 이러한 구조적 개혁에는 다음 다섯 가지 측면이 포함된다:

'탈생산능력', '탈재고', '탈레버리지', '비용 절감', '단점 보완'이다. 탈생산능력, 탈재고, 탈레버리지, 비용 인하는 주로 불균형 문제를 해결한다. '탈생산능력'은 각 산업의 생산 능력과 수요 수준 간의 불균형을 조정하는 것이다. 수요 수준에 기반하여 공급 측면의 생산 능력을 조절함으로써 불균형을 극복하는데 도움을 준다. '탈재고'는 주로 생산된 상품과 시장수요 간의 불균형으로 나타난다. 과도한 생산 및 시장 수요 부족으로 인해 재고가 만들어져 낭비하게 되므로 탈재고가 필요하다. '탈레버리지'는 금융과 실물 경제 간의 불균형으로 나타나는데 과도한 레버리지 비율은 금융 위험을 증가시킬 수 있으므로 탈레버리지가 필요하다. '비용 절감'은 주로 기업경영 및 행정관리 간의 불균형으로 기업경영 비용이 너무 높아지기 때문에, 행정관리가 초래한 높은 비용을 낮춰야 한다. '단점 보완'은 미흡한 부분을 보완하여 수요를 충족시키고 생산력 수준을 향상시키는 것을 의미한다.

공급 측면의 구조적 개혁에서, 불균형 문제를 해결하는 주요 방법은 심화개혁을 진행하는 것이므로, 단점 보완은 한층 더 발전이 필요하다. 발전 과정은 시진핑의 '신시대 중국 특색사회주의 사상'에 근거하여 다섯 가지 원칙인 혁신, 협조, 친환경, 개방, 공유를 따라 진행되어야 한다. 이 다섯 가지 원칙은 수단과 목표로 나눌 수 있다. 수단에서 '혁신'은 생산력 수준을 향상시키기 위한 방법이다. 목표에서 '혁신' 이후는 공급과 수요 간의 협조를 통해 과도한 생산능력과 재고를 피해야 한다. 동시에, 반드시 친환경 표준에 부합해 사람들의 행복한 생활에 대한 희망을 만족시키고, 국내외 시장과 자원을 충분히 이용해 개방경제에서 실현해야 한다. 마지막으로, 발전성과는 모든 국민이 공유하게 해야 한다.

5대 산업과 혁신

경제학자의 관점에서, 혁신은 미래의 생산에서 사용되는 기술이 현재의 기술보다 우수하거나, 진입한 산업의 부가가치가 현재의 수준을 뛰어넘는 산업 업그레이드를 포함한다. 전자는 주로 두 가지 방법을 통해 실현된다. 첫 번째로, 기존의 기술이 이미 세계 최고 선두에 있다면, 기술혁신과 기술 발명은 같다. 두 번째로, 만약 기존 기술이 세계 수준과의 격차가 있다면, 혁신은 이를 극복하기 위해 자체 기술 개발뿐만 아니라 외부 기술의 도입, 내재화, 그리고 지식의 흡수를 통해 이루어질 수 있다. 산업 업그레이드에 관해서는, 두 가지 상황을 고려할 수 있다. 첫 번째로, 기존 산업이 이미 세계 최고 수준에 있다면, 산업 업그레이드는 주로 새로운 제품 및 새로운 산업을 발명하는 방식으로 진행된다. 두 번째로, 만약 기존 산업의 부가가치와 세계 최고 수준의 산업 부가가치 간에 격차가 있다면, 산업 업그레이드를 위해서는 외부 기술 및 지식의 도입, 내재화, 그리고 지식의 흡수를 통한 접근이 필요할 것이다.

신구조경제학은 현재 중등 이상 소득에 있는 중국의 산업을 다섯 가지로 나눈다.

첫 번째는 추월형 산업이다. 중국, 그리고 기타 선진국에도 존재하는 산업으로, 예를 들면 장비제조업이 있다. 중국은 세계 장비제조업 대국이고, 독일도 세계 장비제조업 대국이다. 동일한 기능의 장비가, 중국에서 제조 가치는 100만 달러지만, 독일에서 생산하면, 500만 달러에 이른다. 그래서 중국은 여전히 산업의 추월단계에 머물러있다.

두 번째는 선도형 산업이다. 중국의 기술 및 경쟁력이 세계적으로 선도적인 수준에 도달했다는 것을 나타낸다. 이러한 산업에는 가전제품 제조 (예를 들어 TV, 냉장고, 세탁기) 및 고속철도 등이 포함된다. 중국은 이미 이러한 분야에서 세계적으로 선진 수준을 보유하고 있으며, 기술력과 경쟁력을 확립했다.

세 번째는 전환 업그레이드 진입형 산업이다. 과거 중국이 선두였지만, 중국 비교 우위의 변화로 인해 세계선도적 지위가 더 이상 존재하지 않는 산업이다.

네 번째는 커브길 추월형 산업이다. 이 산업은 신기술과 신제품의 연구 및 개발이 인적자본 중심으로 이루어지며, 이러한 과정은 짧은 주기를 가지고 있다. 중국은 현재 중등 이상 소득 국가로서, 인적자본은 선진국과 큰 격차가 없다. 그러나 중국과 선진국 간의 격차는 주로 금융 및 물질 자본 축적에 있다. 선진국은 이미 이삼백 동안 무수한 자본을 축적했으며, 중국은 개혁개방 이후에야 자본을 빠르게 축적해서 격차가 존재한다. 한 산업의 신상품, 신기술의 발명과 창조는 주로 인적자본 투입 위주라서, 요소부존의 구조에서 본다면 중국은 선진국과 분명한 비교열세가 없었다. 이런 짧은 주기, 인적자본 투입 위주, 금융투입이 상대적으로 적은 산업에서는, 중국은 선진국과 직접 경쟁하며 커브길 추월을 진행할 수 있다. 또한 중국은 이 분야에서 여전히 상당한 우위를 가지고 있다. 중국은 인구가 많고, 풍부한 인재 자원을 보유하고 있으며, 거대한 내수 시장을 활용할 수 있는 장점이 있다. 따라서 새로운 제품, 기술이 발생하면 중국은 국내에서 빠른 채택 및 대규모 시장을 확보할 수 있다. 이런 상품에 하드웨어 수요가 있다면, 중국은 또한 각종 부품 조립이 가장 잘 완비된 국가이므로, 중국이 '커브길 추월형' 산업에서 혁신에도 비교 우위를 갖고 있다.

다섯 번째는 국방안전과 전략형 신흥산업이다. 이런 산업의 혁신방식은 '커브길 추월형' 산업방식과 정반대라서, 높은 인적자본이 필요하긴 하지만, 연구개발 주기가 특히 길어, 10년, 20년까지도 필요하며, 대량의 금융과 물질자본이 투입되어야 한다. 단순히 현재 요소부존으로 결정한 비교 우위에서, 중국은 이 분야에 아직 비교 우위를 갖고 있지 않다. 하지만 일부 국방안전 상품은 국외에서 구매할 수 없기 때문에, 이 분야의 산업이 없어지면 국방과 안전에 영향을 미칠 수 있다. 따라서 중국도 이러한 산업의 발전을 지원해야 한다.

일부 전략적 신흥산업은 국방안전과 직접적으로 연관되지 않아 보일 수 있으며, 연구 및 개발에 상당한 시간과 금융 및 물질자본 투입이 필요하다. 현재의 상황에서 중국은 아직 해당 분야에서 비교 우위를 가지지 못했다. 그러나 미래에 대한 신산업의 방향은 이미 명확하게 정해져 있다. 중국이 비교 우위를 가지지 못하여 해당 분야의 연구 및 개발을 포기한다면, 선진국이 전략적인 위치를 점하게 될 것이다. 중국이 미래에 이러한 산업 분야에 진입하려면, 많은 기술이 도입되지 못하거나 높은 비용으로 도입해야 한다. 따라서 현재 비교 우위가 없더라도, 장기적으로는 현재 투자를 하지 않을 경우, 미래에 다시 진입하기가 훨씬 어려워지며 비용과 위험이 상당히 높아질 수 있다.

중국의 기존 산업을 다섯 가지로 나눈 혁신 방식은 각각 독특한 특징을 가지고 있다. 추월형 혁신은 주로 기술 도입, 소화, 그리고 흡수에 중점을 두고 있다. 선도형, 커브길 추월형, 그리고 국방안전 및 전략적 신흥산업의 혁신은 주로 자체 연구 및 개발에 의존한다. 전환 업그레이드 진입형 산업의 혁신 방식은 높은 부가가치를 창출하는 미소곡선 양끝으로의 진입을 강조하며, 이를 위해 브랜드 관리, 제품 디자인, 마케팅 채널 관리 등을 포함한 제품 연구 및 개발 및 경영 방식의 혁신이 필요하다. 또한 비교 우위를 상실한 생산 분야를 국내나 해외의 임금 수준이 상대적으로 낮은 지역으로 이전하는 경우도 고려해야 하는데, 이러한 이전은 생산지의 조건과 상황에 따라 적절한 관리 혁신을 필요로 한다. 다른 산업마다 다른 혁신 방식이 필요하며, 이를 통해 최고의 효율을 달성할 수 있다.

혁신 과정에서 스마트한 생산 방식 및 인터넷이 제공하는 기회와 같은 일부 새로운 플랫폼 기술을 고려해야 한다. 또한 친환경 기술은 모든 과정에서 반드시 적용되어야 한다. 그렇다면 5대 발전이념이 요구하는 '혁신, 협조, 친환경, 개방, 공유'의 목표를 실현할 수 있을 것이다.

혁신과 금융

혁신은 자본 투입이 필요하기 때문에, 혁신과 금융은 결합해야 한다. 추월형 산업의 혁신 방식은 주로 도입 위주로, 필요한 금융 지원은 은행 대출이나 채권 발행 방식 위주로 이루어진다. 은행은 또한 대형 은행과 소형 은행으로 나뉘며, 산업 내 기업 규모와 자금 수요의 크기에 따라 선택된다. 대기업의 경우, 추월할 때 먼저 은행의 지원을 받게 되며, 이 과정에 인수합병 등의 수단이 포함될 수 있다. 작은 기업의 경우, 일부 중소은행이 필요한 자금을 지원할 수 있다.

반드시 자체 연구 및 개발에 주력해야 하는 선도형 및 커브길 추월형 산업 혁신에 대한 자금 출처는 다르다. 선도형 산업 내의 기업은 보통 매우 성숙하여, 자금 수요는 주로 주식 시장의 자금 조달 방식에 의존한다. 전환 업그레이드 진입형 기업은 신상품 개발, 채널 관리, 품질 관리에서의 자금 수요가 주로 은행 지원을 중심으로 이루어진다. '커브길 추월형' 산업은 자체 혁신이 필요하며, 이러한 산업은 엔젤 캐피탈, 벤처 캐피탈 등과 같은 위험 분산 금융 방식에 더 의존할 것이다.

국방안전과 전략적 신흥산업은 아직 비교 우위가 없기 때문에 연구 및 개발에 정부의 자금 지원이 필요하다. 지원 방식은 주로 정부의 직접적인 재정 보조금을 통해 이루어지며, 국가가 펀드를 설립하여 연구 및 개발을 지원하거나, 정부의 재정을 활용한 구매를 통해 이루어질 수 있다.

전체적으로, 19차 대회가 제기한 신시대로 들어가 중화민족의 위대한 부흥 실현, 강대한 중국, 사람들의 행복한 생활에 대한 수요 만족을 위해 반드시 다양한 혁신 방식을 채택해야 한다. 혁신과정에서는 반드시 유형별 산업의 특성에 맞는 방식을 고려해야 한다. 금융 분야는 실물 경제를 지원해야 하며, 반드시 각 산업의 발전과 혁신 방식에 따라 적합한 금융 도구로 지원해야 한다. 또한 혁신과정에서 협조, 친환경, 개방, 공유에도 주의를 기울여야 합니다. 이렇게 할 수 있다면, 중화민족의 위대한 부흥 및 중국이 강해지려는 목표는 반드시 실현될 수 있으리라 믿는다.

70년 발전사로 본 경제학 이론의 혁신[9]

2019년은 신중국 성립 70주년으로, 이를 바탕으로 과거 70년 동안 중국의 경제발전을 되돌아보며 현대경제학 이론에 대한 자체혁신의 필요성과 방향에 대해 초보적인 견해를 제시하려고 한다.

중국 과거 70년의 경제발전과 국제 주류 사조

과거 70년 동안 중국의 경제발전은 크게 두 단계로 나눌 수 있다. 첫 번째 단계는 1949년부터 1978년까지의 기간으로, 이 기간 동안 중국은 계획경제체제를 시행했다. 두 번째 단계는 1978년 말의 개혁과 개방 정책 실행부터 현재까지로, 중국은 중국 특색 사회주의 시장경제체제를 구축해 왔다.

계획경제 시대에 중국은 주로 마르크스주의의 원리와 소련의 사회주의

9 본문은 저자의 2019년 3월 23일 중국인민대학 경제학대학 (신)설립대회 및 중국경제학의 70년 진보 및 발전 학술심포지엄에서의 기조연설을 정리 및 심사 수정. 원제목은 '중국의 70년 발전에서 현대 경제학 이론의 자체혁신의 필요와 방향을 논한다' 이다.

정치경제학을 학습하고 참고했다. 이 당시 중국의 목표는 경제와 문화적으로 후퇴한 기반에 완전한 중공업 시스템을 구축하는 것이었다. 이러한 목표를 달성하기 위해 중국은 소련의 경험을 주로 참고하였다.

당시 중국이 학습했던 소련의 사회주의 정치경제학과 세계적으로 주류였던 경제이론은 어느 정도 일치하는 부분이 있다. 1930년대 경제 대공황 이후, 케인스(Keynes)주의가 거시경제학의 주류였으며, 이 이론은 시장 실패와 정부의 개입을 강조하며 경제 개발에 필수적인 것으로 여겨졌다. 케인스주의는 어떤 국가의 경제가 잘 발전하려면 반드시 정부 개입을 통해 시장 자원배분의 제약을 극복해야 한다고 주장했다. 동시에 제2차 세계 대전 이후, 많은 개발도상국이 식민지, 반식민지주의에서 벗어나 제1대 지도자의 지도 아래 국가 현대화를 시작하는 단계에 있었으며, 이러한 변화에 맞춰 서방 주류 경제학에서 새로운 하부 학문인 발전경제학이라는 분야가 등장했다.

제1대 발전경제학 이론은 현재의 구조주의이다. 이 이론은 개발도상국에서 국민의 소득과 국가의 강세를 향상시키려면 선진국과 유사한 선진화된 산업구조를 개발해야 한다는 주장이다. 그 근거로 국민의 소득 수준을 선진국과 비슷하게 높이기 위해서는 높은 노동생산성이 필요하며, 높은 노동생산성을 얻기 위해서는 선진 기술과 산업구조가 필요하다는 것이다. 또한 국가의 강세를 갖추기 위해서는 군사적으로도 선진국과 경쟁하기 위한 선진 군사장비가 필요하며, 이러한 군사장비도 선진 기술과 산업에서 나온 것이라고 주장했다. 그러나 사실상, 개발도상국의 산업은 주로 전통적인 농업이나 자연자원에 의존하고 있어서 노동생산성이 낮았으며, 따라서 소득 수준과 국가 강세도 낮았다. 따라서 구조주의는 개발도상국이 현대적, 선진적인 산업 발전을 발전 목표로 삼아야 한다고 제안한다. 이 목표는 사실 중국

1950—60년대의 '영국 및 미국 추월'과 같다. 하지만 현대화 산업은 개발도상국에서 시장에 의존해 발전시킬 수 없어서, 시장실패라고 인식되었기 때문에 개발도상국은 정부에서 직접 자원을 동원하고, 자원을 배분해, 수입대체 방식으로 현대화된 산업을 발전시켜야 한다고 제안했다.

이러한 발전 방식은 개발도상국이 경제와 문화적으로 낙후한 기반에서 신속하게 현대화된 산업 체계를 구축할 수 있게 한다. 중국이 1960년대에 원자폭탄 폭발실험을 하고 1970년대에 위성을 발사하는 등의 성과는 훌륭한 것이었으나, 이와 같은 발전 방식을 추진하는 개발도상국의 경제발전 전반적인 성과는 그다지 좋지 않았다. 중국 국내에서는 국민의 생활 수준이 장기적으로 개선되지 않았으며, 1978년 개혁과 개방 정책이 시작되기 전까지 중국의 산업 구조 수준은 선진적으로 보였지만, 1인당 소득은 아주 낮았다. 중국은 신중국이 성립된 이후 30년 동안 노력하였지만, 1인당 소득 수준은 세계에서 가장 가난한 아프리카 국가의 1/3 에도 이르지 못했다.

기타 사회주의 국가들도 중국과 마찬가지로 공업체계에서는 선진적인 성과를 보였지만, 생활수준 측면에서는 상당히 낙후되었다. 라틴아메리카, 남아시아, 아프리카 등의 기타 비사회주의 개발도상국은 당시 주류이론 사조의 영향을 받아 공업구축에 성과를 거두었지만, 국민의 생활수준이 개선되지 않고, 경기침체가 나타나며, 다양한 위기가 반복해서 발생하였다.

중국은 1978년 말에 사회주의 국가 중에서 계획경제체계에서 시장경제체계로 전환을 가장 먼저 시작했다. 그리고 소련, 동유럽 국가를 포함한 다른 사회주의 국가들은 1980년대와 1990년대에 차례로 전환을 시작했으며, 라틴아메리카, 남아시아, 아프리카 등의 기타 비사회주의 개발도상국들도 1980년대와 1990년대에 정부 주도의 수입대체경제에서 개방시장경제로 전환했다.

1980년대 국제 주류 사조는 신자유주의였는데, 정부의 시장개입으로 사회주의 국가 및 기타 개발도상국의 경제발전에 각종 왜곡을 초래하였기 때문에, 정부가 경제발전의 실패를 초래한 것이라 생각했다. 실증경험에서, 정부주도 경제체계는 선진국 같은 시장경제체계보다 효율적이지 못했기 때문에, 전환 목표는 시장경제체계로 이행이었다. 당시 주류사조는 시장경제체계로 이행하려면 반드시 시장경제에 필요한 제도장치를 구축해야 한다고 생각했다. 그렇다면 시장경제체계는 어떤 제도장치가 필요한 것인가? 시장의 장점은 자원을 효과적으로 배분할 수 있는 것이다. 어떻게 자원을 효과적으로 분배할 것인가? 가격은 반드시 시장이 결정해야 하는데, 전환 전에는 각종 가격을 주로 정부가 결정했다. 따라서, 첫 번째로 이런 국가들은 가격의 시장화로, 시장의 공급과 수요로 가격을 결정하면서, 가격으로 자원의 배분을 유도해야 한다고 제안했다. 한 상품가격의 상승은, 수요가 많음을 의미하므로, 자원을 이런 상품에 많이 배분해 생산을 증가시켜 수요를 만족시킨다. 반대로 가격 하락은, 이 상품에 자원배분을 줄이게 된다. 이런 논리는 매우 분명하다.

가격은 시장에서만 결정하는 것이 아니다. 당시 중국과 기타 전환형 국가, 개발도상국가에는 대량의 국영기업이 존재했다. 당시의 견해는, 가격이 시장에서 결정된다 해도, 기업이 국유라면, 가격의 자원배분 기능을 상실할 수 있다는 것이었다. 국영기업이 손해를 볼 때는 국가가 보조금을 지원할 수 있지만, 기업이 이익을 창출할 때는 그 일부를 국가에 반납해야 했기 때문이다. 각종 자원과 요소의 가격이 시장에서 결정된다 해도, 본래 시장경제에서 하나의 요소 가격이 오르면, 기업이 절약해 사용해야 효율이 제고된다. 일반적으로 시장경제에서 요소 가격이 상승하면 기업은 절약을 하여 효율성을 높인다. 그러나 국영기업은 요소 가격이 상승해도, 결국 정부가 보조를 제공하기 때문에 효율적인 절약이 어려워진다. 마찬가지로, 생산된 상품가격이 증가하면, 시장경제의 논리에 따라, 많이 생산해, 이윤을 많이 남기려고 노력할 것이다. 하지만 국영기업이 벌어들인 이윤은 모두 국가에 상납해야 하기 때문에, 상품가격이 올랐다고 해도, 많이 생산하려 노력하지 않을 것으로 보인다. 따라서, 시장 가격이 자원 배분에 결정적인 역할을 하도록 만들기 위해, 당시에는 모든 국유 기업을 민간 기업으로 전환해야 한다는 논리도 아주 분명하다.

가격이 자원배분에 대해 결정적 역할을 하려면, 가격이 반드시 안정적이어야 한다는 하나의 전제가 있는데, 높은 인플레이션이 나타나면, 경제행위가 왜곡될 수 있다. 생활필수품 가격이 끊임없이 오르면, 소비자가 사재기를 할 수 있다. 가격이 낮을 때 많이 사려고 해서 사재기가 발생하면 수요가 대량으로 증가할 수 있다. 생산자의 입장에서, 가격이 끊임없이 오르면, 기업은 판매를 주저해 3개월, 반년까지 기다린 후 다시 팔게 되어, 가격이 더 높아질 수 있다. 결과는 가격이 오를 때 수요가 대량 증가하고, 공급이 대량 감소해, 가격이 끊임없이 오르는 악순환에 빠지게 될 것이다. 그래서 시장이 효과적으로 자원을 배분하려면, 반드시 안정적 가격이 필요하다. 어떻게 해야 가격이 안정될 것인가? 전제는 정부의 예산이 흑자이어야 한다는 것이다. 정부 예산이 불균형이라 적자라면, 결국 이런 적자가 화폐화, 즉 화폐증액발행(이하 약칭 화폐증발)을 하게 할 것이다. 화폐증발로 인플레이션이 나타날 수 있는데, 인플레이션이 나타나면, 행위가 왜곡될 것이다.

그래서 1980년대, 당시 신자유주의 사조에 근거해 '워싱턴 컨센서스'를 만들었다. 이 컨센서스는 전환이 성공하려면, 반드시 이런 국가들이 시장화, 사유화, 거시안정화를 추진하며, 이 세 가지 개혁은 반드시 동시에 제자리에 있어야 효과적이라 주장한다. 시장이 개방되었는데, 재산권이 개혁되지 않았다면, 결과가 더 나쁠 수 있다. 또는 시장이 개방되어 재산권이 개혁되었지만 거시적으로 불안정하면 결과가 더 안 좋을 수 있다.

중국의 전환경험과 재고찰

중국은 1978년의 이 개혁을 추진할 때, 국제적으로 주류로 받아들여진 견해를 따르지 않았다. 중국은 이러한 전환을 '사상해방' 및 '실사구시' 방식으로 점진적으로 시행했다. 이 전환 단계에서, 초기에는 이미 개발된 국영기업에 대한 보호와 보조금을 제공하였다. 예전에는 억제되었던 노동력이 비교적 집약된 일부 산업의 진입을 허용하여, 적극적인 맞춤형 성장 촉진을 촉구했다. 초기에 중국은 기반 시설이 매우 미흡했으며, 비즈니스 환경 또한 개선이 필요했기 때문에, 경제특구와 가공수출 지역 등을 설립하여 기반 시설을 향상시켰다. 원스톱 서비스를 도입하고, 비즈니스 환경과 기반 시설의 제약 요인을 극복하는데 일부 유리한 조건을 조성했다.

1980-90년대에, 국제적으로 계획경제가 시장경제로 전환하려면 반드시 시장경제에 필요한 제도장치를 '충격요법'으로 단번에 제자리에 구축해야 전환이 성공할 수 있다는 컨센서스가 있었다. 그 외에도, 중국이 시행한 이원화제 점진식처럼 전환하는 것은 시장과 정부가 동시에 자원을 배분하는, 최악의 제도장치이기 때문에, 결과적으로 경제효율이 원래의 계획경제보다

더 낮아지고, 문제도 많아질 수 있다는 컨센서스가 있었다. 계획과 시장이 동시에 있기 때문에, 정부의 계획가격이 낮지만, 시장가격은 높아서 매매 차익의 공간이 생겨, 부패가 발생하고, 소득격차 확대를 초래할 수 있기 때문에 최악의 제도장치라 하는 것이다. 이런 현상은 중국의 전환 후 확실히 나타났다. 1980년대 가장 유행했던 하나의 업종을 '전매 투기업자'라 칭했다. 1978년 이전에는 없었지만, 1978년 점진식 이원화 개혁이 시작된 이후, 정부 계획물자를 전매해, 계획경제 가격과 시장가격의 차이로 돈을 버는 업종이 나타났다. 또한, 전매 투기업자들이 낮은 가격으로 계획된 물자를 획득하기 위해 다양한 연결과 지대추구를 시도하면서, 부패를 증가시키고 소득분배 문제를 야기시킬 수 있었다.

80년대에는 중국의 점진적인 이원화제 개혁이 주류 학계에서 반대 받는 주요 이유로써 이러한 문제들이 명확했기 때문에, 중국의 경제발전 속도가 둔화되면 '중국 붕괴론'의 우려가 나타날 수 있었다. 하지만, 중국은 과거 40년 동안 경제발전이 빨랐을 뿐만 아니라 같은 시기 세계에서 경제위기가 나타나지 않았던 유일한 국가였다. 기타 절대다수 사회주의 국가와 개발도상국은 주류인 '워싱턴 컨센서스'에 근거해 전환했는데, 결과는 경제붕괴, 침체, 끊임없는 위기였다. 또한, 중국에 나타난 부패, 빈부격차 문제는, 기타 국가에도 있었고, 대부분 중국보다 심각했다. 세계은행과 유럽개발은행이 소련, 동유럽 국가와 라틴아메리카 국가에서 대량의 실증연구로 이를 증명했다. 연구에서는, 시장화, 사유화, 거시안정화를 추진한 이후, 이 국가들의 평균성장률이 전환 이전인 60, 70년대보다 느려져 위기발생 빈도가 더 높아졌고, 부패, 소득격차 확대 같은 유형의 문제도 중국보다 더 심각했음을 발견했다.

주류경제학 이론은 왜 개발도상국 개조에 무기력한가

중국의 경제학계에서 생각해볼 만한 문제가 있다. 이론은 우리가 세계를 이해하고 변화시키기 위한 것이다. 그런데 왜 주류 경제학 이론은 개발도상국, 전환 중인 국가의 문제를 인식할 때는 힘이 있었지만, 개발도상국이 이 이론에 따라 발전과 전환정책을 제정하면 성공적으로 활용되지 못하고 실패하는 경우가 많은 것 인가? 가장 주요 원인은 다음과 같다. 이 이론이 선진국에서 나와 선진국을 참고 대상으로 삼아서, 개발도상국과 선진국의 차이는 조건이 다르다는 내생결과임을 간과했기 때문이다. 예를 들면, 개발도상국의 산업은 통상 노동집약형이나 자연자원 집약형이라서, 생산력 수준이 낮았고, 선진국의 산업은 자본집약, 기술이 선진적인 산업에 집중되어, 생산력 수준이 높았다. 하지만, 이런 산업구조의 차이성은 내생요소가 결정한 것이었다. 선진국이 자본이 집약되고, 기술이 선진적인 산업으로 발전한 것은 선진국이 산업혁명 이후 이삼백 년의 자본축적을 거쳐, 자본이 상대적으로 풍부해서, 자본집약형 산업에 비교 우위가 있었기 때문이다. 개발도상국의 공통 특징은 무엇인가? 자본이 극단적으로 부족했으므로, 자본집약형산업에 비교 우위가 없었다.

한 국가가 비교 우위가 없는 산업을 발전시켰다면, 결과는 개방 경쟁시장에서 이 산업의 기업은 자생능력이 없게 되므로, 필연적으로 보호 보조금을 떠나서 생존할 수 없게 된다. 예를 들어, 선진국의 노동 집약적인 가공업과 개발도상국의 자본 집약적 산업은 이러한 상황을 보여준다. 그러나 제2차 세계대전 이후 형성된 주류 발전 이론은 각 국가의 산업 구조가 내부적인 요소에 의해 결정된다는 것을 이해하지 못했다. 개발도상국의 전통산업 생산력 수준만 고려하고 내생 결과를 초래한 외생 요인의 변화가 없는 채, 선진적 자본 집약적 산업을 발전시켰으나, 이러한 조장된 접근은 필연적으로 실패로 이어졌다.

전환할 때, 정부의 개입 왜곡이 있으면, 필연적으로 자원의 잘못된 배분과 지대추구 부패 등이 있게 된다는 신자유주의 이론은 설득력이 있어 보인다. 하지만 왜 이 이론에 따라 전환을 지도하면, 결과는 경제성장 속도가 원래보다 느려지고, 위기발생 빈도가 원래보다 더 높아지는가? 신자유주의 이론이 원래 전환 이전의 각종 왜곡도 내재적인 문제였음을 고려하지 않은 것이 주요한 원인이다. 왜곡, 개입, 보호 보조금이 왜 존재하는가? 전환 이전에 우선 발전시키려던 산업은 자본이 너무 집약되었기 때문에, 이런 산업에서의 기업은 개방경쟁시장에서 자생능력이 없어서, 보호 보조금을 주지 않으면 생존할 수 없었다. 신자유주의 사상에 따르면, 효과적인 시장을 선진국과 같이 구축하려면 시장화, 사유화 및 거시적 안정화를 동시에 진행해야 하며 정부 예산은 균형을 유지해야 한다는 주장이 있다. 다시 말해, 다양한 보호와 보조금을 동시에 폐지해야 한다는 것이다. 폐지의 결과로, 원래 비교 우위에 부합하지 않았던 산업은 생존할 수 없어, 대량의 기업파산이 나타날 수 있기 때문에, 대량 실업, 사회 불안정, 정치 불안정의 문제가 있을 수 있으며, 경제가 붕괴될 수도 있다. 동시에, 자본집약형 산업은 국방안전과 적지 않은 관계가 있는데, 보호 보조금을 주지 않으면, 이 산업은 생존할 수 없어, 국방안전도 보장할 수 없다. 우크라이나는 1990년대 전환 과정에서 재정균형을 위해 보호와 보조금을 주지 않아 핵폭탄, 항공모함, 전세계에서 가장 큰 비행기를 생산할 능력을 모두 포기해야 했다. 그 결과, 몇 년 전에 러시아가 크림반도를 차지하는 사태가 벌어졌고, 우크라이나는 이를 막을 방법이 없었다.

러시아와 접촉한 동쪽 지역은 항상 독립운동을 펼치지만, 어떤 대응 방법도 찾기 어려웠다.

당연히, 대부분 국가가 순진하게 국방안전 관련 산업을 포기할 수 없어서, 원래의 대형 국영기업 안에서 국방안전과 관련된 기업을 사유화한다 해도, 정부는 계속해서 똑같이 보호 보조금을 줘야 할 것이다. 자세히 분석하면, 이런 기업이 국방안전의 수요를 책임지기 때문에 필연적으로 정부가 이런 기업에 보조금을 줄 수밖에 없다. 필자는 이것을 전략성 정책책임이라 부른다. 이런 정책성 책임은 산업이 국유일 때 주는 보호 보조금이 많은가? 아니면 산업이 사유일 때 주는 보호 보조금이 많은가? 1990년대 국내외의 많은 경제학자들과 논쟁했는데, 당시 학계의 주류 견해는, 이런 기업에 보조금을 주는 것은, 국유이기 때문이라고 했다. 나는 이런 기업이 국방안전의 전략성 책임을 지고 있다고 생각한다. 전략성 책임이 여전히 존재하면, 국유이든 사유이든 반드시 계속해서 보조금을 줘야 한다. 또한, 인센티브 메커니즘에서 분석하면, 기업이 국유일 때, 사장은 보조금이 없으면 기업이 존폐할 수 없다고 주장할 수 있다. 그러나 보조금을 받은 후, 사장이 자신의 주머니를 채우는 행위는 횡령으로 간주되어 형사 처벌을 받을 수 있다. 따라서 이런 행위를 비밀스럽게 작은 규모로만 시도하며 공공적으로는 시행할 수 없다. 반면, 기업이 사유화된 경우, 사장은 국가의 보조금을 받지 않을 뿐 아니라, 오히려 동일한 이유로 국가에 보호 및 보조금을 요구할 수 있다. 사유화된 기업과 국영기업의 주요 차이점은 사장이 국가에서 받은 보조금이 많을수록 자신의 주머니에 더 많은 혜택을 얻는다는 점이다. 따라서, 그들은 더 큰 적극성을 갖고 지대추구를 할 수 있는데, 지대추구할 때 정부관리에게 어떻게 말할 수 있는가? "어쨌든 당신이 나에게 주는 돈도 당신 자신의 것이 아닌,

국가의 돈인데, 왜 더 주지 않는가? 이등분해 내가 스위스나 파나마에 은행 계좌를 만들어줄 테니, 둘이 나누자"고 한다.

1990년대, 이런 견해는 이론적 추론에 불과했지만, 현재는 대량의 자료가 이를 증명하고 있다. 세계은행, 유럽개발은행 및 많은 소련 및 동유럽, 라틴아메리카 학자들의 실증연구를 제외하고, 2, 3년 전에 국제매체에서 유명했던 '파나마 문건' 안에 대량의 기록이 있었는데, 소련, 동유럽 국가와 기타 개발도상국의 경제전환에서, 기업 사유화 이후, 이런 현상은 아주 보편적이었다.

주류 전환이론은 이런 왜곡의 내생성을 소홀히 했으므로, 이론모형의 논리가 아주 빈틈이 없고, 이론에 근거해 내놓은 제안이 아주 분명했지만, 이런 제안에 따라 전환한 결과는 오히려 원래보다 더 나빴다. 중국이 실행한 이원화제 점진식 전환은, 확실히 주류이론이 예측한 것처럼, '전매 투기업자', 지대추구 부패와 소득분배 악화의 문제가 나타났다. 하지만, 원래 비교우위를 위배하고, 자체 능력이 부족한 기업에 대해 계속해서 전환기의 보호 보조금을 줘서, 안정을 유지했으며, 노동집약형에 부합하는 산업에 대해 진입허가를 열어, 정부가 적극적으로 맞춤형 성장 촉진을 했으므로, 경제는 빠르게 발전했다. 이런 빠른 발전은 자본의 빠른 축적을 가져와 원래 비교 우위를 위배한 산업이 점차 비교 우위에 부합하게 되면서, 보호 보조금의 성질이 원래의 설중송탄에서 금상첨화로 변했다. 금상첨화는 안정유지에 도움에 되지 않아, 오히려 지대추구 부패와 소득분배 불균형 등 사회정치 문제를 초래할 수 있었다. 그래서 2013년 18차 삼중전회에서 전면적 심화개혁을 제기할 수 있었는데, 시장이 자본배분에서 결정적 역할을 하게 하려면, 그 전제조건은 반드시 이원화제 시기에 남겨진 보호조치를 모두 취소하는 것이었다.

미래 이론혁신의 필요성과 방향

현재 주류 경제학 이론은 일반적으로 선진국에서 나왔으며, 선진국의 경험과 현상을 주로 다룬다. 이들 이론은 이론 모형을 단순화하고 처리하기 쉽게 만들기 위해 일반적으로 단일 부문 모형을 사용하며, 전체 경제가 한 부문으로 간주한다. 그렇기 때문에 개발도상국과 선진국 사이에서는 이러한 이론 모형 안에서 주로 양적 차이만을 다루며, 질적인 구분이 부족하거나, 구조 내생성의 개념도 부족하다. 이로 인해 해당 이론은 선진국의 산업, 기술, 제도 등을 최적 구조로 가정하며, 선진국 구조와 어떤 차이도 왜곡이라 인식한다. 또한, 구조 내생성의 개념이 부재하므로 왜곡 내생성 의견이 나타나지 않는다.

이렇게 한 부문만 보고 구조차이의 내생성을 간과한 주류경제학 이론은 상술한 발전과 전환문제에서 토론한 것 외에, 경제운용에서 항상 개발도상국을 오도할 수 있다. 예를 들면 2018년 노벨 경제학상을 수상한 로머(Paul M.Romer)가 제기한 내생성장이론이다. 선진국의 기술은 세계 최고 선두에 있기 때문에, 기술혁신은 반드시 자체발명해야 한다. 자체발명은 전요소 생산률 제고의 결과를 초래한다. 전요소 생산률이 평가하는 것은 자체발명한 기술이 가져온 생산력의 개선이기 때문이다. 스스로 기술을 발명하려면, 통상 두 가지 요소투입이 있는데, 자본과 인적자본이다. 선진국의 자본은 상대적으로 풍부하고, 병목제한이 없기 때문에, 내생성장이론 모형은 보통 한 부문의 모형만 있게 되고, 그 부문에도 인적자본이라는 하나의 생산요소만 있게 된다. 내생성장이론에 따르면, 한 국가 경제성장에서 가장 중요하고, 근본적인 결정요소는 바로 인적자원의 끊임없는 제고이며, 전요소 생산률이 높을수록 더 좋은 것이다.

이런 이론은 선진국에 적용할 수 있지만, 개발도상국에 가져가면 적용할 수 없다. 개발도상국의 기술은 세계 선두인 기술과 여전히 아주 큰 격차가 있기 때문이다. 기술혁신은 두 가지 원천이 있는데, 자체발명기술과 기술도입으로 소화 흡수해 재혁신하는 것이다. 어떤 기술혁신 방법이 비교적 좋은지를 결정할 때, 비용과 위험 또한 고려해야 한다. 실제 경험에서 기술을 도입할 때, 기술 도입 비용이 비교적 낮고, 위험이 비교적 작다. 일반적으로 기술은 설비에 내재화되어 있으며, 기술 도입은 일반적으로 새로운 설비를 구매해야 하기 때문에 자본 투입을 고려할 수 있다. 성장계산에서 기술발전은 잉여항에 나타나지 않을 수 있지만, 비용이 비교적 낮다면, 경제성장이 더 빠를 수 있다. 도대체 경제성장이 빠른 것이 좋은지 아니면 잉여항이 큰 것이 좋은지? 당연히 경제성장이 빠른 것이 좋다. 기술 도입은 인적자본이 필요한데, 자체 발명 시 필요한 인적자본이 완전히 동일하지 않을 수 있으므로 교육의 내용과 수준도 다를 것이다. 하지만 단일 부문의 성장모형에서 개발도상국과 선진국의 경제를 촉진하는 메커니즘과 조건에 어떤 다른 점이 있는지 토론하기 아주 어려운데, 이런 경우 개발도상국의 학자와 정부 정책결정자가 선진국과 같은 전요소 생산률을 추구하기 쉽고, 물질자본이 유한한 조건에서 인적자본의 제고를 일방적으로 추구하기 쉽기 때문이다.

위에서 언급한 상황들은 기존의 주류 이론에서 일반적인 것들이다. 예를 들면 금융은 현대경제 운용에 아주 중요하지만, 교과서에서 말하는 금융제도장치는 일반적으로 주식시장, 대형은행, 벤처캐피털, 회사채 같이 선진국이 적용하는 제도장치이다. 이런 제도장치는 선진국 자본이 아주 집약되고, 기술이 아주 선진적인 산업에 적합하며, 생산활동과 기술혁신은 대량 자본

투입이 필요해서, 위험이 아주 크다. 하지만 개발도상국 70-80%의 생산활동이 소규모인 농가, 극소형, 소형, 중형의 제조업과 서비스업에 집중되어 있다. 생산에 사용되는 기술은 일반적으로 성숙한 기술이며, 그로 인해 생산되는 상품도 성숙한 상품이다. 이로 인해 필요한 자본 규모가 작고, 주로 경영자의 능력과 신용 문제에 초점이 맞춰진다. 이와 같은 특성으로 인해, 기존의 주류 금융경제학의 교과서에서 제시하는 현대적인 금융 시장, 벤처 캐피털, 대형 은행, 회사채 등의 개념을 그대로 도입하면, 실물경제의 특성과 금융장치의 특성 간의 조화가 어긋나게 될 수 있어, 금융이 실물경제에 서비스할 수 없게 된다.

요컨대, 현재의 주류 경제학은 일반적으로 선진국의 구조를 외생적이고 주어진 최적의 구조로 가정하고 있다. 초래한 결과는 바로 1950, 60년대의 구조주의로, 선진국 산업 발전을 목표로 삼았다. 1980년대와 1990년대의 전환 과정에서, 많은 개발도상국은 선진국의 시장경제 제도와 구조를 최적의 구조로 인식하며, 내생적 왜곡을 간과하고 전환 과정에서 목표와 수단을 혼동하는 경향이 있었다. 초래된 결과는 앞에서 이야기했듯이, 출발점은 아주 좋았지만, 효과가 아주 나빴다. 주류 현대경제학 이론을 경제운용 각 분야의 지도원칙으로 삼았지만, 마찬가지로 개발도상국과 선진국 구조특성의 차이를 간과했으므로 적용되지 않았다. 현대 경제학의 이론이 개발도상국에서 세계를 이해하고 발전시키는 데 도움을 주려면, 이론에 개발도상국과 선진국 구조적 차이와 왜곡된 내생성을 반영하고, 경제발전, 전환 및 운용에 대한 내생성의 영향을 이해해야 한다.

새로운 이론이 내생현상의 확실한 인식에서 시작할 필요성

새로운 이론은 새로운 현상에서 비롯되는데, 과거 70년 중국의 발전은 이론혁신의 광산이었다. 초기 30년 동안 중국은 기타 사회주의 국가나 기타 개발도상국과 큰 차이가 없었으며, 당시 주류의 길이었다. 하지만, 과거 40년 동안의 개혁개방에서, 중국은 자신의 길을 갔고, 인류경제사에서 전대미문의 기적을 만들었다. 기적은 바로 기존 이론으로 설명할 수 없는 현상이다. 기존 이론으로 중국을 보면, 모든 것이 문제이기 때문에, 중국 경제성장이 약간 느려지면, 국제학계와 여론에서 '중국붕괴론'이 나타날 수 있다. 하지만, 실제로 중국은 붕괴되지 않았고, 여전히 안정적으로, 빠른 발전을 유지하고 있다.

중국의 개혁과 발전경험을 이론혁신의 원천으로 삼는, 가장 중요한 점은 중국이 개발도상국으로서, 선진국과 구조적 차이가 어떤 요소로 초래되었는지를 반드시 이해하는 것이다. 중국은 하나의 전환 중인 국가로서, 많은 왜곡이 있는데, 그 왜곡의 배후에는 무엇이 있는가? 차이와 왜곡은 모두 원인이 있고, 내생적이다. 하나의 내생현상 변화에 성공하려면, 반드시 먼저 내생현상 배후의 결정요소를 바꿔야 한다는 것을 경제학자들은 알고 있다. 그래서 이 현상의 내생적 이론을 잘 파악해야 사람들이 세계를 인식하고 변화시키는 목표가 같을 수 있도록 도울 수 있다. 이것이 최근 몇 년 동안 내가 베이징 대학에서 신구조경제학 연구를 추진하면서, 현대경제학의 방법으로 한 경제체에서 구조 및 그 변천의 결정요소와 영향을 연구하여 중국의 자체 이론 혁신을 촉진하기 위해 제시한 이유이다. 중국의 발전과 전환경험을 요약해 이론혁신을 진행하면서, 중국의 경제학자들이 '가까운 곳에서 먼저 혜택을 받게 되는' 우위를 갖고 있으므로, 필자는 독자들이 이 기회를 통해 구조와 그 내생성을 현대경제학에 도입하고, 이론의 발전에 혁신적인 공헌을 통해 중국의 이론이 세계인식을 도울 수 있게 될 뿐만 아니라, 세계개조를 더 잘할 수 있게 도울 수 있게 되기를 매우 기대하고 있다.

중국경제학자들에게 필요한 더 큰 구도[10]

1978년 개혁 개방을 막 시작했을 때, 세계은행의 지표에 따르면 중국의 1인당 GDP는 156달러로 세계에서 가장 가난한 국가 중에 하나였다. 20년 전, 중국의 1인당 GDP는 850달러에 불과해 여전히 저소득 국가였다. 2017년 중국의 1인당 GDP는 약 8,836달러로 중등 이상 소득 국가가 되었다. 이렇게 눈에 띄는 성과를 이룰 수 있었던 것은 주로 당 중앙 국무원의 현명한 정책 결정에 의존해 개혁개방을 추진했고, 전국의 국민이 열심히 분투했기 때문이다. 하지만 이런 과정에서 경제학자들도 지혜로 공헌했다.

과거 40년의 성과는 눈에 띄지만, 현재 경제운용에도 소득분배 문제, 부패문제, 환경문제 등을 포함한 적지 않은 문제가 존재하고 있다. 중국을 사회주의 강국으로 만드는 과정에서 어떻게 정치체제의 문제를 극복하고, 시대가 준 기회를 잡아 중국경제의 빠른 발전을 계속 추진했는가에 대해 경제학자들은 문제를 심도있게 연구하고, 전략을 세울 필요가 있다.

---

10 본문은 2018년 10월 29일 <베이징 일보>에 원문 게재.

중국경제학자들의 정책연구에서 이론혁신의 필요성

중국의 개혁과정에서 항상 이런 상황이 나타나는데, 일부 출발점이 매우 좋은 개혁조치가 이론상에서는 분명했지만 추진 결과는 원래 목표와 어긋났고, 심지어 문제를 더 복잡하게 했다.

왜 이런 상황이 나타났는가? 개혁개방 과정에서 우리는 항상 선진국의 기존 이론과 경험을 참고하여 문제를 평가하고, 이 이론과 경험으로 중국 개혁발전에 참고하기를 바랐음을 부인할 수 없다.

하지만 이론을 적용할 때는 전제조건이 있고, 경험에서도 전제조건이 있다. 개발도상국으로서 중국의 전제조건은 당연히 선진국과 달라서, 그들의 완전하고, 완벽한 이론 모델과 다르다. 이런 이론을 참고하면, '화이난(淮南)에서는 귤이었지만, 화이베이(淮北)에서는 탱자가 되는' 문제가 출현할 수 있었다.

경제학자는 중국의 경제현실을 깊이 이해하고, 중국의 경제현상에 문제가 존재하는 원인, 문제해결에 동원할 수 있는 자원, 개혁 전진을 추진했던 동력이 어디 있는지 등을 이해하고, 새로운 이론을 제기할 필요가 있다. 이런 이론은 과거 40년의 전환이 왜 이런 성과를 이룬 동시에 이렇게 많은 문제가 존재했는지, 어떻게 해야 이런 문제를 정말 효과적으로 해결을 할 수 있는지, 우리의 이론이 세계를 이해하고 바꾸는데 더 잘 이해하게 할 수 있다.

현재 경제학 이론의 개발도상국 운용에서 보편적으로 나타나는 현상은, 세계인식 차원에는 많은 역량이 있는 것 같지만, 세계를 바꾸는 측면에서는 무기력하다. 중국의 경제학자로서 우리가 경험한 이런 개혁개방은 인류경제사에서 보기 드문 사회 실험이므로, 이 실험 중에 스스로 경험을 요약하고 새로운 이론을 제기해야 한다. 이는 시진핑이 2016년 5월 17일 철학사회과학 업무회의에서: "하나의 이론이 필요한 시대이고, 반드시 이론을 만들 수 있는 시대이며, 사상이 필요한 시대이고 반드시 사상을 만들 수 있는 시대이다. 우리는 이 시대를 저버릴 수 없다"고 이야기한 것과 비슷하다. 중국경제학자들은 이 시대를 저버릴 수 없으므로 정책연구 과정에서 이론혁신을 진행해야 한다.

중국경제학자들이 중국과 세계의 일에 관심을 가질 필요성

중국의 굴기, 중화민족의 위대한 부흥이 세계에서 받아들여질 수 있는지 여부는 대체로 중국의 발전이 다른 국가에 공동발전의 기회를 가져다줄 수 있는지 여부에 달려있다. 우리는 이 분야를 할 필요가 있을 뿐 아니라, 중국의 이야기도 잘 할 필요가 있다.

중국은 현재 세계 제2대 경제체, 제1대 무역국으로서, 2025년쯤 고소득국가가 된다면 세계 기타 개발도상국의 발전에 대해 더 큰 책임을 져야 할 것이다.

나의 통계에 따르면 2차 세계대전 이후, 선진국이 개발도상국에 제공한 발전 원조는 3조 달러가 넘었지만 이 원조를 받은 국가들이 실제로 저소득수준에서 중등 소득수준으로 진입할 수 있었던 경우는 매우 적었고, 중등 소득수준에서 고소득 수준으로 진입할 수 있는 경우는 더 적었다. 가장 중요한 원인은 중국인이 말하는 '사고방향이 미래를 결정한다'는 것이라고 생각한다. 선진국은 개발도상국에 원조를 제공할 때, 통상 선진국 자체 이론, 사고방향, 경험에 근거해 출발점이 좋았을 수 있었지만, 효과는 미미하였다.

중국이 세계 선진국이 된 후에는 세계의 기타 국가에 대해 더 큰 책임이 있게 되므로 당연히 자체 이론을 제기할 필요가 있다고 나는 생각한다. 신구조 경제학의 차원에서 경제발전은 구조가 끊임없이 변천하는 과정으로, 농업에서 제조업 및 서비스업으로, 저소득 수준에서 고소득 수준으로 변천해 왔다. 이런 전환과정에서, 2차 세계대전 이후의 경험에서 발전에 성공한 소수 몇 개 경제체는 공동적 특징이 있는데, 바로 노동집약형 산업이 국제적으로 이전되는 기회의 시기를 잡아 농업사회가 현대공업사회로 변화했던 것이다.

이런 차원에서 이야기하면, 중국이 제기한 '일대일로' 계획 및 과거 다년간의 중국 아프리카 협력 발전은 기반 시설 상호연결, 생산능력 협력을 강조해 확실히 세계 기타 개발도상국의 번영에 역사상 보기 드문 기회의 시기를 줄 수 있었다. 하지만 그들이 어떻게 이 기회의 시기를 잡아야 하는지는 경제학자들이 일부 이론을 통해 사고의 발전방향을 변화시킬 수 있다.

중국 경제학자로서, '본토화, 규범화, 국제화' 연구를 계속 추진해야 한다. 한편으로는, 경제학자로서 공헌하며 중국 개혁개방이 계속 심화되도록 추진해 중국 경제가 계속 바람을 타고 파도를 가르며 나아가게 해야 한다. 다른 한편으로는, 우리도 새로운 이론을 제기해 개혁발전이 더 순조롭게 진행되게 하며 중국의 이론, 사고방향 및 발전으로 세계 기타 개발도상국의 발전을 도와 기타 개발도상국이 발전된 후 똑같이 선진국의 기회를 만들면서 꽃이 만발한 봄처럼 모든 학문이 발전되어야 한다.

제4장

신구조경제학 연구는 어떻게 하는가

왜 신구조경제학을 연구해야 하는가[11]

신구조경제학은 무엇인가? 신구조경제학 연구는 무엇인가? 신구조경제학 연구는 어떻게 하는가? 이것은 내가 입버릇처럼 이야기하는 문제이다. 나는 항상 기본에 충실(强本固元)해야 한다고 말한다. 상술한 문제는 기본적이면서도 근원적인 질문이며, 신구조경제학이라는 이론혁신의 금광이 제공한 시대적 기회를 잡는 결정적 문제이기도 하다. 신구조경제학이 무엇인지 분명히 하고, 신구조경제학의 이론 틀을 따라 연구해 나간다면, 창조적인 연구가 되리라고 믿는다.

또한, 경제학이론은 과학이론과 마찬가지로, 그 목적이 사람들의 세계에 대한 인식과 세계의 변혁을 돕는 것에 있다. 이는 우리가 지식인으로서 경제학 이론을 연구한 초심이었을 것이다. 현재 국제적으로 유행하고 있는 이론으로 정책을 제정해, 개발도상국이 선진국 추월에 성공한 예를 지금까지 본 적이 없다. 추월의 꿈을 이루는데 성공한 소수의 국가와 경제체가 추월시기에 시행했던 주요정책은, 당시 주류 경제학 이론에서 보면 잘못된 것이었다.

11 본문 및 제4장의 내용은 저자가 2019년 2월 17일 신구조경제학 학술단체 내부 연구심포지엄에서 발언한 원고로, 약간 수정됨.

이렇게 된 이유는, 다음과 같이 분석하면 이해하기 어렵지 않다. 선진국의 이론이 선진국에서 나왔으므로 무의식적으로 선진국의 발전단계, 사회, 정치, 문화 조건 등을 이론적 전제나 암묵적 전제로 한다. 그러나 선진국과 개발도상국이 이런 전제조건의 차이를 소홀히 한 채, 선진국에서 나온 이론을 개발도상국에 적용했기 때문에, 자연히 세계를 잘 개혁하려는 목표를 이루기 어렵다.

신 구조경제 연구도 주류경제학 이론으로 중국에 존재하는 문제를 보거나, 중국의 자료로 주류경제학에 이미 존재하는 이론을 검증한다면, '소탐대실' 할 수 있다. 중국 개혁개방이 이룬 경제적 기적이 준 이론혁신의 기회를 실제로 잡아, 경제학 발전에 대한 창조적인 공헌을 하기는 어려울 것이라 생각한다. 또한, 이런 연구는 논리가 빈틈없어 보이지만 근본적인 문제는 놔두고 오히려 잘못된 이론을 수용해, 경제정책결정과 사회여론을 오도할 수 있다. 이런 일은 사회가 우리에게 후한 대우를 해주는 것에 부끄러움을 느끼게 한다.

어떤 사람은, 주류이론을 따르지 않고 연구하면 발표가 어렵다고 말할 수도 있지만, 어떤 혁신적인 이론은 처음에는 학계에서 받아들여지기 아주 어렵다. 그래서 낡은 이론과 충돌하고 투쟁하며 가시밭길을 가야만 구축할 수 있다. 신구조경제학의 혁신 이론은 어떤 다른 혁신 이론보다 어렵지 않다. 발표가 아주 어렵다 해도, 우리의 이론연구가 '세계에 대한 인식' 및 '세계를 변혁하는' 역할을 통일할 수 있도록 어렵지만 올바른 일을 해야 한다.

신구조경제학은 무엇인가

신구조경제학의 정의

신구조경제학의 정의는 다음과 같다. 신구조경제학은 현대경제학에서 통용되는 연구방법인데, 신 고전경제학에서는 이성적 인간을 기본 가설로 삼는 방법으로[12] 한 경제체(한 국가나 지역)의 경제구조와 전환 결정요소 및 영향을 연구하는 학문이다. 여기서 지칭하는 경제구조는, 한 경제체의 노동생산력 수준을 결정하는 기술구조와 산업구조, 거래 비용을 결정하는 구조, 한 경제체가 생산하고 사용하는 산업 및 기술에 내재된 생산력이 최대로 발휘될지 여부에 영향을 주는 각종 하드웨어 기반 시설 및 소프트웨어 제도장치의 구조를 포함한다. 구조에 대한 함의는 이질성을 가진 요소의 조합을 지칭하는 것으로, 단일 부문의 거시적 모델의 경우에는, 산업구조의 개념이 없다.

12 이성적 인간을 기본가설로 삼는 연구방법은, <본체 및 상무(常無)*> (베이징대학출판사, 2012년)의 상세 토론 참고.
* 역주-상무(常無): 도덕경에서 무의 상태에서 볼 수 있는 오묘한 세계를 묘사하면서 사용한 개념.

그래서 기술구조는 각종 다른 기술의 조합을 지칭하고, 산업구조는 각종 다른 산업의 조합을 지칭하며, 기반 시설 및 제도장치의 구조도 각종 기반 시설 및 제도장치의 조합을 지칭한다. 따라서 경제체는 각종 하부구조가 겹겹이 쌓여, 상호 교차하며 구성된 구조이다. 이성적 인간을 기본 가설로 삼는 신 고전 연구방법은 현대경제학의 주류가 되는 연구방법이다. 예를 들면, 금융경제학은 신 고전적 방법을 사용해 금융의 공급, 수요 및 금융시장의 운용 등을 연구하고, 노동경제학은 신 고전적 방법으로 노동의 공급, 수요 및 노동시장의 운용 등을 연구하며, 신 제도경제학은 신 고전적 방법으로 제도 및 제도변화의 결정요소 및 영향을 연구한다. 정의적인 측면에서 보면, 신구조경제학 및 주류경제학의 각 하부영역의 연구대상이 다를 뿐, 사용하는 연구방법은 같다.

신구조경제학의 정의는, 사용하는 연구방법을 밝히는 것 외에, 한 경제체의 기술, 산업, 하드웨어 기반 시설 및 소프트웨어 제도장치 등의 구조가 외생적으로 정해진 것이 아닌, 내생적인 것으로 인식하며, 한 경제체 구조의 전환도 내생적인 것으로 인식하는 것이 핵심이다. 내생적인 것이 아니라면 그 결정요소를 연구하는 견해가 존재할 수 없기 때문이다. 동시에, 경제구조 및 구조변천이 내생적이라면, 경제구조 및 그 영향을 어떻게 변화시킬지 연구할 때, 구조의 내생성을 반드시 고려해야 한다. 예를 들면, 저노동생산력 수준의 구조적 영향 중의 하나는 소득수준이 낮은 것인데, 소득수준을 향상시키려면, 자연히 저노동생산력 수준 구조에서 고노동생산력 수준 구조로 업그레이드를 해야 한다. 하지만 이런 업그레이드가 성공하려면 반드시 산업 및 기술의 구조를 결정하는 근본적인 요소부터 변화해야 한다. 동시에, 다른 산업 및 기술구조의 규모 및 위험 등 특성이 다를 수 있고, 생산 및 교환을 위한 거래 비용 인하와 위험을 감소시킬 수 있어서, 산업 및 기술에 내재된 생산력 수준을 최대로 나오게 하는 하드웨어 기반 시설 및 소프트웨어 제도장치에도 차이가 있을 수 있다.

구조 및 구조변천을 왜 연구해야 하는가

왜 구조 및 구조전환을 연구하고, 그 내생화에 큰 목소리를 내는가? 이는 현대 경제발전의 본질이면서, 현대경제학이 연구해야 할 가장 근본적이고, 가장 핵심적인 문제이기 때문이다. 아담 스미스가 1776년 새로운 영역을 개척한 저서를 발표하고 나서야, 경제학은 철학에서 분리된 독립적인 사회 학문분야가 되었다. 부(富)가 무엇인지 연구하고, 한 국가의 자산 수준을 결정하는 요소문제를 연구해, 본질적으로 경제발전의 문제를 연구했다. 아담 스미스의 새로운 영역을 개척한 저서는 현재 약칭 <국부론>이며, 정식 명칭은 <국부(國富)의 성질과 원인에 관한 연구>이다. 앵거스 매디슨(Angus Maddison)과 많은 경제사학자들의 연구에 근거하면, 18세기 이전, 당시 세계적으로 가장 발달했던 서유럽 국가의 연평균 1인당 GDP 성장이 겨우0.05%였는데, 두 배가 되는 데 1,400년이 필요했다. 18세기에서 19세기 중엽까지, 서유럽의 선진국 1인당 GDP 성장이 갑자기 20배로 급속도로 늘어나면서, 매년 1%까지 증가해, 두 배가 되는 데 필요한 시간은 1,400년에서 70년으로 줄어들었다. 19세기 중엽에서 현재까지, 서유럽 및 북미 선진국의 1인당 GDP 속도가 증가해 또다시 두 배가 되어, 연 2%로 올라가면서, 1인당 GDP

가 두 배가 되는 데 필요한 시간은 더 나아가 35년까지 감소했다.[13] 쿠즈네츠(Kuznets)는 서유럽 등 선진국에서 18세기 이후 출현한 경제 가속성장을 현대 경제성장이라고 칭했다.[14]

사실, 18세기 이전에는, 오늘날의 표현으로 말하면 '세계가 평등'했다. 당시 국가 간 1인당 GDP의 차이는, 최대 부국인 네덜란드와 최대 빈국인 아프리카 및 아시아 국가 간의 차이도 4, 5배에 불과해서, 국가 간 경제규모의 차이는 주로 인구규모의 차이로 결정되었다. 이는 매디슨의 추정에 따라 중국 및 인도 양국 경제규모의 합이 18세기 이전의 2000년 가까운 오랜 시간 동안 세계경제규모의 50% 정도를 차지했던 이유이고, 중국 한 나라의 경제규모가 1820년에도 여전히 세계의 1/3을 차지했던 이유이다. 그 이전에는, 한 국가의 경제성장이 주로 인구성장으로 나타났고, 1인당 GDP 수준은 기본적으로 불변했는데, 18세기부터는 1인당 GDP의 지속적 증가로 나타났다. 이런 인류경제사 대격변이 생긴 원인은 18세기 중엽 영국에서 시작된 산업혁명인데, 기술의 끊임없는 혁신과 부가가치가 더 높은 새로운 산업이 끊임없이 대량으로 생겨나, 노동생산력 수준과 1인당 소득수준이 끊임없이 향상되었기 때문이다. 하지만, 산업혁명의 영향은 1인당 소득수준의 지속적 상승뿐 아니라, 사회분업과 사회구조에도 새로운 분화가 나타났다. 동시에, 생산규모 확대, 생산과정 세분화, 자본투입 증가로 인해, 기술, 시장 및 경제의 위험도 커지게 되면서, 하드웨어 기반 시설에 대한 요구도 점차 높아졌고, 금융, 법률,

13 Maddison, A., Monitoring the World Economy 1820-1992, Paris: Organization for Economic Cooperation and Development, 1995.

14 Kuznets, S., Modern Economic Growth: Rate, Structure and Speed, New Haven, CT: Yale University Press, 1966.

교육, 정부의 역할 등의 경제적, 사회적, 정치적 제도장치에도 이에 맞는 새로운 요구가 나타났다. 따라서, 각종 하드웨어 기반 시설 및 소프트웨어 제도장치가 끊임없이 업그레이드된 산업 및 기술의 수요에 적합해져야, 거래비용이 충분히 낮아지고, 위험을 감수할 수 있어서, 산업 및 기술에 내재된 생산력이 최대로 나올 수 있다. 현대 경제성장은 실제로 하나의 산업, 기술, 소프트웨어 하드웨어 기반 시설 등 각종 구조가 끊임없이 전환하면서, 끊임없이 더 높은 생산력 수준에서 조정하고 상호 적응하는 과정인 것이다.

구조 내생화의 중요성

영국에서 시작된 산업혁명은 점차 서유럽 및 영국 식민지인 북미, 오스트레일리아 등의 국가로 전파되기 시작했다. 그러나 세계적으로 절대다수인 기타 지역에서는 똑같은 정도의 전면적 산업혁명이 발생하지 않았다. 산업혁명의 선도국가와 산업혁명의 정체국가 간의 1인당 소득수준 차이가 빠르게 확대되면서, 선진 산업화 국가와 전통 수공업 및 농업에 의존하는 낙후된 국가 간의 '대분류(大分流)'가 나타났다.[15] 경제는 기초이고, 낙후되면 공격받게 되기 때문에, 1인당 소득이 낮은 지역은 선진국의 식민지, 반식민지가 되었는데, 2차 세계대전 이후 잇달아 정치적으로 독립해, 스스로 국가의 산업화, 현대화의 여정을 시작하면서, 선진국을 추월했다.

아담 스미스가 <국부론>을 저술할 때, 산업혁명은 아직 작은 불씨 단계에

15 Pomeranz, K., The Great Divergence: China, Europe and the Making of the Modern World Economy, Princeton: Princeton University Press, 2000.

있었다. 아담 스미스가 토론한 바늘공장이 당시 영국에 출현한 더 선진적인 현대적 바늘공장이 아니라 전통적인 프랑스 수공작업실이었던 것을 보면, 그가 산업혁명의 발생을 관찰하지 못했음을 알 수 있다.[16] <국부론>에서 제기한 많은 이론적 추론은 모두 산업혁명 이전 영국이나 유럽의 경제 발전에 대한 경험을 정리한 것이다. 기술혁신 및 산업 업그레이드에 대해, 1912년에 슘페터(Schumpeter)가 <경제발전이론>이라는 책에서 창조성 파괴 개념과 이론을 제기하고 나서야, 세밀한 분석 및 연구가 진행되었다.[17]

아담 스미스에서 시작해, 2차 세계대전 이전까지, 세계경제학의 연구중심은 영국이었고, 2차 세계대전 이후에는 미국으로 이동했는데, 가까운 곳에서 먼저 혜택을 받게 되듯이, 영미가 당시 세계 경제의 중심이었기 때문에, 경제의 중심에서 발생한 경제현상이 가장 중요한 경제현상이 되었다. 그리하여 아담 스미스 이후, 경제학자들의 연구는 주로 영국 및 미국같은 선진국에서 발생한 문제였고, 제기한 이론도 주로 이런 선진국의 경험과 현상에 근거해 정리되어 나온 것이었다. 그들의 연구는 통상 재정이론, 화폐이론, 금융학, 산업조직이론, 노동경제학, 신 제도경제학 같은 선진국의 각종 구조를 전제로, 이 구조가 어떻게 작용하고 운용되는지를 탐구하거나, 내생 성장 이론과 같이 그 안의 한 변수의 변화발생 원인과 영향을 탐구했다.

개발도상국이 어떻게 빠르게 발전해 선진국을 추월할 것인지의 문제에 관해, 2차 세계대전 이후, 개발도상국이 정치적으로 독립할 때 까지는, 개발

16 Pattean, Clifford F.,"The Manufacture of Pins", *Journal of Economic Literature*, 1980, 18(1): 93-96.

17 조지프 슘페터(Joseph Alois Schumpeter) , <경제발전이론> , 조우젠핑(邹建平) 번역 , 중국화보출판사(中国画报出版社) , 2012년.

도상국 자체 정부의 지도 아래 산업화의 시작을 이끌 필요가 있다는 것에서 출발했다. 그래서, 발전경제학이라는 새로운 하부 학문이 현대경제학에서 독립되어 나왔다. 제1대 발전경제학자들은 선진국과 개발도상국의 엄청난 소득격차, 선진국의 선진적 현대화 제조업 및 개발도상국의 전통적 농업과 자연자원 산업 노동생산률 수준 간의 격차를 보게 되면서, 개발도상국이 선진국을 따라가려면, 현대화된 선진 제조업을 구축해야 한다고 생각했다. 하지만 개발도상국의 현실은, 이 선진적 제조업이 시장에서 자발적으로 발전될 수 없었다. 그래서 제1대 발전경제학자들은 이를 낙후된 문화, 가치관 등 심층구조요소로 인해 초래된 시장실패의 결과로 생각했다. 따라서 정부가 주도하여 시장실패를 극복하고, 수입대체전략을 채택하면서, 정부에서 자원을 직접 동원하고 배분하여, 이런 선진적 산업을 발전시킬 것을 주장했다.

제1대 발전경제학자들은 선진국과 개발도상국 산업구조적 차이가 소득수준에 미치는 영향에 관심을 가졌다. 정부의 직접 개입 아래, 개발도상국은 일부 현대화된 제조업을 확실히 구축했지만, 이런 제조업이 구축된 이후 효율이 아주 낮아, 라이벤스타인(Leibenstein)이 1960년대 제기한 X효율 문제가 나타났다.[18] 개발도상국이 이런 산업을 구축한 이후 발전속도가 느려서, 선진국을 따라잡을 수 없을 뿐만 아니라, 위기가 끊이지 않았다. 지금 돌이켜 보면, 제1대 발전경제학의 실패는 한 국가의 산업구조가 사실은 내생적임을 인식하지 못한데서 비롯되었는데, 내생적 현상을 변화시킬 조건을 갖추지 않고 발묘조장(拔苗助長)한 것은, 의도가 아주 좋았다 해도, 실패할 수밖에 없었다.

18 Leibenstein, H., "Allocative Efficiency vs. X-Efficiency", *American Economic Review*, 1966, 56(3): 392-415.

1970, 80년대 이후, 발전경제학은 쇠미해지고, 경제학계에 신자유주의가 유행하면서, 신자유주의자들은 선진국과 개발도상국 정부의 시장개입정도에 대한 큰 차이를 보게 되었다. 그들은 개발도상국의 경제가 잘못된 것은 정부가 과도하게 개입해 시장을 왜곡시키면서, 자원의 잘못된 배분, 지대추구 부패 등 정부실패의 결과를 초래한 것이므로, 개발도상국이 경제성과를 개선하려면 반드시 (이상화된) 선진국과 같은 완벽한 시장제도를 구축해야 한다고 생각하게 되었다. 그리하여 충격요법으로 '워싱턴 컨센서스'가 주장한 '시장화, 사유화, 재정균형'으로 거시적 안정화를 시행할 것을 제기했다. 논리적으로 보면, 신자유주의적 분석은 구조주의적 분석과 마찬가지로 아주 엄격했지만, 시행 결과는 1980, 90년대 개발도상국의 경제성장 속도가 구조주의가 성행했던 60년대, 70년대보다 낮아졌고, 위기발생 빈도도 반대로 나타났다. 원인을 살펴보면, 정부의 개입 왜곡은 구조주의 시기에 구축된 비교우위 위배산업에 보호 보조금이 필요해서 내생된 것임을 신자유주의가 간과했기 때문이다.

상술한 두 가지 예는 다음과 같이 설명할 수 있다. 개발도상국의 문제를 연구할 때, 개발도상국과 선진국의 산업, 기술, 소프트웨어 하드웨어 기반 시설 등 각종 구조적 차이를 볼 뿐만 아니라, 이론이 '세계에 대한 인식'과 '세계의 변혁'이라는 목표의 통일을 실현할 수 있게 하려면 각종 '낙후'되고 '왜곡'된 구조적 내생성을 분명히 할 필요가 있다. 내생현상을 유발한 외생원인을 바꾸기 시작해야만, 현상적 변화도 자연히 이뤄져, 기대효과를 이룰 수 있다. 그렇지 않으면 좋은 뜻으로 한 일이지만 좋지 못한 결과를 초래할 수 있다.

신구조경제학에서 왜 요소부존이 내생화 구조분석의 핵심 독립변수인가

이미 구조가 내생적이라면, 어떤 요소가 구조 및 구조전환을 결정하는가? 현재 주류 문헌의 연구는 주로 선진국의 경제발전 과정에서 농업비중이 왜 하락하는지, 제조업 비중이 왜 상승과 하락을 반복하는 쌍봉낙타 모양인지, 서비스업 비중이 왜 끊임없이 상승하는지 등의 이유를 설명하고 있는 쿠즈네츠 곡선에 집중되어 있는데, 두 가지 설명을 제시했다. 첫째는 셰단양(谢丹阳) 등이 제기한 수요의 소득탄력설로, 농산품, 제조업 상품 및 서비스업 상품의 소득탄력이 같지 않아, 소득수준 향상에 따른 수요구조 변화가 나타나서, 산업이 소멸하고 성장하는 구조 변화가 발생한다.[19] 둘째는 대런 애쓰모글루(Daron Acemoglu)가 제기한 다른 기술진보율로, 경제발전에 따라, 기술진보가 가장 느린 산업의 취업비중이 크게 변할 수 있고, 기술진보가 빠른 산업의 비중이 작게 변할 수 있는데, 서비스업의 기술진보가 가장 느려서 서비스업 비중이 경제발전에 따른 변화가 가장 크다.[20]

이 두 가지 가설의 주요 목적은 선진국 쿠즈네츠 곡선이 만든 메커니즘을 설명하는데 있어서, 그 이론모델이 도출한 결과는 칼도(Kaldor) 사실에 부합할 수 있다. 하나의 개발도상국 1인당 소득수준 및 자산이 어떻게 구조전환에 따라 끊임없이 증가했는지를 연구한 것에 대해 논한다면, 이런 이론가

19 Piyabha Kongsamut, Sergio Rebelo and Danyang Xie, "Beyond Balanced Growth", *Review of Economic Studies*, 2001, 68: 869-882.

20 Daron Acemoglu, "Equilibrium Bias of Technology", *Econometrica*, 2007, 75: 1371-1410.

설은 분명한 결함이 존재한다. 첫 번째 가설은 소득탄력가설로, 소득성장의 메커니즘을 외생화했지만, 소득지속성장 메커니즘은 내생성을 연구하는 현대경제학, 신구조경제학이 가장 관심을 갖고 있는 문제이다. 두 번째 가설은 기술진보의 방식을 외생화했지만, 기술진보 방식은 노동생산률을 제고하는 결정적인 메커니즘이며, 마찬가지로 이 가설도 우리가 가장 연구하고자 하는 내생적 문제를 포기한 것이다.

우리가 연구하고자 하는 일련의 문제에 관해, 쿠즈네츠 곡선 및 칼도 사실보다 더 중요한 것은 다음과 같다. 첫째, 선진국과 개발도상국의 산업구조가 같지 않아, 선진국의 생산활동은 노동생산률 수준이 높은 자본이 상대적으로 집약된 산업에 집중되어 있고, 개발도상국의 생산활동은 노동생산률 수준이 상대적으로 낮은 자연자원 산업(예를 들면 농업) 및 노동이 상대적으로 집약된 제조업에 집중되어 있다. 둘째, 발전과정에서 각종 유형의 산업에 사용된 기술 자본집약도가 갈수록 높아진다. 동시에 저명한 일본 경제학자 아카마츠 카나메(赤松要)가 제기한 안진(雁陣)모델에서 묘사한 것처럼 제조업 내부는 끊임없이 생성되고 소멸되면서 자본집약도가 더 높은 산업으로 업그레이드된다.[21] 셋째, 발전과정에서 전력, 도로, 항구같은 하드웨어 기반 시설 및 금융, 법률, 사회조직, 가치관 등과 같은 소프트웨어 제도장치의 구조도 끊임없이 변화 발전한다. 우리는 발전 정도가 다른 국가 간 구조적 차이와 한 국가의 발전수준 향상에 따라 발생하는 각종 구조전환을 내생화하면서, 하나의 이론 틀 안에서 일관된 해석을 할 이론체계로 통일할 필요가 있다. 이런 하나의 일관된 이론이 있으려면, 한 경제체에서 가장 근본적이고,

---

21 Akamatsu, K., "A Historical Pattern of Economic Growth in Developing Countries", *The Developing Economies* (Tokyo), 1962, 1: 3-25.

제일 실행력이 될 수 있는 독립변수를 찾을 필요가 있다.

30여 년의 탐색을 거쳐, 나는 수많은 사회경제 변수에서 상술한 각종 서로 긴밀히 연결된 내생현상을 체계적으로 세밀하고 분명하게 분석하거나, 규칙을 찾아 자유자재로 단칼에 문제를 해결할 수 있는 유일한 독립변수는, 바로 한 경제체의 임의의 시점에 정해진, 시간에 따라 변화될 수 있는 요소부존(Factor Endowments) 및 그 구조라고 생각한다.

한 경제체의 매 시점에서 자본, 노동 및 토지 등 자연자원을 포함한 요소부존은, 정해진 것으로,[22] 그 시점에서 이 경제체의 전체 사회 총예산이다. 발전정도가 다른 국가에서는 각종 요소부존의 상대량이 다른데 선진국일수록 자본부존이 상대적으로 더 많고, 저개발국일수록 자본부존이 상대적으로 더 적어서, 발전정도가 다른 국가 요소부존의 구조가 다르다. 요소부존은 시간의 변화에 따라 변할 수 있는 것으로, 자본의 증가는 매 기간 생산으로 만들어진 잉여와 잉여 안에서 축적과 소비에 사용된 비율로 결정되고, 노동의 증가는 인구성장율로 결정되며, 토지 등 자연자원은 현대사회에서 불변한다 가정할 수 있다. 요소부존 성장 속도가 같지 않으면 요소부존 구조의 변화를 초래할 수 있다.

신구조경제학의 연구에서는, 각 경제체 안의 생산자가 선택 가능한 산업 및 기술집합, 정해진 산업과 기술집합, 외생적 산업과 기술집합, 자본집약도가 각자 다른 산업과 기술집합이 존재한다고 가정할 수 있다. 발전정도가 다

22 요소부존이 유동적일 수 있지만, 저장부존에 비하면, 거의 무시될 수 있다. 또한 요소소유자는 이익을 추구해, 한 지역으로 움직이는데, 현지 요소부존 구조가 결정한 비교우위를 이용해야만, 그 요소에서 최고의 투자수익이 가능하다. 그러므로 요소의 유동은 신구조경제학이 제기한 한 지역의 비교 우위 및 최적 산업기술구조가 그 지역의 요소부존 구조로 내생결정된다는 추론을 바꾸지 않았다.

른 국가는 요소부존 구조가 달라서, 다른 산업은 다른 요소생산 비용이 있을 수 있으며, 다른 기술을 채택하는 비용도 달라서, 하나의 개방적, 경쟁적 시장에서, 요소부존 구조가 다른 경제체는 다른 비교 우위가 있을 수 있다. 선진국은 자본이 상대적으로 풍부하기 때문에, 그 산업은 자본이 상대적으로 집약된 구간에 집중되고, 자본이 상대적으로 집약된 기술을 채택해 생산한다. 반대로, 자본이 상대적으로 부족한 개발도상국은 자본사용이 상대적으로 적은 노동집약형 및 자연자원 집약형 산업에 집중되고, 자본사용이 상대적으로 적은 기술을 채택해 생산할 수 있다. 따라서, 선진국과 개발도상국의 산업과 기술구조의 차이는 요소부존 구조의 차이에서 내생된 것이다.[23]

동시에, 하나의 경제체는, 어떤 정해진 요소부존 구조에서 출발해, 자본의 끊임없는 축적에 따라 비교 우위가 변하는데, 이 경제체는 아카마츠 카나메(赤松要)가 묘사한 것처럼, 끊임없이 자본이 더 집약된 산업으로 진입해, 자본이 더 집약된 기술로 생산한다.[24] 또한, 자본의 축적에 따라, 비교 우위를 가진 산업의 자본집약도가 향상되면서, 사용되는 기술도 자본이 점차 집약되어, 규모경제가 더 커지게 된다. 이에 따라 시장범위가 끊임없이 확대되고,

---

23 상술한 분석 틀에서, 사용가능한 산업 및 기술집합은 외생적으로 정해지지만, 한 경제체가 실제로 어떤 산업에 진입하고 어떤 종류 기술을 채택해 생산할지는 한 경체체의 각 시점의 요소부존 구조로 내생결정된다. 간략화된 모델에서 기술의 학습비용을 간략화할 수 있다. 필요하다면 죠셉 스티글리츠(Joseph Stiglitz)가 강조한 학습비용 및 학습능력의 문제를 모델에 도입할 수 있지만, 어느 산업 및 기술을 학습해야만 적합한지는 여전히 요소부존 구조가 결정하는 비교 우위로 결정된다. 이밖에, 산업 및 기술집합은 외생적으로 정해진 설정으로, 추월단계에 있는 개발도상국에는 적합하지만, 산업 및 기술이 이미 세계 산업 및 기술 선두에 있는 선진국을 분석하거나, 선진국과 개발도상국을 하나의 동일한 틀에 놓고 분석하려면, 반드시 세계 선두에 있는 기술혁신 및 산업 업그레이드를 내생성장이론의 방식에 따라 내생화해야 한다.

24 Akamatsu, K., “A Historical Pattern of Economic Growth in Developing Countries”, *The Developing Economies* (Tokyo), 1962, 1: 3-25.

투자수요 및 위험이 끊임없이 증가되면서, 하드웨어 기반 시설 및 소프트웨어 제도장치에 대한 요구가 점차 더 높아지게 된다. 소득수준이 향상됨에 따라, 노동자가 위험에 저항하는 능력에도 변화가 발생할 것이고, 사회조직, 가치관 등도 이에 맞는 변화가 있게 된다. 하드웨어 기반 시설과 소프트웨어 제도장치가 산업 및 기술 업그레이드의 수요에 따라 끊임없이 완비될 수 있어야, 거래 비용을 인하하여, 산업 및 기술에 내재된 생산력이 최대로 나올 수 있게 된다. 그래서, 각종 하드웨어 기반 시설 및 각종 소프트웨어 제도장치는 산업 및 기술구조에서 내생되고, 산업 및 기술구조는 요소부존 구조에서 내생되는 것이다.[25]

상술한 분석 틀은 마르크스 역사 유물주의의 '경제기초가 상부구조를 결정하고, 상부구조는 경제기초에 반작용한다'는 기본원리와 일맥상통할 뿐만 아니라, 현대경제에서 역사 유물주의의 운용을 확장한 것이다. 역사 유물주의 관점에 따르면, 경제기초는 생산력 및 생산력에 서로 상응하는 생산관계로 구성된다. 하지만 생산력은 어떻게 결정되는가? 마르크스주의에서는 토론이 없으므로, 신구조경제학의 시각에서 보면, 실제로 한 경제체의 주요 산업과 관련이 있다. 경제체의 주요 산업이 토지와 노동력이 집약된 전통농업이거나, 노동력이 집약된 경가공업이라면, 이런 산업구조 생산력 수준이 낮

25 상술한 논술은 공급측에 치우쳐, 한 경제체의 요소부존 구조의 산업, 기술 및 소프트웨어 하드웨어 기반 시설에 대한 결정적 역할을 강조했다. 이는 수요측과 기타 요소의 산업, 기술 및 기타 구조에 영향이 없음을 의미하는가? 당연히 아니다. 예를 들면, 일반균형인 하나의 모델에서, 요소부존 구조를 제외하고, 산업구조에 대한 선호, 다른 산업은 다른 기술진보 속도를 갖는 것 등도 영향이 있을 수 있어, 소득수준은 산업기술 수준의 업그레이드에서 내생된 것에 불과하다. 또한, 게리 베커(Gary Becker)가 주장한 바와 같이, 사람의 선호 특성은 외생적으로 정해진 것이며, 기술진보의 편향도 외생적이며, 지정된 것이다. 요소부존 구조만이 앞에서 서술한 세 가지 경험 사실에 일관된 해석을 할 수 있다.

아, 노동생산률과 노동자의 임금수준도 낮아지게 된다. 노동에 의지해 생활 필수품을 얻는 노동자는 생존선상에서 허덕이고 있어서, 일이 있어야 생존할 수 있고, 일이 없으면 살아갈 수 없다. 자본소유자는 비교적 부유해서, 생존선에서 멀리 벗어나, 자본과 노동의 관계에서 유리한 위치에 있다. 노동자가 간혹 단결해 혁명이 발생할 때 이외에는, 자본가와 흥정해 권리를 보호하는 능력이 약해, 쉽게 착취당하는 위치에 있다. 반대로, 한 경제체의 주요 산업이 자본집약형이고, 생산력 수준이 높다면, 이런 산업 노동생산률과 노동자의 임금수준 또한 높을 수 있어서, 노동자가 저축할 수 있으므로, 한 해쯤 일하지 않아도 살아갈 수 있는데, 자본가는 노동자를 고용하지 않으면 이익을 얻을 수 없으므로, 노동자와 자본가의 담판에서, 저울이 노동자에게 기울어지게 되어, 노동자의 권익과 지위가 상승한다.

하지만, 어떤 것이 국가가 노동력 집약산업이나 자본집약산업을 주요 산업으로 삼도록 결정하는가? 이는 신구조경제학이 주장하는 요소부존 구조이다. 동시에, 자본집약도가 다른 산업은, 규모경제, 분업정도 및 위험특성이 달라서, 이에 상응하는 상부구조인 각종 제도장치도 앞서 서술한 바와 같이 차이가 있을 수 있다. 따라서, 경제기초는 상부구조를 결정하고, 상부구조인 제도장치는 경제기초의 수요를 만족시켜야만, 거래 비용이 낮아질 수 있게 되어, 산업 및 기술에 내재된 생산력이 최대로 나오게 할 수 있다. 그래서 상층구조는 경제기초에 반작용한다.

요소부존 이외에, 한 경제체에는 여러 다른 부존이 있다. 부존의 정의는, 현재 정해진 변수, 정책결정자의 정책결정에 대한 영향이 있는 변수이기 때문이다. 이런 정의에 따라, 한 경제체의 노동자는 현재의 생산, 생활, 사회 상호작용에서 일정한 기술자본, 인적자본, 사회자본, 사회 네트워크를 형성할 수 있으므로, 한 경제체가 소유한 기반 시설, 상부구조인 사회, 경제, 정치조직, 문화, 풍속 등, 지리적 위치, 기후 등도 모두 부존인 것이다.

이미 이렇게 많은 변수가 모두 부존인데, 왜 나는 요소부존이 가장 중요하고, 가장 근본적인 것이 부존이라 생각하는가? 다른 유형의 부존은 이미 아주 많은 사람들이 연구했는데, 다시 이런 요소에서 착수해 연구한다면, 기존 이론의 관점을 인증하는 것에 불과하기 때문이다. 기존 연구는 요소부존 구조의 산업, 기술구조 및 소프트웨어 하드웨어 기반 시설의 결정적 역할을 간과했다는 점이 더 중요하다.

광범위하게 연구된 사회자본을 예로 들면, 사회자본은 발전에 대해 공헌이 있는가? 언제쯤 사회자본이 공헌하게 될까? 사회자본의 공헌은 제도장치의 어떤 결함때문에, 사회자본이 제도장치를 대신해 생산활동을 할 수 있게 된다고 나는 생각한다. 이를테면, 정보의 불충분, 비대칭 때문이다. 사회자본을 소유한 사회그룹은 비교적 좋은 상호신뢰로, 정보의 불충분, 비대칭 문제를 극복할 수 있다. 금융이 발달되지 않거나 금융이 왜곡된 지역에서, 어떤 지역의 금융 가용성이 부족하다면, 이때 사회자본이 사람들의 상호신뢰를 증가시켜 상호 외상거래를 통해 금융공급의 부족을 보완할 수 있다. 이밖에, 법률제도가 건전하지 않아, 계약의 권리 및 의무가 법률에 의존해 보장받을 수 없을 때, 사회자본은 시장거래가 가능하게 할 수 있다. 하지만, 사회자본의 지원으로 발전한 산업은 현지 요소부존 구조로 결정된 비교 우위를 위배할 수는 없다. 예를 들면, 원저우(温州)는 많은 사회자본 소유로 유명했지만, 초기에 발전시킨 산업은 마찬가지로 노동집약형 산업이었다. 또한, 광둥(广东)처럼 한 지역의 사회자본이 부족해도, 정부의 투자유치, 투자환경 조성 및 외부투자 유인으로, 똑같이 노동집약형 산업을 발전시킬 수 있었다. 따라서, 요소부존 구조로 결정된 비교 우위가 가장 중요한 것이다. 기타 부존의 역할도 마찬가지로, 어떤 특수 부존을 가진 지역이 다른 지역보다 더 빠르게 또는 더 쉽게 현지에서 비교 우위를 가진 산업을 발전시킬 가능성이 있다.

요소부존 구조는 구조분석에서 중요한 위치에 있으므로, 미래에 '중국학파' 또는 '베이징 대학 학파'가 있게 된다면, 나는 다음과 같을 것이라고 생각한다. 이 학파의 특징은 문제를 사고할 때 공통적인 착안점이 있을 것이다. 이는 한 경제체의 요소부존 구조를 분석의 착안점으로 삼아, 산업, 기술 및 소프트웨어 하드웨어 기반 시설 등 기타 구조를 내생화한다. 이 구조적 영향을 연구하고, 이를 기초로 기타 부존이나 요소의 역할 및 영향을 재토론할 것이다.

요소부존 및 그 구조가 경제학적 분석에서 이렇게 중요한 위치를 차지하는 것이 생각해보면 이상하지 않다. 이는 한 경제학적 이론이 얼마나 복잡하든 관계없이, 한 현상을 분석할 때 소득이나 예산효과를 사용하거나, 상대가격이나 대체효과를 사용해 해석하기 때문이다. 요소부존은 한 경제체의 어떤 시점에서 총예산으로, 그 구조가 어떤 시점의 요소의 상대가격을 결정하는데, 바로 요소부존 및 구조가 동시에 사회경제현상을 해석할 때의 두 가지 가장 중요한 매개변수를 포함하고 있다.

요소부존 및 구조를 한 경제체 내생화 구조분석의 제일 요소로 삼는 것 또한 장점이 있다. 요소부존 및 구조는 각 시점에서 정해진 것이고, 시간에 따라 변화 가능한 것이다. 이를 구조 분석의 출발점이 되는 독립변수로 삼는다면, 대런 애쓰모글루(Daron Acemoglu)처럼 역사적 숙명주의에 빠지지 않을 수 있기 때문이다. 그는 500년전 백인종 식민지 개척자가 라틴아메리카에서 현지 기후 및 지리 조건에 부적응해 사망률이 높아지자 라틴아메리카

국가가 약탈적 제도장치를 만들면서, 경제 발전이 나빠졌다 고 생각했다.[26]

신구조경제학에서는, 한 경제체에 정부가 맞춤형 성장 촉진의 유망한 역할을 발휘해, 시장경제에서 기업가에게 소프트웨어 하드웨어 기반 시설의 병목 현상을 제거해준다면, 요소부존 구조로 결정된 비교 우위 산업이 국내외 시장에서 경쟁우위로 변할 수 있다. 이때, 이 경제체가 빠르게 발전하고, 선진국과의 격차를 축소해, 1, 2세대 안에 하나의 고소득 경제체로 변할 수 있다고 우리는 강조한다.

---

26 Acemoglu, D., Johnson, S. and Robinson, J. A., "The Colonial Origins of Comparative Development: An Empirical Investigation", *The American Economic Review*, 2001, 91: 1369-1401.

신구조경제학 연구란 무엇인가

한 경제체의 구조 내생화 및 영향에서 경제체의 발전, 전환을 연구하는 것, 발전정도가 다른 국가 구조의 내생차이 차원에서 경제운영과 관련된 현대경제학을 탐구하는 각 하부영역을 연구하는 것, 모두 신구조경제학 연구에 속한다.

경제발전

발전의 문제는 주로 한 경제체가 어떻게 생산력 수준이 낮은 산업, 기술, 소프트웨어, 하드웨어 기반 시설의 구조에서, 생산력 수준이 높은 산업, 기술, 소프트웨어 하드웨어 기반 시설의 구조로 업그레이드하는지, 이런 구조 업그레이드에 따른 취업, 소득수준, 소득분배, 소프트웨어 하드웨어 기반 시설에 대한 영향을 연구한다. 각종 구조가 서로 맞물려 있고, 내생적이라서, 요소부존 구조 업그레이드에서 시작한다. 어떻게 요소부존 구조를 업그레이드할지를 연구하는 것이, 바로 1인당 자본보유량을 증가시키는 것이다.

신구조경제학의 주장은 시장경제에서 정부가 맞춤형 성장 촉진 역할을 발휘해, 소프트웨어 하드웨어 기반 시설의 병목 현상을 제거하고 요소부존 구조에 근거한 (잠재) 비교 우위 산업을 기업가가 현시적 비교 우위나 경쟁 우위를 가진 산업으로 빠르게 변화시키도록 돕자는 것이다. 이 과정에서 신구조경제학은 다음과 같이 연구할 수 있다. 첫째, 발전에서 정부가 어떻게 (잠재) 비교 우위를 가진 산업을 선별할 것인지, 어떻게 소프트웨어 하드웨어 기반 시설의 병목 현상을 선별하고 극복할지, 정부가 어떻게 혁신기업가에게 인센티브를 줄 것인지, 요소부존 이외의 기타 부존은 어떻게 역할을 발휘할지를 연구한다. 예를 들면 원래 산업으로 형성된 기술자본이 어떻게 산업발전의 경로의존성을 만드는지 등이 있다. 둘째, 1인당 자본 보유량 상승이 산업기술구조 업그레이드를 촉진한 이후 어떻게 공급 및 수요 두 측면에서, 하드웨어 기반 시설과 상부구조인 각종 제도장치가 현재의 기반에서 내생변동을 한층 더 촉진하게 되는지 연구한다. 셋째, 상술한 각종 구조변동에서 분업, 소득, 분배, 가정, 사회, 정치, 규범, 가치, 이념 등 일련의 요소에 대한 영향을 연구할 수 있다. 넷째, 이 구조적 변천에서 시장, 정부, 기업가, 사회조직 등의 역할을 연구한다. 상술한 몇 가지 차원의 문제는 수리모델 (数理模型)을 구축하여 검증 가능한 가설을 추출한 후 국가별, 지역, 기업 및 가정의 데이터를 수집해 가설을 검증할 수 있다.

경제발전을 연구할 때 개발도상국과 선진국은 근본적인 차이가 있다. 선진국의 산업 기술은 전세계 선두에 있어 기술혁신 및 산업 업그레이드가 자체발명에 의지할 수밖에 없다. 개발도상국의 많은 산업기술은 세계 선두와 격차가 있어 기술혁신 및 산업 업그레이드 시 후발자 우위가 있게 된다. 이런 후발자 우위는 각종 제도장치의 혁신에도 존재한다. 물론 후발자 우위를 이용할 때 업그레이드할 산업, 기술, 제도장치를 선정하는 것도 반드시 비교우위 원칙에 부합해야 한다. 그렇지 않으면 추월로 변하게 될 가능성이 있다. 결과적으로 발전시키려는 산업 안의 기업이 자생능력이 없게 되거나,[27] 도입한 제도장치가 효율, 공평, 사회화합 등을 향상시키지 못해서, 서두르다 이루지 못할 수 있다. 이는 이론모델 구축 및 실증 자료를 통해서도 검증이 가능하다.

경제전환

경제전환의 문제는 주로 왜곡된 구조의 경제체가 어떻게 왜곡을 제거해 각종 구조가 서로 맞물려 왜곡없는 경제체가 되게 할지를 연구하는 것이다. 왜곡은 산업, 기술, 하드웨어 기반 시설 및 각종 제도장치의 차원에서 발생할 수 있는데, 이론모델 및 경험실증을 이용해 왜곡을 만든 원인, 왜곡의 결과 및 어떻게 효과적으로 왜곡을 제거할지를 연구할 수 있다.

경제전환연구에서, 신구조경제학과 주류 연구는 두 가지 다른 점이 있다.

첫째, 산업, 기술, 소프트웨어 하드웨어 기반 시설 등에서 최적의 구조는 각 경제체의 요소부존 구조에서 내생된 것이기 때문에, 왜곡여부는 자신의 '최적' 상태와 비교하는 것이지, 현재 주류 연구에서 유행하는 방법과 같이 대체로 선진국과 차이를 모두 왜곡으로 다루는 것이 아니다. 또한, 전환의 목표는 선진국의 제도가 아니라, 자체 발전단계에 적합한 산업 및 기술에 필

27 린이푸(林毅夫), <경제발전과 전환, 사조, 전략 및 자생능력>, 베이징대학출판사(北京大學出版社), 2008년.

요한 제도이다. 이런 분야에서 만들 수 있는 주제는 많다. 우리는 이를 중요한 학술지에 발표하고, 영향력 있는 글을 통해, 우리가 정의한 '왜곡'과 타인이 정의한 '왜곡'의 차이를 비교하여, 그들이 사용한 자료로 다시 검증하고 계산하면서, 결과를 비교할 수 있다.

둘째, 왜곡이 내생적이라면 왜곡을 제거하고 기대효과에 도달하려 할 때 왜곡이 외생적이라고 하는 주류 문헌처럼, 왜곡을 제거하기만 하면 된다고 생각해서는 안 된다. 반드시 왜곡을 만든 원인에 맞게, 적합한 조건을 만들어 원인을 제거해야 한다. 그 다음 자연스럽게 왜곡을 제거해야 구조를 최적으로 회복시킬 수 있다.

신구조경제학의 '충격요법' 및 '이원화제 점진식 개혁'에 대한 논술을 자세히 이해한다면, 왜곡을 내생 및 외생으로 삼아 초래된 전환결과가 왜 다른지 이해할 수 있다. 이 분야에서 만들 수 있는 이론 및 실증연구의 주제도 아주 많다. 예를 들면 왜 '충격요법'이 왜 경제붕괴를 초래했고 '이원화제 점진식 개혁'은 경제안정과 얼마나 빠른 발전을 가져왔는가 등이다. '워싱턴 컨센서스'는 연성예산제약 취소, 재정적자 제거로 '거시안정화' 실현을 전환의 3대 개혁 내용 중의 하나로 삼았지만, 다수 국가에서 '충격요법'을 실행한 결과는 오히려 연성예산제약이 점차 더 심각해져, 악성 인플레이션이 나타나게 되었다. 하지만 연성예산제약을 계속 유지한 국가는 반대로 거시경제가 안정되어, 전환기에 높은 인플레이션을 피했는데, 왜 그러했는가? 사유화 개혁은 일반적으로 중소 국영기업에서 효과가 좋았고, 대형국영기업에서 효과가 나빴는데, 왜 이런 차이가 있을 수 있는가? 많은 개발도상국이 주류 사조의 영향을 받아, 금융구조에서 선진국을 모방했지만 '최적'이 아니었다. 금융왜곡은 산업구조, 경제성장 및 소득분배에 어떤 영향을 줬는가? 금융구조가 왜곡이 있다면, 어떻게 제거해야 안정을 유지하고 경제성장 및 소득분배를 포함한 경제성과를 개선할 수 있는가? ……

경제운용

화폐, 재정, 금융, 노동, 산업조직, 제도, 지역, 환경, 국제발전 등을 포함하고 있는 현대경제학의 각 하부영역이 연구하는 주요내용은 경제가 어떻게 운용되는가이다. 아담 스미스 이후, 하부영역에 대한 연구는 기본적으로 선진국에 기반한 문제 및 현상이었다. 배후의 규칙을 정리해 이론이 될 때는, 이론이 간단할수록 더 좋기 때문에, 사람들은 보통 많은 사회경제 변수 중에서 관찰한 현상을 해석할 수 있는 몇 가지 변수를 '추상화' 한다. 이 몇 가지 변수로 하나의 인과관계를 가진 모델을 구축했고, 이 현상과 직접 관계가 없는 다른 변수들은 추상화하지 않고 버렸다. 다시 말해, 어떤 이론모델에도 '버려진 대상(舍象)'인 많은 변수가 사실은 내재되어 있으므로, 직접 관계가 없는 변수들은 이론의 암묵적 전제가 된다. '버려진 대상(舍象)인 변수들에 변화가 생기면, 적용한 이론도 변할 수 있다.

예를 들면, 케인스(Keynes)주의 거시경제가 1930년대 경제대공황 시기에 만들어져, 과잉생산과 불충분한 고용구조 환경이 내재되어 있다. 60년대에 이르러, 과잉생산과 불충분한 고용상황이 미국과 다른 선진국에 기본적으로 존재하지 않게 되자, 케인스주의적 확장재정 및 화폐정책도 고용 및 경제성장률을 증가시킬 수 없게 되었다. 그 결과 스태그플레이션을 초래했다. 따라서 케인스주의의 거시경제학은 70년대에 정부의 적극적 재정 및 화폐정책에 반대하는 합리적 기대이론 학파(Rational Expectation School)의 거시경제학으로 대체되었다.

암묵적 구조에 차이가 있기 때문에, 선진국의 주류 이론이 개발도상국, 전환 중인 국가에 적용하지 못하는 상황은 비일비재 하다고 말할 수 있다. 예를 들면, 합리적 기대이론 학파를 포함한 거시경제학의 신 고전이론은, 금리를 올리는 것이 인플레이션을 관리하는 최적의 정책 선택이라 생각했다. 암묵적 전제는 이런 경제체에 사회주의 국가나 전환 국가처럼, 대량의 저금리 보조금이 있어야 생존할 수 있고 도산하면 안 되는 전략성 기업이 존재하지 않는다는 것이었다. 예를 들면, 신 성장이론은 혁신이 신지식 생산과 같아서 자체 연구개발이나 자체적 업무 경험에서 얻을 수밖에 없다고 생각하며 혁신의 성공 조건과 영향을 연구했다. 그 암묵적 전제는 경제체의 산업, 기술이 이미 세계적 산업, 기술의 선두에 있다 해도, 후발자 우위의 개발도상국에는, 더 좋은 혁신 메커니즘이 도입, 소화, 흡수될 가능성이 존재한다는 것이다. 신 성장이론이 자체 혁신이나 경험 학습에서 신지식을 얻는 것만 연구했다는 이유로, 개발도상국이 혁신없이 모방만 할 수는 없었다.

요약하면, 아담 스미스의 <국부론> 이후, 현재의 주류 경제학이론은 선진국 현상을 정리한 것이다. 그래서 이런 이론은, 선진국의 산업, 기술, 제도, 문화의 구조가 내재되어 있기 때문에 생산력 수준이 줄곧 세계 선두에 있는 선진국의 경제운용 원리를 실제로 연구했다. 현대경제학 훈련을 받은 경제학자들은 발전 정도가 다른 국가구조 차이 및 차이의 내생성에 대한 인식이 부족했기 때문에, 선진국에 적용하는 경제운용이론이 개발도상국에도 적용된다고 생각했다. 그래서 많은 미국 최고 대학의 경제학자들이 경제학 교과서로 모든 것을 논했지만, 이론의 적용성이 이론의 전제조건으로 결정된다는 사실, 바로 선진국에서 이론을 구축할 때 버려진 대상이었던 많은 사회경제 변수가 개발도상국에서 달라졌음을 알지 못했다. 그렇지만 다른 사회경제변수들이 이론 성립의 전제를 변화시켰으므로 선진국의 경제운용원리를 개발도상국에 운용하면, '화이난(淮南)에서는 귤이었지만, 화이베이(淮北)에서는 탱자가 되는' 결과도 이상하지 않았다.

개발도상국과 선진국의 경제운용은, 일부 근본원칙에서는 '공통성'이 있을 수 있다. 예를 들면 경제발전이 혁신에 의존하는 것, 금융은 당연히 실물경제에 서비스하는 것, 재정정책에 경기대응(Counter-Cyclical) 기능이 있는 것 등이 있다. 하지만, 구체적 조치에서, 선진국과 개발도상국의 산업, 기술 등에 내생적 차이가 있기 때문에, 규모, 위험 특징 및 세계적 산업, 기술 선두와의 격차에 차이가 있고, 하드웨어 기반 시설의 발전 수준, 수요 및 적합한 소프트웨어 제도장치의 수요에도 차이가 있다. 따라서 경제운용에서도 '특수성'이 있을 수 있다. 예를 들면 혁신으로 경제성장을 똑같이 촉진하면, 선진국은 주로 자체 연구개발에 의존해 신기술을 취득하는데, 개발도상국은 선진국에서 더 좋은 기술을 가진 새로운 설비를 구매해 신기술을 취득할수 있다. 전자는 성장 계산에서 잉여항목이나 전요소 생산률로 나타날 수 있고, 후자는 자본의 증가로 경제적 잉여가 나타나지는 않지만, 기술혁신이 없는 것이 아니라, 실제로 더 낮은 비용과 위험으로 기술혁신을 얻은 것을 의미한다. 선진국이 재정정책을 운용해 경기 대응 기반을 구축할 때 기반 시설이 이미 존재하기 때문에, 대개 임시방편으로 해결하게 되므로, 성장 잠재력을 향상시키는 역할에는 한계가 있어, '리카도 대등정리(Ricardian Equivalence Theorem)'의 문제가 출현할 수 있다. 개발도상국은 경기 대응 재정정책을 운용해 기반 시설의 병목 현상을 제거하면서, 성장 잠재력을 향상시킬 수 있어, '리카도 대등정리'의 재정정책 운용에 대한 제한을 타파할 수 있다. 이런 사례는 일일이 나열할 수 없을 정도이다. 선진국과 개발도상국의 이런 구조 차이가 초래한 경제운용의 '특수성'을 명확히 발굴하고, 탐색하는 것은 경제학 이론이 개발도상국에서 운용될 때, 세계에 대한 인식 및 세계를 변혁의 통일을 시키는데 필요한 전제이며, 신구조경제학이 노력하는 방향이기도 하다.

어떤 개발도상국의 경제현상 및 문제를 연구할 때, 나는 현재 학계가 관성적으로 하는 것처럼 선진국을 참고대상으로 삼아, 개발도상국과 선진국의 차이를 모두 제거할 수 있는 왜곡, 제거해야 하는 왜곡으로 보지 않기를 바란다. 오히려 선진국과 개발도상국의 요소부존, 산업, 기술에서 각종 제도장치 차원까지 구조가 다른 것이 무엇인지, 이런 차이가 만들어진 원인이 무엇인지, 어떻게 요소부존 구조라는 이 근본적인 독립변수에서 출발해 내생적 산업, 기술, 소프트웨어 하드웨어 기반 시설을 도출했는지, 다른 차원 구조변천에서 자발적으로 협조된 정체성 및 정부가 과거에 호의로 했지만 나쁜 결과를 초래한 많은 내생적 왜곡 등의 차원에서, 현재 주류 관점에 비해, 어떤 새로운 인식이 있는가 등을 먼저 물어야 한다. 대체로 이런 방식으로 경제문제를 연구하는 것이 신구조경제학 연구에 속한다.

실제로, 선진국과 개발도상국의 구조적 차이성 및 내생성을 현대경제학에 도입한 이후, 선진국 구조를 암묵적 구조로 삼은 2차원 경제학에서, 발전정도가 다른 국가는 다른 구조를 가지고 있다는 3차원 경제학으로 현대경제학을 변화시킨 것처럼, 체계적으로 연구한 결과로 각 하부영역에 많은 새롭고 중요한 이론적 견해가 있을 수 있다. 예를 들어 신 구조 화폐경제학, 신 구조 재정경제학, 신 구조금융학, 신 구조 노동경제학, 신 구조산업조직학, 신구조 환경경제학, 신 구조 지역경제학, 신 구조 제도경제학, 신 구조 정치경제학이 생겨났는데, 이것이 바로 신구조경제학이 발전경제학, 전환경제학의 구조혁명일 뿐만 아니라, 현대경제학의 구조혁명이기도 한 이유이다. 우리는 지금 이런 혁명발생 전야에 있는 것이다.[28] 나는 신 구조금융학이 이미 적지 않은 연구성과가 있고, 점차 모양을 갖추고 있어서 기쁘게 생각한다. 나는 신구조경제학의 연구자가 자신이 속한 하부 영역 안에서 모두 상술한 제안에 따르기를 바란다. 연구를 할 때 모두 의식적으로 선진국의 구조적 차이성과 내생성 및 왜곡이 존재할 때 왜곡의 내생성 등을 이론 모형의 구축 및 실증검증에 놓아야 각 신구조경제학 하부 영역의 개척자가 될 가능성이 있기 때문이다.

28 신 고전경제학은 한계혁명을 통해 고전경제학이 해결하지 못한 가격결정의 문제를 해결했고, 신구조경제학은 한계혁명을 기반으로 구조혁명을 통해 신 고전경제학이 해결하지 못한 생산방식이 어떻게 결정되는가라는 문제를 해결했다.

신구조경제학 연구는 어떻게 하는가

신구조경제학 연구는, 구조의 내생성을 이론분석에 도입해, 2차원의 주류 경제학이 3차원의 경제학으로 변하게 하면서, 현대경제학의 구조혁명을 촉진해야 한다. 주로 다음 몇 가지 원칙이 있다.

이론모델이나 유행 연구방법이 아닌 현상에서 출발

이론은 세계를 인식하고 변혁하고자 하는 도구이다. 중요한 이론은 중요한 현상의 배후에 있는 인과논리를 밝혀, 사람들이 이 현상을 이해할 수 있게 하고, 더 나아가 증상에 맞는 처방으로 이 현상을 바꿀 수 있다. 기존의 어떤 이론도 실제로 운용하게 되면 '각주구검(刻舟求劍)'과 같은 현상이 일어난다. 왜냐하면 이런 이론은 과거의 경제학자들이 스스로 관찰한 현상을 정리해 구축한 것이기 때문이다. 신구조경제학의 연구는 기존의 이론모델이나 유행하는 연구방법이 아닌 현상에서 출발해야 한다. 어떤 이론에 대해 비교적 익숙해서, 이 이론을 가지고 새로 관찰한 현상에 적용하거나, 이 이론

모델에 변수를 가감해, 새로운 모델로 각색해서는 안 되며, 어떤 연구방법이 비교적 사용하기 편하거나 유행하는 것이라서, 이 연구방법을 사용할 수 있는 문제를 찾아 연구해서도 안 된다.

현상에서 출발해 현상의 전후맥락, 누가 이 현상의 주요 정책결정자인지, 도달하려는 목표, 동원 가능한 자원, 피할 수 없는 제약조건 등을 분명히 이해해야지 겉만 봐서는 안 된다. 예를 들면 국영기업의 저효율, 인플레이션 등만 보고, 현상의 내생성을 깊이 이해하지 못한 채, 모델을 만들어 실증할 때가 있다.

현상에서 출발하려면 첫째로 관찰한 현상에 대해 흥미가 있어야 하는데, 이론은 현상의 배후에 있는 인과 메커니즘을 해석하므로, 사회에 관심이 없다면, 많은 흥미 있는 현상이 내 주변에 발생해도, 알 수 없기 때문이다.

둘째로 현상을 철저히 이해하고, 복잡한 현상의 배후에 있는 인과 메커니즘을 가장 간단하고, 근본적인 경제학 논리로 해석해야 한다. 내가 시카고대학에 있을 때 세미나에 참석하면, 선생님들은 항상 먼저 논문 발표자의 연구문제에 대한 경제학적 직관이 무엇인지 물었다. 소위 경제학적 직관은, 정책결정자의 선택에 영향을 줬던 것이 소득효과인지 상대가격효과인지 한눈에 간파하는 것이지, 처음부터 이론모델을 말하는 것이 아니다. 이론모델이 물론 중요하지만, 이론모델은 경제학적 직관에 근거해 구축된 것이라서, 경제학적 직관이 맞을 때만, 이론모델이 의미가 있게 된다. 또한 경제학적 직관을 맞으려면, 연구하려는 현상에서 정책결정자의 선택에 영향을 주게 된 것이 소득효과인지 상대가격 효과인지를 분명히 해야 한다. 좋은 연구자는 현상에 대해 흥미가 있어야 하고, 흥미 있는 현상을 보면 끊임없이 기쁘게 이야기해야 한다. 이야기를 통해서, 누가 정책결정자이고, 정책결정에 영향을 주는 것이 도대체 소득효과인지 상대가격효과인지, 이 효과가 어떻게 이 현상을 초래했는지에 관한 현상의 배후에 있는 논리를 분명히 해야 한다.

실제 세계의 현상을 토론하는 분위기를 만들면서, 동료학자나 이 현상을 약간이라도 이해할 수 있는 사람을 만난다면, 자신의 경제학적 직관이 아주 분명하게 될 때까지 자신의 견해를 들려주고, 토론해야 한다. 이야기한 것에 논리적 약점을 찾을 수 없고, 자신이 구축한 인과논리에 근거해 진행한 각종 추론이 알고 있는 사실과도 모순되지 않을 때 비로소 문헌을 보면서, 이론모델을 구축하기 시작한다. 현상을 관찰할 때 많은 사람과 토론하는 것은 아주 중요한데, 실제로 각 학자들의 연구가 장님 코끼리 만지기처럼 일부만 보거나, 안개 속에서 꽃을 보는 것처럼 모호하기 때문에, 많은 토론이 있어야 한다. 그래야 최대한 현상을 철저히 파악하고, 배후에 누가 진정한 정책결정자인지, 그가 직면한 제한 조건이 무엇이고, 선택을 유도한 소득/예산효과나 상대가격/대체효과가 무엇인지 잘 파악할 수 있다.

'상무(常無)'하는 마음 유지

현상에 직면해, '상무(常無)'하는 마음을 유지하는 것은 어떤 기존 이론 및 경험으로 현상을 보는 것이 아니라, 자신이 현상을 철저히 파악해, 자신이 현상의 배후에 있는 인과논리를 납득하려는 것이다. 하나의 현상을 발견할 때, 자신이 납득하기 전에 기존의 문헌을 보지 않는 것이 '상무'하는 마음을 유지하는 중요한 수행방법이다. 그렇지 않으면 쉽게 내용에 끼워 맞춰, 이 현상을 어떤 기존 이론이 밝힌 인과 메커니즘에서 나온 것이라 생각하게 된다. '상무'하는 마음으로 현상을 연구하는 것은 두 가지 가능한 결과가 있다. 첫째는 제기한 해석과 기존 문헌의 해석이 다르다면, 하나의 독창적 공헌이 있는 이론을 제기한 것이다. 둘째는 제기한 해석이 기존 문헌에 이미 존재한다면, 이 또한 문제가 되지 않는다. 이미 이 현상의 인과논리를 다소 이해했다면, 어떤 자료가 사용 가능한지 분명히 알 것이라서, 기존 이론을 검증하는 실증 논문을 쓰는 것은 어렵지 않다.

나처럼 처음부터 서방 주류 경제학 교과서를 학습한 사람들, 특히 외국에서 엄격한 훈련을 받은 후 귀국한 사람들은, 특히 '내용에 끼워 맞추는' 경향을 경계해야 한다. 중국은 하나의 개발도상국, 전환 중인 국가로서, 확실히 아주 많은 문제가 존재하는데, 외국에서 공부한 이론을 사용하면 문제를 초래한 원인을 분명하게 말할 수 있을 것 같아서, 우리는 알게 모르게 '내용에 끼워 맞추게' 된다. 예를 들면, 국영기업이 효율적이지 못한 것을 보면 소유권 문제로 생각해, 사유화가 문제를 해결할 수 있다고 생각할 것이다. 하지만 이런 유행하는 견해는 국영기업의 효율이 낮은 이 현상의 배후에 있는 진정한 원인을 파악한 것인가? 대형 국영기업의 효율이 낮은 문제에 대해, 기존의 소유권 이론 논리에서 모델을 구축해, 국유체제 아래에서는 소유자가 경영자가 아니라서, 잉여청구권이 없고, 경영자의 적극성 및 기업의 효율도 낮을 수 있으며, 적자가 나면, 국가가 책임져야 해서 연성예산제약이 있게 된다고 설명하기는 어렵지 않다. 이런 해석 논리는 서로 맞물려 있어, 설득력이 있게 보인다. 이후 어떤 사람이 국영기업 책임자의 적극성이 정말 높지 않고, 효율도 낮은데, 적자가 있을 때 국가가 기업을 파산시키지 않고 구제해준 것을 본다면, 내용에 끼워 맞춰, 국영기업 효율이 낮은 것과 연성예산제약은 국유소유권이 초래한 문제라고 생각하게 된다. 이런 논문은 주류 이론의 관점과 일치하기 때문에, 학술 정기간행물에 쉽게 발표된다. 하지만, 정말로 이러한가?

하나의 이론은 몇 가지 사회경제 변수 간의 논리관계를 말할 수밖에 없다. 실제 세계에 존재하는 사회경제 변수는 아주 많다. 하나의 현상을 일관된 논리의 이론으로 해석할 수 있다면, 다른 사회경제 변수를 선택해도 기타 일관된 논리의 이론을 필연적으로 구축하고 해석할 수 있다. 예를 들면 신구조경제학의 시각에서 보면, 한 경제체에서 비교 우위가 있는 산업은 그 경제체의 요소부존 구조에서 내생된 것이다. 하지만 대형 국영기업은 일반적으로 자본이 집약된 산업이다. 이런 산업은 비교 우위를 위배하여, 개방경쟁시장에서, 기업의 자생능력이 없다. 국가가 이런 산업의 기업에 투자하고 계속 경영하게 하는 것은, 이런 산업이 국방안전이나 국가경제, 국민생활에 관련되어 있기 때문이다. 따라서 이런 기업은 국가에서 부여한 '전략 정책성 책임'을 갖게 되고, 정책성 책임이 있으면, 정책성 적자가 있을 수 있는데, 정부는 반드시 정책성 적자에 책임을 져야 하므로, 정책성 보조금을 줄 것이다. 정부가 경영에 참여하지 않지만, 실제 정책책임이 초래한 손실에서의 정보비대칭 때문에, 책임자의 도덕적 위험이나, 무능하고, 적극적이지 않아 초래된 손실을 포함한 모든 손실을 책임질 수밖에 없다. 결국 연성예산제약 현상 및 국영기업 책임자가 경영개선에 적극성이 높지 않은 현상 등을 초래한다.

이 두 가지 해석 논리는 모두 일관된 것이지만, 정책적 함의는 완전히 다르다. 국영기업의 문제가 소유권으로 인해 초래된 것이라면, 이를 사유화하면 해결된다.[29] 하지만 신구조경제학의 차원에서 보면, 정책성 책임이 제거

29 Lin J Y, Tan G F, "Policy Burdens, Accountability, and the Soft Budget Constraint", *The American Economic Review*, 1999, 89(2) : 426-431.

되지 않은 상황에서 사유화는 반대로 지대추구 부패 등의 더 심각한 문제를 야기할 수 있다. 1990년대 초, 소련, 동유럽 국가에서 전환을 시작했을 때, 로런스 서머스(Lawrence Summers)와 제프리 삭스(Jeffrey Sachs) 등이 모두 사유화를 지지한 것은, 국영기업의 문제가 국유소유권으로 인해 초래되었다고 확신했기 때문이다. 하지만, 결과는 어떠했는가? 각종 실증연구에서, 이런 대형 국영기업의 사유화 이후, 신구조경제학의 예측처럼, 보편적으로 보조금이 과거보다 더 많아졌고, 이익집단이 포획하는 문제가 원래보다 더 심각해진 것을 발견했다. 그래서, 문제를 볼 때, 자신이 과거에 제기한 이론을 포함한 기존의 이론에서 세계를 보는 것을 피해야 한다. 반드시 '상무'하는 마음으로 현상을 직면하고, 실제 세계의 현상에서 배후의 논리를 탐색해야 한다. 그렇지 않으면, 쉽게 '내용에 끼워 맞추게' 된다.

나는 모스크바 회의에 참석한 적이 있는데, 국내와 러시아 경제학계에 큰 차이가 있음을 발견했다. 국내 경제학계는 기본적으로 아직도 신자유주의의 관점이 주류였고, 러시아학계는 신자유주의에 대해 많은 반성을 하고 있었다. 나는 러시아가 신자유주의를 시행하여, 크게 피해를 본 것에 그 원인이 있다고 생각한다. 중국은 신자유주의를 시행하지 않았기 때문에, 존재하는 많은 문제를 신자유주의의 차원에서 대부분 자신의 학설로 해석할 수 있었다. '상무' 사유 훈련이 부족할 때는, '내용에 끼워 맞춰' 신자유주의 관점을 받아들이기가 쉽다.

기존 이론으로 실제 세계를 보지 않는 것이, 창조적 이론을 가진 경제학자가 되는 전제조건이며, 이 시대가 우리에게 준 기회를 잡는 필요조건이기도 하다. 반대로, 이렇게 하지 않으면, 우리의 연구도 유행하는 사이비 아이디어, 잘못된 정책 사고방향, 여론환경을 강화할 가능성이 있다. 이는 한 명의 사회책임감이 있는 경제학자에게는 근본적인 옳고 그름의 문제이다.

현상의 본질과 결정요소 탐색으로 돌아가자

내가 항상 말하는 아담 스미스로 회귀는, <국부론>안에서 제기한 각종 이론적 추론으로 돌아가는 것이 아니라, 아담 스미스가 추론을 내린 방법으로 회귀하는 것이다. 이는 '물고기'와 '물고기를 잡는 방법'의 구별이다. 아담 스미스가 문제를 연구한 방법은 저서의 정식 명칭인<국부의 성질과 원인에 관한 연구>에 국부의 본질 및 결정요소에 대한 탐색이라고 명료하게 쓰여 있다. 아담 스미스가 연구하려 했던 것은 국민자산이 어떻게 증가하는지였다. 저서 전체에서 토론한 것은 국부의 본질은 무엇인가, 그가 살았던 시대, 사회의 자산 수준은 어떤 요소로 결정되었는지 등으로, 여기서 추론을 얻었다. 우리는 창조적인 경제학자가 되고 싶어하는데, 어떤 현상을 연구하려면, 마찬가지로 먼저 이 현상의 본질이 무엇인지, 우리의 시대, 사회적 결정요소가 무엇인지 분명히 해야 한다.

1988년에 나는 주류경제학 이론적 족쇄에서 벗어난 후, 줄곧 이런 문제를 사고하는 방법을 지켜왔다. 1988년에 두 가지 사건이 나에게 깨달음을 줬다. 1987년에 시카고대학에서 중국으로 돌아와 일하기 시작했다. 1988년, 중국에 전대미문의 고인플레이션이 발생하자, 국외 이론은 금리를 올려 인플레이션을 관리해야 한다고 생각했다. 하지만, 중국에서는 거버넌스 심화개혁을 시행해, 금리를 조정하지 않고, 행정적 방법을 사용해 투자를 삭감하고, 프로젝트를 축소하면서 수요를 억제하며 인플레이션을 낮췄다. 또 다른 일은, 내가 중국에서 대학원생이었을 때 공부한 이론에서는, 계획경제가 사회주의적 특성으로 결정된것이라고 말했지만, 인도 회의에 참석했을 때, 인도는 사회주의 국가가 아니라, 사유재산권 및 민주헌정을 기반으로 한 시장경제 국가였지만, 계획위원회가 있었으며, 인도 계획위원회와 중국 계획위원회는 같은 문제를 토론하고 있었다. 이 두 가지 일은 나에게 커다란 깨달음을 줬는데, 이론의 적용성은 이론의 전제조건으로 결정된다는 것, 하나의 현상을 하나의 이론으로 해석할 수 있고, 기타 이론을 사용해 해석할 수도 있다는 것, 일관성 있게, 어떤 현상을 설명할 수 있는 이론이 이 현상의 실제 원인을 밝히는 이론이 아니라는 것이었다. 나는 그 해에 깨달음이 있은 후 문제를 사고하는 방식을 천천히 '하나의 분석, 세 가지 귀납' 방식으로, '문제의 본질과 결정요소'를 탐색하는 방법을 정리했다.

계획경제의 본질은 무엇인가? 정부가 행정수단을 사용해 자원을 배분하는 것이다. 손 놓고 시장이 자원을 배분하게 하는 것이 정부에게는 더 수월하지 않은가? 왜 정부 스스로 번거롭게, 열심히 자원을 배분하는가? 정부가 어떤 산업에 직접 자원을 배분하려 한다면, 가격에 대한 많은 개입 및 왜곡, 공급 및 수요의 불균형을 초래하는데, 왜 왜곡해야 하는가? 기존 주류 문헌에서 말하듯이 정부가 이익단체에 포획된 것인가? 중국같은 사회주의 국가 이익단체와 인도같은 자본주의 시장경제 국가 이익단체는 분명히 다른데, 어떻게 똑같은 제도장치가 있을 수 있는가? 자세히 생각해 보면 다음과 같은 사실을 쉽게 알 수 있다. 2차 세계대전 이후 식민지, 반식민지 상태를 벗어난 이후 인도와 중국 모두 빠르게 선진국가를 추월하려 했기 때문에, 단계를 추월해 비교 우위를 위배한 자본집약형 산업을 발전시켰다. 하지만 이런 산업에서의 기업은 자생능력이 없어서, 각종 요소와 투입품의 가격을 왜곡하는 보조금을 줄 수밖에 없었다. 가격 왜곡이 공급 수요 불균형을 초래하자, 행정수단으로 계획에 따라 자원을 배분할 수밖에 없어서, 저렴한 자원요소는 정부가 우선 발전시키려는 산업에 배분하도록 보장했다. 따라서, 산업구조는 요소부존 구조에서 내생되는데, 어떤 사회적 성격이든 발묘조장하려면, 정부가 시장에 대한 각종 개입, 왜곡 및 직접 자원배분을 해야만 가능하다는 것을 깨달았다.

또한 이론의 적용성 역시 이론의 암묵적 전제조건 존재 여부로 결정된다는 것을 1988년에 깨닫게 되었다. 내가 시카고대학에서 받은 이론적 훈련에 따르면, 인플레이션 해결에는, 당연히 금리를 올려야 했다: 대출금리를 올려 투자비용이 증가되면, 투자수요가 감소될 수 있고, 금리를 올리면 저축의지를 증가시켜, 현재의 소비를 감소시킬 수 있다. 투자와 소비가 감소하면 총수요가 하락해, 인플레이션 비율이 떨어지게 된다. 이렇게 잘 하면, 좋은 프로젝트는 고금리를 지불할 수 있으므로, 유지될 수 있지만, 나쁜 프로젝트는 도태될 수 있어, 자원의 효과적 배분에 유리하다. 중국이 당시 이렇게 하지 않았던 것은 비이성적으로 보였다. 하지만 나중에 나는 제한조건이 달랐음을 인식하게 되었다. 당시 중국은 많은 자본집약적 국영기업, 비교 우위를 위배한 국영기업, 자생능력이 부족한 국영기업이 있어서, 저렴한 자금지원이 없으면, 이런 기업이 도저히 생존할 수 없었기 때문이었다. 금리를 올렸다면, 모두 심각한 손실이 있을 수 있었다. 이런 기업이 파산하고 도산하면, 사회안정은 어떻게 되는가? 국방안전은 어떻게 되는가? 파산하지 않게 하려면 재정에서 보조금을 줄 수밖에 없어, 재정적자가 증가될 수 있었다. 당시 재정 및 화폐는 상호 교환되었으므로, 재정적자의 증가는 화폐 추가발행으로만 보완할 수 있었지만, 화폐공급이 증가되면, 인플레이션이 다시 나타났다. 그래서, 정책결정자가 직면했던 제한조건을 이해한 후에는 비이성적인 것 같았던 선택이 실제는 이성적 선택이었음을 알 수 있었다.

그 이후, 나는 기존 이론을 사용해 중국현상을 해석하는 방법을 버리게 되었다. 하나의 현상을 마주하게 되면, 누가 정책결정을 하는지, 도달하려는 목표가 무엇인지, 사용 가능한 자원은 어떤 것이 있는지, 제한조건은 무엇인지, 선택할 수 있는 방안이 어떤 것인지 스스로 분명하게 생각한다. 즉 '상무'하는 마음으로, 경제학의 '본체'에 근거해, 스스로 관찰한 현상을 분석한다. 정책결정자의 선택이 기존 이론에서 '비이성적'인 것처럼 보인다면, 분명히 우리 스스로가 정책결정자의 제한조건에 대해 이해가 충분하지 않은 것이다. 이때는 정책결정자의 입장에 서서 문제를 보고, 더 나아가 정책결정자에게 어떤 동원 가능한 자원이 있는지, 어떤 넘을 수 없는 제한조건이 있는지 보려고 노력해야 한다. 그러므로, '비이성적'인 것 같은 현상을 마주했을 때 감격해야 할 것인데, 이는 바로 새롭고 창조적인 이론을 제기할 기회이기 때문이다.

<본체와 상무(本體與常無)>라는 방법론적 대화집에서, 어떻게 이성적 인간의 '본체'를 유지하며 '상무'의 방법으로 현상을 관찰할지에 대해, 나는 '하나의 분석, 세 가지의 귀납'으로 정리했다. 소위 '하나의 분석'은 사물의 본질에 따라, 연역적 방식으로 연구하려는 현상을 분석한다. 예를 들면 누가 정책결정자인지, 도달하려는 목표는 무엇인지, 동원 가능한 자원은 무엇인지, 어떤 뛰어넘을 수 없는 제한조건에 직면해 있는지, 어떤 실행 가능한 선택이 있는지 등이 있다. '세 가지 귀납'은 즉 통시적 귀납법, 공시적 귀납법 및 여러 현상 종합 귀납법이다.

계획경제의 형성을 예로 들어 '하나의 분석'을 하면, 그 본질에서는 정부

가 행정수단을 사용해 자원을 배분한다. 그렇다면 누가 이 체제의 정책결정자인가? 정부이다. 어떤 목표를 달성하고 싶은가? 완벽한 자본집약적, 선진적 기술의 현대화 산업체계를 구축하는 것이다. 동원 가능한 자원은 무엇인가? 낙후되어 있는 농업경제이다. 제약조건은 무엇인가? 자본의 극단적 부족이다. 선택 가능한 방안은 무엇인가? 시장배분이나 정부 직접 배분이다. 개방 경쟁시장에서 이런 비교 우위를 위배한 산업은, 기업이 자생능력이 없어, 기업가가 자발적으로 투자할 수 없다. 정보나 정책결정 실수 때문에 투자하게 되어 공장을 건설한다 해도, 계속 경영하기를 바라지 않는다. 분명한 것은 시장에 의존해 자원을 배분하면 이런 산업을 구축할 수 없다. 따라서 정부에 의존해 직접 자원을 동원해 투자하고, 보호 보조금을 지급해 경영을 유지할 수밖에 없다. 이 산업의 규모가 GDP 점유 비중이 낮다면, 선진국의 군수산업처럼, 정부가 재정 직접 보조금 방식을 채택해 그 목표를 이룰 수 있다. 하지만 개발도상국에서는 전국 GDP에 비해, 발전시키려는 산업의 규모가 아주 크다. 재정 직접 보조금은 세수 능력의 제약을 받아서, 가격 왜곡의 방식으로만 간접 보조금을 줄 수 있다. 가격 왜곡 이후에는, 대체로 가격이 억제된 일부 요소와 상품의 부족이 나타날 수 있다. 부족하면 계획이 필요한데, 행정수단으로 계획에 따라 자원을 배분해야, 우선 발전시키려는 산업에 제한된 자원을 배분하도록 보장할 수 있다. 그래서 <중국의 기적>이라는 책에서 묘사된 거시가격 왜곡, 자원계획 배분, 미시적 기업이 어떤 자주권도 없는 '삼위일체' 계획체제를 형성했다.

통시적 귀납법으로 이해하면, 과거 계획경제는 사회주의 성격으로 결정된 것으로 인식되었다. 하지만 소련의 계획경제는 1929년에야 시작되었으므로, 1918년에서 1929년까지는 시장성격의 신경제였지, 계획경제가 아니었다. 따라서 사회주의가 반드시 계획경제를 시행해야 하는 것은 아니다. 1929년에 어떤 변화가 발생했는가? 스탈린이 중공업 발전 추진을 시작했다. 과거 중공업 우선 발전이 아니었지만, 현재 중공업을 우선 발전시키려하면, 계획경제체제는 필연적으로 중공업 우선 발전과 관련이 있게 된다. 당시 소련도 자본이 부족한 농업 경제국이었으므로, 앞서 분석한 것처럼, 계획체제로만 이 목표를 이룰 수 있었다. 중국도 마찬가지로 혁명전쟁 기간 동안 사회주의가 민족자본가의 천국이라고 선전했는데, 왜 신중국 성립 이후 오히려 공사(公私) 공동 경영운동을 전개했는가? 발전 목표가 변해, 1953년부터 중공업 우선 발전을 추진하면서, 가격을 왜곡해야 중공업 구축이 가능했기 때문이다. 민족자본가는 저가의 물자를 가져와 생산했지만, 이윤이 민족자본가에게 돌아가자, 이 이윤으로 발전시키려 했던 중공업에 우선 투자를 보장할 수 없게 되었다. 그리하여, 민족자본가를 점차 단속할 수밖에 없었다. 이것이 통시적 귀납 방법으로 이해한 것이다.

두 번째 방법은 공시적 귀납법이다. 중국과 인도는 다른 정치제도를 갖고 있는데, 어떻게 계획경제체제가 있는가? 조금 더 멀리 가면, 라틴 아메리카의 자본주의 국가의 1950년대, 60년대의 경제관리 체제는 사회주의국가와 비슷했다. 예를 들면, 모두 금융억제가 있어, 투자, 금융, 외화를 통제해 배급하려 했다. 다른 사회적 성격의 국가는 어떤 공통점이 있는가? 소련과 중국의 스탈린 모델, 인도의 중공업 우선발전 및 라틴 아메리카 국가의 수입대체전략의 명칭은 달랐지만, 그 목적은 사실 모두 같았는데, 자본이 상대적으로 부족한 조건에서 비교 우위를 위배한 중공업을 우선 발전시키기 위한 것이였다. 이런 다국적인 큰 시각으로 사고하고 분석하는 것이 공시적 귀납법이다.

세 번째 방법은 여러 현상의 종합 귀납법이다. 예를 들면, 많은 개발도상국은 정부개입, 금융억제, 환율왜곡 등이 있는데, 이런 개입, 왜곡은 각각 독립된 것인가? 아니면 상호 관련된 것인가? 배후에 공동 원인이 있는가? 1970년대 매키넌(MacKinnon)과 쇼(Shaw)는 금융억제를 관찰했지만,[30] 종합 분석하지 않았다. 그들은 금융억제를 독립적, 외생적인 것으로 간주하고, 금융억제가 개발도상국의 발전에 불리하다고 생각하여, 금융자유화 진행을 제안했다. 개발도상국은 그 제안에 따라 금융자유화를 시행했지만, 결과적으로 경제위기가 끊이지 않았는데, 왜 그러했는가? 대량의 자본이 집약된 산업, 비교 우위를 위배한 산업이 존재했기 때문이다. 금융자유화의 결과로 이런 산업은 살아남을 수 없게 되었다. 동시에 금융자유화 이후 외국자본이 들어와, 비교 우위를 위배한 산업에 진입하지 않고, 반대로 자국의 자본이 해외로 유출되어 금융위기가 불가피해졌다. 현상을 관찰할 때, 전체 틀이 아닌 한가지만 공격할 수 없으므로, 한 경제체의 동시에 존재하는 현상을 함께 놓고 분석하고, 이런 현상의 공동 결정요소 유무를 살펴야 한다. 예를 들면, 계획경제는 왜 그렇게 많은 개입, 왜곡이 동시에 존재할 수 있는가? 요약하면, 자본이 부족한 경제에서 비교 우위를 위배한 자본집약형 산업을 우선 발전시키기 위한 것이었지만, 결과는 앞에서 서술한 '삼위일체' 분석처럼, 하나의 왜곡이 다른 하나의 왜곡의 원인이 되었다. 이 왜곡 또한 다른 왜곡을 초래할 수 있어서, 이런 순환이 반복되었다. 동시에 존재하는 여러 현상을 함께 놓고 종합적으로 분석하면 가장 근본적인 원인을 찾게 될 가능성이 가장 높은데, 이 시작점은 보통 문제의 본질 분석과 관련이 있을 수 있다. 그래

30 MacKinnon, R. I., Money and Capital in Economic Development, Washington, DC: Brookings Institution, 1973. Shaw, E. S., Financial Deepening in Economic Development, New York: Oxford University Press, 1973.

서 '하나의 분석, 세 가지 귀납'을 나눠 이야기했지만, 운용할 때는 종합운용, 상호검증을 통해, 현상의 배후에 있는 가장 근본적인 결정 요소를 찾아야 한다.

특수에서 일반으로

현상관찰에서 출발하면, 항상 현상의 표면에 머물러, 현상의 존재를 특수 원인으로 돌리게 된다. 특히 중국문제를 연구할 때, 특수성에서 더 아래의 일반성을 볼 수 있는가는 아주 중요한 문제이다. 특수성에 머무르면, 이것은 중국경제학이 되어 일반적 의미는 없게 된다.

신구조경제학은 물론 중국의 경험을 정리한 것이지만 중국경제학은 아니다. 신구조경제학은 경제의 발전, 전환 및 운용에 관한 일반 이론이고, 주류경제학에 대한 구조혁명이다. 나는 여러분이 현상에서 출발해 문제를 연구하는 것을 장려하는데, 가까운 곳에서 먼저 혜택을 받게 되듯이, 우리가 일반적으로 관찰하는 것은 중국현상일 것이다. 중국은 강력한 공산당이 지도하는 개발도상대국, 전환 중인 대국으로서, 아주 많은 특수성이 있다. 특수성에서 이론모델을 구축해 중국의 현상을 해석하는 것은 어렵지 않다. 예를 들면, 중국 과거 40년의 발전이 아주 성공적이라서, 하나의 모델을 만들어 당의 강력한 지도가 성공의 관건이었다고 강조할 수 있다. 당의 강력한 지도는 확실히 중요하지만, 중국의 성공을 이렇게 해석하면, 일반적 의미가 없어지게 된다. 다른 국가에는 중국공산당 같은 강력한 지도력을 가진 정당이 있기 어렵기 때문이다. 또한 개혁개방 전에 똑같이 당의 강력한 지도가 있었는데,

왜 그때는 경제발전 성과가 좋지 않았는가? 그리하여, 이런 추론은 통시적 귀납법을 통과할 수 없다. 모리셔스는 다당제 국가라서, 강력한 당의 지도가 없었는데, 경제발전 성과가 좋았으므로, 이런 추론은 공시적 귀납법을 통과할 수 없다. 개혁 전과 개혁 후 가장 큰 변화는 비교 우위를 위배하는 추월전략에서 비교 우위에 부합하는 맞춤형 성장 촉진 전략으로 전환한 것이었다. 모리셔스의 발전이 성공한 것도 1970년대 이후 수입대체 전략에서 비교 우위에 따른 수출주도형 산업으로 발전을 시작했기 때문이었다. 그래서 중국 개혁개방 이후 경제발전의 성공은 비교 우위를 준수하며 경제를 발전시킨 덕분이라고 하는 것이 일반적으로 의미가 있다.

이밖에, 2차 세계대전 이후 동아시아 발전의 성공에 대해, 학계에서 유행하고 있는 해석은 동아시아는 유교문화의 권위형 정부가 있었다는 것이다. 마찬가지로 이론모델을 만들 수 있다면, 동아시아의 성공 원인을 여기로 돌려야 할 것이다. 이런 관점은 막스 베버(Max Weber)의 문화결정론과 아주 비슷하지만, 베버가 강조한 개신교를 유교문화로 바꾼 것에 불과하다. 하지만 통시적으로 보면, 동아시아경제체는 줄곧 유교문화였지만, 과거의 발전은 성공하지 못했다. 공시적으로 보면, 모리셔스의 인구 2/3는 인도인이고, 유교문화가 없으며, 권위형 정부도 없었지만, 경제발전에 똑같이 성공했다. 그러므로, 유교문화가 동아시아 성공에 공헌이 있었겠지만, 동아시아 성공의 근본적 원인은 아니었다. 앞서 서술한 바와 같이, 근본적 원인은 비교 우위에 따라 경제를 발전시킨 것이었다. 신구조경제학은 현상에서 시작해야 하지만, 특수성을 넘어선 배후의 더 근본적이고, 일반적인 원인을 이해해야 한다.

경제발전에 성공한 경제체를 요약하면, 물론 각자 특수성이 있었으며, 이런 특수성이 성공에 유리한 일부 조건을 만들었다. 예를 들면 중국은 강력한 당의 지도, 동아시아의 유교문화에서 만들어진 권위형 정부를 갖고 있지만, 부존을 말할 때 지적한 사회자본, 지리조건 등과 같은 요소 등에서도 한 지역의 성공에 유리한 조건을 일부 제공하므로, 모두 유리한 요소지만 전부인 요소는 아니다. 하지만, 성공여부의 더 근본적 원인은 신구조경제학이 강조하는 경제발전 및 경제운용에 성공하고, 발전된 산업이 비교 우위에 부합해야만, 기업가의 노력과 정부의 맞춤형 성장 촉진 아래 경쟁우위를 만들 수 있다. 비교 우위 부합 여부는 한 경제체의 요소부존 구조와 관련되어 있어서, 발전된 산업이 같지 않을 수 있다. 예를 들면 동부 연안지역에서 발전된 가공 수출산업은, 기성복, 신발, 완구가 있는데, 이런 산업은 노동집약형 산업이라서, 동부연안 지역이 발전 초기에 노동력이 많고, 자본이 상대적으로 부족했던 비교 우위에 부합했다. 그래서 비교 우위 부합은 귀납정리된 일반적 의미를 가진 결정적 요소이다.

연구를 할 때, 먼저 관찰하는 것은 보통 현상의 특수성인데, 일반성으로 올라가지 못한다면, 공헌도가 많이 낮아질 수 있다. 특수성에서 일반성으로 올라가야만, 사람들의 세계에 대한 인식과 세계를 변혁시키는 데 참된 공헌을 할 수 있다. 특수성 현상의 관찰에서 일반성 원인 정리로 넘어가려 한다면, 어떤 현상을 관찰할 때 해당 현상에 대해 임시 가설을 세우면서 곧바로 현상을 해석할 수 있는 가설로 단정 짓지 말아야 한다. 통시적 귀납법, 공시적 귀납법 및 여러 현상 종합적 귀납법으로 여러 번 해당 가설을 검증해야 하며, 이 세 가지 귀납법을 통해 검증된 가설만, 이 현상의 배후에 있는 실제 인과 논리를 밝힐 수 있다. 상술한 세 가지 귀납법을 운용하려면, 반드시 고대, 현대, 중국 및 외국의 역사에 충분한 인식이 있어야 하는데, 손에 잡히는 각종 역사적, 다국적 현상 경험을 비교분석 하는 것이지, 단지 사물자체 성격의 옳고 그름만 논하는 것이 아니다. 이는 연구자가 '작은 집안일부터, 국가대사까지 모든 일에 관심을 가진다'는 마음가짐을 요구하는 것으로, 평상시 많이 보고, 생각하며 쌓아야 한다. 그래서 좁은 시야로는 발견할 수 없고, 사회에 지속해서 관심을 가져야 하며 성급하게 이룰 수 있는 일이 아니다.

추가로 말하면, 학술연구와 정책연구의 방법이 완전히 같지는 않다. 학술연구는 특수성에서 일반성으로 올라가려는 것이고, 싱크탱크, 정책연구는 정반대로, 일반성 원리가 연구한 경제체의 현지의 특수한 조건을 결합해 제안해야 한다. 각 지역에는 항상 현지 특수의 유리한 조건이 있는데, 예를 들면 요소 이외의 부존 및 과거의 초월이 남긴 왜곡 등과 같은 특수 제한조건이 있다. 현지의 유리한 조건을 충분히 이용하고, 현지의 특수 제한조건도 충분히 고려하며, 유리한 조건을 동원해 불리한 조건을 피하면서, 현지 비교우위에 부합한 산업을 발전시켜 구조적 전환 업그레이드를 추진해야 한다.

2차원 경제학을 3차원 경제학으로 변환

신구조경제학 연구는 선진국의 구조를 정해진 구조로 삼는 2차 주류경제학을 발전정도가 다른 국가는 다른 구조를 내생한다는 3차원 경제학으로 변환하려는 것이다. 앞서 이야기한 네 가지는 어떤 창조적 공헌을 하려는 학문이나 이론 유파에서도 반드시 준수했던 것이었다. 중국경제학자, 특히 신구조경제학의 구조혁명을 추진하려는 경제학자들은 이론혁신의 금광을 찾을 수 있는 안목 또한 필요하다. 중국 개혁개방이 이룩한 성과는 인류역사에 전대미문의 기적이었다. 기적은 기존의 이론으로 해석할 수 없는 현상이지만,

어떤 현상의 발생에는 필연적으로 근거가 있어서, 이 근거를 밝히는 것이 새로운 중요한 이론이 될 것이다. 신구조경제학은 현대경제학에 대한 구조혁명으로, 주류 2차원 경제학, 선진국의 경험을 정리한 2차원 경제학, 선진국의 구조를 정해진 암묵적 구조로 삼은 2차원 경제학을 발전 정도가 다른 국가가 다른 구조를 내생하는 3차원 경제학으로 변환하려 시도했으므로, 현대경제학의 각 영역에 관련되어 있다. 현재 이 혁명은 여전히 작은 불씨에 불과해 아직 확산되지 않았으므로, 창조적 공헌이 있는 연구를 할 기회가 도처에 있다. 나는 항상 '금광에 앉아 탄광을 발굴하지 않아야 한다'고 말한다. 무엇이 탄광을 발굴하는 것인가? 바로 관례를 따르기만 하는 것이다. 외국에서 인기있는 문제와 방법을 따르는 연구는 스스로 새로운 문제를 탐색하고, 새로운 방법을 채택해 연구할 수 없다. 또는 주류문헌 이론에 따라 중국의 현상을 보는 것은 새롭고, 더 정확한 시각을 제기해 중국과 개발도상국의 문제를 분석할 수 없다. 이런 연구는 창조적 공헌을 할 수 없다. 탄광발굴에서 발표할 수 있는 성과가 적지 않을 수 있지만, 인류지식에 대한 성장 특히 사람들의 세계를 인식하고 세계를 변혁시키는 지식의 성장에는 공헌할 수 없다.

경제학자로서, 모두 금광을 발굴해 창조적 공헌을 하려는 소망이 있을 것이라고 나는 생각한다. 그렇게 할 수 없는 원인은 새로운 현상이 없는 것에 있고, 다른 하나의 원인은 새로운 현상을 인식하는 안목이 없기 때문이다. 선진국에서 더 많은 원인은 전자에 있을 수 있다. 선진국의 사회경제가 이미 안정상태에 가까워져 1930년대의 경제대공황, 70년대의 스태그플레이션처럼 새롭고, 큰 사회경제현상이 항상 발생하지 않기 때문에 절대다수 경제학자들은 창조적 능력을 가진 경제학자가 새로운 이론이나 방법을 제기한 후, 이를 따라 일부 각주와 같은 연구를 할 수밖에 없다. 중국에서는 더 많은 원인이 후자에 있다. 중국의 경제학자는 학부에서 서방 주류경제학 이론을 공부하고 받아들였으므로, 무의식적으로 주류이론의 색안경을 끼고 중국현상을 볼 수 있어서, 쉽게 '내용에 끼워 맞춰', 주류이론과 다른 새로운 관점 및 견해를 제기하기 어려울 수 있다.

어떻게 금광을 발굴하고 탄광을 발굴하지 않을 수 있는가? '금'이 어떤 물질인지, '금'과 '석탄'이 무엇이 다른지 알아야 한다. 첫째, 중국의 경제현상 분석에서, 중국은 개발도상국으로서, 각종 구조가 선진국과 내생적 차이가 있으며, 중국은 전환 중인 국가로서, 각종 내생적 왜곡이 존재함을 반드시 이해하는 것이 가장 중요하다. 이 두 가지를 이해했다면, 간단하게 선진국의 경험을 정리하거나, 선진국의 구조를 암묵적 전제로 한 이론을 참고대상으로 삼아 중국의 문제를 분석할 수 없다. 상술한 두 가지는 바로 신 구조 경제학의 정수라 할 수 있다. 그러므로 금광 발굴은 먼저 신구조경제학의 이론틀에 익숙해야 한다.

둘째, 기존의 주류이론은 선진국의 경험현상을 정리한 것으로, 선진국의 구조를 정해진 구조로 삼는 2차원 경제학임을 인식해야 한다. 현대경제학의 각 하부영역에서 개발도상국의 내생구조가 선진국과 다르다는 전제조건을 도입해, 기존 2차원 주류이론을 신구조경제학인 3차원 이론으로 변환하게 할 수 있다. 수학모델링으로 이론적 사고를 확장한 이후 새로운 시각과 견해를 깊이 탐색하고, 중국 및 기타 개발도상국가의 경험데이터로 새로운 시각과 견해를 검증한다. 상술한 두 가지는 말하기는 쉽지만 실행이 쉽지 않다. '각종 구조는 부존구조에서 내생되었고, 왜곡은 상술한 내생구조에 대한 일탈에서 내생되었다'는 것을 깨닫게 되면, 주류와 달라도 많은 새로운 관점이 있는 신구조경제학 연구를 할 수 있다. 하지만, 상술한 관점을 정말 자유롭게 운용하는 것도 쉽지는 않다. 주류이론의 영향이 그림자처럼 따라다니기 때문에, 문제를 사고하고, 현상을 관찰할 때 조심하지 않으면 내용에 끼워 맞추게 된다.

선종(禪宗)에서는 '갑작스러운 깨달음인 돈오(頓悟)'와 '점진적 수행인 점수(漸修)'를 말한다. 절대다수 사람들은 '점진적 수행'에서 '깨달음'에 이르는 것이지, 육조 혜능(六祖慧能)처럼 우연히 <금강경(金剛經)>을 읽는 소리를 듣다가 '세속의 물질에 집착이 없어야 부처의 마음을 깨닫게 된다'는 말을 듣자마자 깨우치기는 어렵다. 중국경제와 신구조경제학의 금광을 인식하고 발굴할 마음이 있는 사람에게 나는 다음과 같은 두 가지 제안을 한다. 첫째, 신구조경제학 관련 저서를 공들여 잘 공부해야 한다. 특히 <신구조경제학 도론>이라는 책이 신구조경제학 이론 틀을 전면적으로 소개했다. 반드시 이런 전면적 틀이 있어야, 어떤 것이 '금'이고 어떤 것이 '석탄' 인지 분명히 할 수 있는데, 황금을 봐도 인식할 수 없으면, 석탄을 보물로 생각할 수 있다. 둘째, 자신의 연구영역에 근거해, 구조의 내생성과 왜곡의 내생성의 의미와 영향을 끊임없이 탐구하고 탐색하는 동시에, 중국과 다국적 경험 데이터로 얻어진 인식을 검증해야 한다.

전체적으로, 나는 우리가 큰 일을 할 수 있는 시대에 살고 있어 다행이라 생각한다. 우리는 저력이 있어 '서역에서 진정한 경전을 얻는' 학문 추세를 버리고, 중국의 경험을 요약해 자체 이론혁신을 진행하게 될 것이다. 아편전쟁 이후, 중국의 지식계, 학계가 일반적으로 '서역에서 경전을 구하는' 것을 숭상했고, 루쉰(鲁迅) 이라는 위대한 학자도중체서용(拿來主義)을 제창해, 외국에 있는 것, 좋은 것을 가져와 사용하자고 주장했다. 5.4운동 시대의 지식인은 전반적 서구화를 제창했지만, 사회주의를 답습한 혁명의 길, 자본주의를 답습한 길의 논쟁에 불과했으며, 줄곧 개혁개방 이후까지, 이런 상황이 비교적 보편적이었다. 시진핑(习近平)은 2016년 5월 17일 철학사회과학 업무회의에서 "하나의 이론이 필요한 시대이고, 필연적으로 이론을 만들 수 있는 시대이며, 사상이 필요한 시대이고, 필연적으로 사상을 만들 수 있는 시대이다"라고 제기했다. 그 이후 우리의 이 시대 인재는 이런 문화적 자신을 갖고, 스스로 중국의 경험을 요약해, '지도사상, 학문체계, 학술체계, 언어체계 등 분야에서 중국특색, 중국풍격, 중국기질을 충분히 드러낸' 이론체계를 형성했다.

시대의 신사조를 선도하려면 반드시 예리한 안목과 남보다 앞설 용기가 있어야 한다. 국외의 선진이론 도입이 아직도 주류에 머물고 있는 시대에 있어서, 주류이론을 따라 하는 연구가 발표하기 쉽고, 주류이론을 따라 비판가가 되는 것 또한 쉽게 사회의 박수갈채를 받게 된다. 개발도상국, 전환 중인 국가로서, 항상 뜻대로 되지 않는 부분이 많이 있어서, 선진국의 이론을 무기로 삼아 정부와 사회의 어두운 면을 비판하는 것이 용기 있다고 생각하기 때문이다. 스스로 국가의 성공한 규칙을 요약하면, 이론과 발언권을 가진 주류학계가 쉽게 받아들이지 않고, 국내에서도 '괴테파'로 오해받기 쉽다. 하지만 중국의 현상에 근거해 이론혁신을 진행하는 것은 우리의 기회이면서, 책임이다.

러시아의 1990년대 충격요법 시행에서, 고르바초프(Gorbachev)는 당시 집행자 중의 한 명으로, 오늘날 당시의 방법은 잘못된 것이었다고 인정했다. 하지만 1980, 90년대 충격요법을 사용해 경제전환을 진행한 것은 주류사회 사조였다. 이 사조의 형성은 물론 제프리 삭스(Jeffrey Sachs) 등 미국 경제학자들의 선동과 일정한 관계가 있었지만, 러시아 학자가 이 생각을 받아들여, 대대적으로 장려하고 홍보하고 나서야 사회 대다수가 받아들인 사조가 되었다는 것이 더 중요하다. 신구조경제학의 시각에서 보면, 충격요법의 실패는 서방의 주류이론을 직접 답습의 결과였고, 구조의 내생성 및 왜곡의 내생성에 대한 인식부족의 결과였다. 충격요법 방안의 주요 제정자는 모스크바대학 경제학부 주임 가이다르(Gaidar)였다. 나중에 나는 그와 여러 차례 만났는데, 다른 러시아 지식인처럼, 애국적, 민족적 자부심이 충만한 학자였다. 당시 그는 확실히 충격요법에 대해 깊은 확신이 있었다. 오늘날 우리는 서방 주류경제학의 한계성을 인식하고 있다. 더 선동하자면, 시대가 준 혁신적인 이론의 기회를 저버렸을 뿐만 아니라, 지식인으로서 당연히 책임져야 할 국가사회의 진보를 촉진시킬 책임을 지지 않았으므로, '국가에 이로운데 어찌 이를 피하겠는가'라는 도덕적 책임을 우리가 져야 한다.

아담 스미스 이후, 세계의 경제중심이 세계 경제학의 연구 중심이므로, 중국이 발전함에 따라, 세계경제학의 연구중심도 필연적으로 점차 중국으로 이동하게 될 것이다. 중국에서 일하는 경제학자로서, 특히 중국의 경제학자로서, 우리들은 가까운 곳에서 먼저 혜택을 받게 될 기회가 있기 때문에, 이런 혁신적인 이론을 촉진하고 시대 흐름을 이끌어갈 수 있는 기회를 외국의 경제학자에게 양보하지 말아야 한다.

혁신 이론을 제기하는 것부터 학계 및 사회의 수용까지 한 걸음 한 걸음이 어려운 과정이지만, 가장 어려운 것은 첫걸음으로, 흥미 있는 현상을 발견하고, 현상의 배후에 있는 인과논리를 완전히 파악하는 것이다. 우리가 흥미 있는 현상을 보려면, 내용에 끼워 맞춰, 기존의 이론, 자신에게 익숙한 이론을 가져다 해석하지 말아야 하며, '상무'하는 마음을 유지해야 한다. 동시에 '하나의 분석, 세 가지 귀납'의 방법에 근거해 특수성에서 일반성으로 깊이 들어가, 배후의 근거를 이해해야 한다. 개발도상국의 현상을 사고할 때, 개발도상국과 선진국의 구조적 차이성과 내생성을 명심해야 하고, 왜곡의 영향을 분석하고 개혁을 제안할 때, 왜곡의 내생성도 고려해야 한다. 신구조경제학의 이론 틀을 잘 파악하고, 상술한 방식으로 연구한다면, 좋고 독창적 견해가 있는 신구조경제학 학술 성과가 될 것이다. 이는 학술적 진보를 촉진할 수 있을 뿐만 아니라, 이론을 바탕으로 세계를 인식하고 세계를 변혁할 수 있는 기능을 통일하며 사회적 진보에 공헌하게 해, 지성일체(知成一體: 역주; 지행합일(知行合一)을 초월한 저자가 제시한 개념)의 목표에 도달할 수 있게 할 것이라 나는 믿는다.

제5장

신구조경제학의 시각으로 본 성장

신구조경제학과 현대경제학의 구조혁명을 어떻게 이해할 것인가[31]

왜 발전경제학을 재고찰해야 하는가

발전경제학은 하나의 이론 체계이다. 이론은 도구로서, 우리가 세계를 이해하고 변화시키는 것을 돕는다. 이론이 우리의 세계를 이해하는 것을 도울 수 없거나, 이론에 따라 선택한 행동이 세계를 변화시킬 수 없다면, 이론에 대해 다시 생각해봐야 한다. 발전경제학에 대한 재고찰은 여기서 시작된 것이다.

2008년 이후, 국제적으로 현대 주류경제학에 대해서도 많은 재고찰이 있었다. 현대주류경제학이 2008년의 금융위기를 예측하지 못했고, 데이터상으로도 2008년 위기 이전 선진국 연평균 경제성장 속도가 3-3.5%였지만, 십여 년이 지나서도, 현대경제학의 지도아래 가장 잘 회복되었다고 하는 미국의 2019년 경제성장률이 2.7%에 불과했기 때문이다. 코로나19가 발생

31 본문은 저자의 2020년 3월 3일 신구조경제학 연구원 '국가발전' 온라인 강좌의 강연에 근거하여 정리.

하기 전, 국제통화기금은 미국경제가 2020년 2.5% 성장에 불과할 것이고, 2021년에 또다시 2%까지 하락할 수 있으며, 기타 선진국은 미국보다 좋지 않아, 보편적으로 경제위기의 그늘에서 벗어나지 못할 것이라 예측했다. 이것이 국제경제학계가 1970, 80년대 이후 유행했던 신자유주의 경제학 이론에 대해 많은 재고찰을 한 이유이다.

이것이 발전경제학 이론에 대한 첫번째 재고찰은 아니었다. 발전경제학은 2차 세계대전 이후 탄생했다. 당시 많은 개발도상국이 식민지, 반식민지의 지위를 벗어나, 국가의 현대화를 독립적, 자주적으로 추구하기 시작했다. 현대화를 이루기 위해, 당시 주류경제학에서 새로운 하부 학문인 발전경제학이 나타났다.

제1대 발전경제학은 일반적으로 '구조주의'로 불린다. 당시, 개발도상국들이 정치적 독립을 이루자, 공업화, 현대화를 실현하려 했다. 또한 선진국처럼 서민들의 생활수준이 높아지고, 국가가 강성해지면서, 국민의 부유와 국가의 강성을 이루기를 바랬다. 선진국처럼 부유하고 강성해지려면, 선진국처럼 고소득 수준과 노동생산력 수준을 갖추고, 선진 산업을 구축해야 한다고 당시 경제학계와 정치지도자들은 인식했다. 2차 세계대전 이후, 당시 세계에서 가장 선진적 산업은 대부분 자본이 집약되어 있는, 규모가 큰 현대화 산업이었다. 그래서 절대다수 개발도상국의 일치된 행동은 자본이 집약되어 있는, 규모가 방대한 현대화 산업을 우선 발전시키는 것이었다. 하지만 이 산업은 시장에서 스스로 발전할 수 없었다. 개발도상국은 많은 구조적 장애와 시장의 효과적 자원배분 실패 때문에, 시장실패가 나타나서, 정부가 주도적으로 구축해야 한다고 인식했다.

개발도상국은 원래의 현대화 공업제조품을 외국에서 수입했고, 수출상품은 일반적으로 광물자원, 농산품이었다. 당시 발전경제학 이론에 따라, 이 공업화 상품을 더 이상 수입하지 않고 자체 생산하게 되면서 이를 '수입대체전략'이라 칭했다.

구조주의의 수입대체전략의 지도 아래, 개발도상국은 보편적으로 정부의 투자 견인에 의존해 5~10년의 빠른 성장을 이뤘다. 하지만 새롭게 구축된 현대화 산업은 효율과 경쟁력이 없었다. 정부의 계속된 보조금에 의존할 수밖에 없어 전체적인 경제발전이 더욱 나빠졌다. 1960-70년대까지, 이 국가들은 소득수준이 크게 높아지지 않아, 선진국과 격차가 점점 더 커지면서 적지 않은 위기가 발생했다.

그래서 구조주의로 불리는 제1대 발전경제학에서는 개발도상국이 왜 낙후되었는지를 설명했고, 논리가 매우 분명해, 설득력도 있었다. 하지만, 이 이론에 따라 만들어진 정책과 그 시행의 결과는 실패였기 때문에 재고찰을 진행해야 했다.

구조주의의 실패로 인해 재고찰한 결과는 '신자유주의'의 출현이었다. 개발도상국 경제발전이 나쁜 것은 정부가 경제에 대해 너무 많은 개입과 왜곡을 해서, 자원의 잘못된 배분을 초래했고, 이로 인해 효율이 저하되면서, 지대추구 부패가 빈발하여, 소득격차가 확대되었다고 생각했다. 이런 관점의 논리는 매우 분명했고, 개발도상국에 존재하는 문제의 원인에 대한 설명에 설득력이 있었다. 이러한 주장은 1980년대에 유행하기 시작해 오늘날까지 아직도 중국 내에 적지 않은 지지자들이 있다.

신자유주의자의 관점에 따르면, 개발도상국의 문제는 정부개입에서 비롯된 것이다. 문제를 해결하려면 선진국과 같이 완전한 시장경체제제를 구축하고, 가격을 시장에서 결정하는 '시장화'를 구축해야 한다. 동시에, 기업 스스로 손익을 책임져야 한다. 따라서 반드시 원래의 많은 국영기업을 사유화해야 한다. 또한 거시적으로 정부가 경제안정을 유지해 높은 인플레이션이 없어야 한다. 이는 정부재정예산이 반드시 균형으로 재정적자가 없어야 한다. 다시 말해 개발도상국은 시장화, 사유화, 정부재정예산 균형 거시안정화를 진행하는 것이 가장 좋다.

1992년, 세계은행 수석 경제학자를 역임한 후 미국 하버드대 총장과 미국 재무장관을 지낸, 로렌스 서머스(Lawrence Henry Summers)가 쓴 글에서 경제학계의 개발도상국의 전환에 대한 의외의 컨센서스를 제기했다. 즉 계획경제에서 시장경제로 이행이 성공하려면, 반드시 '워싱턴 컨센서스'가 주장하는 시장화, 사유화, 안정화를 충격요법으로 동시에 실행해야 한다는 것이다.

이에 따라 시행한 개발도상국은 경제붕괴, 발전 침체, 끊임없는 위기에 부딪혔다. 1980-90년대 개발도상국의 신자유주의 시장화 개혁 추진은 1960-70년대 구조주의의 수입대체전략을 추진하던 시기보다 평균 경제성장 속도가 더 느리고 위기 발생빈도가 더 높았다고 데이터가 보여준다. 그래서 일부 경제학자들은 1980-90년대 신자유주의가 주도하던 이 20년 동안을 개발도상국의 '잃어버린 20년'이라 부른다.

신자유주의와 구조주의는, 개발도상국의 문제를 설명하는 것이 이치에 맞고, 논리적으로는 성립하지만 이에 따라 시행한 결과는 정반대로 나타나는 같은 운명에 처했다.

신자유주의나 '워싱턴 컨센서스'는 많은 저명한 학자들이 지지했는데, 현실에서는 왜 실패에 부딪혔는가? 그 원인은 두 가지이다.

첫째, 보호 보조금도 내생적이라는 것을 인식하지 못하고, 비교 우위를 위배하며 시장화, 사유화, 거시안정화를 한꺼번에 실현하기를 주장했다. 하지만 먼저 자본집약적 산업은 많은 사람들을 고용했지만 대부분 도시에 있었다. 따라서, 일시에 보조금을 취소하면, 기업이 파산하여 대량 실업을 초래해, 사회정치 불안을 야기하게 되었다. 그 다음으로 전력 통신 같은 많은 산업은 국방안전과 국가경제 및 국민생활에 관련되어 있어서 보호 보조금을 취소하면 기업이 파산할 수 있을 뿐 아니라 국가도 안전보장을 상실해 경제사회의 지속 운영이 어렵게 될 수 있다. 따라서 사유화한다 해도, 기업이 필요한 보호 보조금을 없애지 못하고, 반대로 더 많아져 효율이 더 낮아지면서 지대추구 부패가 더 심해졌다.

둘째, 정부가 새로운 비교 우위에 부합하는 산업에 맞춤형 성장 촉진으로 지원하는 것을 반대하면서 일부 낡은 비교 우위에 부합하지 않는 산업이 붕괴되고, 새로운 비교 우위에 부합하는 산업이 나타나지 않아 탈공업화의 상황이 나타나게 되었다.

2차 세계대전 이후 소수 몇 개 경제체는 경제발전이 좋았다. 하지만 추진했던 정책은 이 이론에서 보면 정통 이론을 벗어난 것이었다.

먼저 1950-60년대 아시아 네 마리 용인, 한국, 싱가포르, 타이완, 홍콩이 있다. 1980년대에 이르러 이 신흥시장경제체는 신흥공업경제체가 되었고, 지금은 모두 고소득 경제체가 되었다.

1950, 60년대 주류 이론인 구조주의에서 보면, 아시아 네 마리 용 정책은 대부분 잘못된 것이었다. 이 경제체는 처음부터 현대화된 대형 산업을 구축하지 않고, 반대로 전통적이고, 노동집약적인 소규모 제조업에서 시작했다. 이들은 구조주의의 수입대체전략이 아닌 수출주도를 추구했다. 이런 발전 모델로 어떻게 선진국을 추월할 수 있겠는가 하는 것이 당시 학계의 생각이었다. 하지만 잘못된 정책을 채택한 것 같았던 이 경제체가 반대로 선진국을

추월할 수 있다는 사실이 증명되었다.

그 다음으로 발전이 비교적 좋은 곳은 중국, 베트남, 캄보디아 등 전환 중인 국가 및 1970년대 초 전환을 시작한 아프리카 국가 모리셔스이다. 대다수 개발도상국이 '충격요법'을 채택했을 때, 이 몇 국가는 보편적으로 '이원화제 점진식 개혁'을 채택했다. 일부 산업은 정부가 통제해 국영기업이 남아 있었으며, 일부 산업은 시장경제로 가서 시장개방, 민영기업 발전, 시장과 계획이 병존했다.

당시 대부분은 계획경제가 시장경제보다 좋지 않다는 생각을 가지고 있었다. 중국의 계획과 시장이 병존하는 이원화제 경제는 원래의 계획경제보다 못해서, 최악의 제도장치였다. 계획과 시장이 동시 존재하면 부패 공간이 크게 확장되고, 정부경제 개입 자원의 잘못된 배분의 가능성도 크게 증가될 수 있기 때문이다.

그러나 오늘날에 이 몇 가지 신자유주의 이론의 차원에서 최악인 전환경체제가, 반대로 성공을 이뤘다.

아시아 네 마리 용이 처음부터 시장경제를 실행했고, 중국, 베트남, 캄보디아 등도 계획경제에서 시장경제로 전환을 했으므로, 신자유주의가 효과적이라고 주장하는 사람도 있다. 그러나 동시에 중국 및 이 경제체의 성공은 하나의 특징 있다. 이 경제체 안의 정부는 신자유주의가 말한 '제한적 정부'인, 교육, 건강과 사회질서만 관리한 것이 아니라 정반대로, 정부가 적극적이고 유능해서 경제에 대한 많은 개입을 했으므로, 더 구조주의가 제창하던 정부처럼 보였다.

따라서 뒤 이은 경제체의 성공은 전통적 구조주의와 이후 신자유주의에서는 잘 해석할 방법이 없었다. 이론은 우리가 세계를 이해하고 변화시키는 것을 돕는 것이지만 현재까지 발전경제학 이론으로 지도한 경제체 모두 성공하지 못했다. 성공한 몇 개의 경제체가 실행한 것은 이 이론이 제창한 정책이 아니었다.

그래서 우리는 재고찰이 시급하다. 발전경제학 영역에서 노벨경제학상을 수상한 대가를 이렇게 많이 배출했는데, 왜 개발도상국이 그 이론을 따라 제정한 정책은 기본적으로 성공하지 못했는가?

아담 스미스의 연구방법으로 회귀

아담 스미스의 연구방법은 사실 그의 책 제목인 <국부의 성질과 원인에 관한 연구>로 삼았고, 채택한 방법은 '본질과 원인'에 대한 연구였다. 이 책은 1776년 출판되었지만, 그 연구는 대략 1760년에 시작되었다. 당시에는 산업혁명이 발생하지 않아서, 아담 스미스의 관찰은 산업혁명 이전의 경제사회에서 비롯되었다. 그는 국부의 본질이 무엇인지, 한 국가의 빈부를 결정하는 원인이 무엇인지를 관찰하고 사고했다. 그러나 그 시대에 산업혁명이 막 시작되어, 원인을 정리하면서 산업혁명이 가져온 기술의 끊임없는 혁신, 산업의 끊임없는 업그레이드의 중요성, 결정성을 자연히 간과했으므로, 지리적 대발견 이후 무역이 가져온 기회와 영향을 요약한 것에 불과했다.

아담 스미스 이후의 많은 이론혁신은, 현상의 본질 관찰, 현상 배후에 있는 결정 요소 탐색, 더 나아가 자신의 견해와 해석을 제기한 것으로 아담 스미스의 연구방법을 준수한 것이지, 이전 사람의 이론을 모방한 것이 아니었다.

내가 신구조경제학을 연구한 것도 아담 스미스의 방법을 채택한 것이다.

발전경제학에서 연구하려는 문제는 어떻게 소득수준을 끊임없이 향상시킬 것인가, 어떻게 빈국이 부국이 되고, 어떻게 부국이 더 부유하게 되는가 하는 것이었다.

소득수준의 빠른 성장은 현대적인 현상이다. 현대의 경제는 급성장하였는데, 그 주요 원인으로는 18세기 중엽 이후 출현한 산업혁명, 기술혁신 및 부가가치가 더 높은 산업이 끊임없이 나타남으로 인해 노동생산력 수준이 빠르게 향상된 것이다. 동시에, 현대화 기술과 산업의 출현에 수반된 규모경제, 전력, 도로 등 기반 시설의 수요, 금융의 투자 및 위험 등을 점차 더 커지게 해, 현대금융, 현대법률 등을 촉진시켰다. 그래서 현대의 경제성장은 그 구조가 끊임없이 변화하는 하나의 과정이다. 이 구조는 생산력 수준에 영향을 주는 기술과 산업 구조를 포함하고 또한 도로, 전력, 항구, 통신 등 하드웨어 기반 시설과 법률, 금융 등 각종 소프트웨어 제도장치가 있다.

그래서 소득수준의 끊임없는 향상은 현대 경제성장의 본질로, 기술, 산업, 하드웨어 기반 시설과 소프트웨어 제도장치 등 구조의 끊임없는 변천에 의지해 실현할 수 있다. 그렇다면 이 구조 및 변천은 또 어떤 요소로 결정되었을까?

비교 우위 준수

신구조경제학은 현대 경제성장의 본질을 이해한 후 현대경제학의 방법을 채택해 현대 경제성장의 결정요소를 연구했다. 즉 구조의 끊임없는 변화의 결정요소는 무엇이며, 무엇이 그 배경인가. 현대경제학의 방식으로 이것은 구조경제학이다. 현대경제학의 명명 규칙을 보면, 신고전 연구방법으로 농업을 연구하면 농업경제학, 금융을 연구하면 금융경제학이라 부르기 때문에 구조 및 구조 변화를 연구하면 구조경제학이라 불러야 할 것이다. 하지만 제1대 발전경제학은 '구조주의'이므로, 구분을 위해, 나는 신구조경제학이라 칭했다. 이런 명명 방식은 선례가 있다. 1960년대 노스(Douglass North)는 현대경제학의 방법으로 제도 및 제도변화 연구를 주장했고, 이를 제도경제학이라 불러야 했지만, 19세기 말에서 20세기 초 미국에 제도학파가 있어 노스는 구분하기 위해 자신의 연구를 신 제도경제학이라 칭했다. 신구조경제학의 '신(新)'에도 이런 함의가 있다.

신구조경제학의 이론 기초는 다음과 같다. 발전 정도가 다른 국가는 시간에 따라 변화 가능한 요소부존 및 그 구조와 그로 인해 결정된 비교 우위가 다르다. 요소부존 구조가 결정한 비교 우위에 따라 산업을 선택해야, 최저 요소 생산비용이 있을 수 있다. 적합한 하드웨어 기반 시설 및 소프트웨어 제도장치가 더 있어 이와 맞는다면, 거래 비용이 더 낮아지게 될 것이므로 비교 우위는 경쟁우위로 변할 수 있다.

선진국은 자본이 상대적으로 풍부하고, 노동력이 상대적으로 부족하며 소득수준이 높다. 이런 구조는 자본과 기술이 고도로 집약된 현대산업을 발전시켜서 비교 우위가 있는 것을 결정한다. 개발도상국은 소득수준이 낮고 자본이 부족하기 때문에, 비교 우위가 있는 산업은 일반적으로 노동력이나 자원이 아주 집약된 산업이다.

신구조경제학에는 특히 중요한 미시적 기초, 즉 기업의 자생능력이 있다. 정상적으로 관리하는 기업이 개방, 경쟁시장에서 정부의 보호 보조금이 필요하지 않게 되면, 사회가 용인할 수 있는 이윤율을 얻을 수 있어서, 자생능력이 생기는데 이를 자생 능력이 있는 기업이라 할 수 있다. 기업 관리에 문제가 없다면, 어떤 조건에서 자생능력이 있는가? 전제조건으로는 존재하는 산업은 자국의 비교 우위에 부합하며, 적합한 소프트웨어 하드웨어 기반 시설의 조합을 갖고 있다는 것이다. 반대로 비교 우위를 위배한 기업은 자생능력이 있을 수 없다. 요소비용이 너무 높고 개방, 경쟁시장에서 비교 우위에 부합하는 산업과 기업에 견줄 수가 없기 때문에 사회가 용인할 수 있는 이윤율을 얻을 수 없다.

발전경제학이 연구하고 해결하려는 본질적 문제는 어떻게 한 나라의 소득수준을 끊임없이 향상시키고 재산을 늘려서 국민이 부유하고 국가가 강해지게 할 수 있는가이다. 이에 대해 신구조경제학의 논리는 아주 분명하다. 소득수준을 제고하려면, 반드시 산업기술 수준을 제고해야 하며, 산업기술 수준은 요소부존 구조에서 내생되어야 한다. 따라서 생산률 수준이 낮은 노동집약형 산업이나 자원집약형 산업에서 소득과 기술 수준이 더 높은 자본이나 기술집약형 산업으로 진입하려면, 전제조건은 요소부존의 변화가 된다. 자원이나 노동력이 비교적 많고, 자본이 상대적으로 부족한 상태에서 자본이 비교적 많고 노동력이나 자원이 비교적 적은 부존상태로 변해야 한다. 이렇게 해야 비교 우위를 변화시키고, 더 나아가 산업구조를 변화시켜 소득수준을 향상시킬 수 있다.

이와 같은 이치로 요소부존 구조와 비교 우위가 끊임없이 변하는 동시에, 반드시 하드웨어 기반 시설과 소프트웨어제도 조합을 이에 맞게 완비해야 한다. 그래서 거래 비용을 인하하고, 결과적으로 요소비용 우위가 총비용 우위로 변하게 해 국제경쟁력을 만든다.

이것이 신구조경제학의 착안점이다. 이 분석에서는 한 국가가 발전하고,

국민의 부유와 국의 강성을 이루려면 산업구조, 기술구조를 발전시켜야 한다. 하지만 산업과 기술구조를 발전시키려면, 반드시 먼저 요소부존 구조를 변화시켜야 하는데 최적의 변화전략은 각 시점에서 요소부존이 결정한 비교 우위에 따라 산업과 기술을 선택하는 것이다. 이것이 경제를 발전시키는 최적의 방식이다. 이렇게 하면, 요소생산 비용이 최저가 될 수 있는데 적합한 소프트웨어 하드웨어 기반 시설 조합이 있다면, 시장거래 비용도 최저가 될 수 있어 최대 경쟁력이 있을 수 있다. 최대 경쟁력이 있다면 최대 시장을 선점해, 최대 잉여를 만들 수 있다. 자본은 잉여축적에서 나오고, 최대 잉여가 있으면 더 많은 자본축적을 할 수 있다. 또한 비교 우위에 따라 투자를 진행하면, 자본의 투자수익률도 최고일 수 있고, 자본축적의 염원도 최대가 될 수 있기 때문에 자본부존이 가장 빠르게 증가할 수 있다. 이는 점차 자본이 부족한 것에서 풍부한 방향으로 발전하게 할 것이다.

개발도상국의 비교 우위에 따른 발전은 장점이 있다. 바로 산업과 기술의 발전을 도입하여 이룰 수 있기 때문에 혁신비용과 위험이 상대적으로 더 낮다. 결국 선진국의 산업과 기술은 세계의 가장 선두에 있어 기술혁신과 산업발전은 반드시 자체적인 개발에 의지해야 한다. 개발도상국이 도입의 힘을 빌린다면, 기술혁신 산업 업그레이드의 비용과 위험이 선진국보다 작아질 수 있어 같은 주기 안에 선진국보다 더 빠르게 선진국에 대한 추월할 수 있다.

효과적 시장과 유능한 정부

요소부존 구조가 결정한 비교 우위에 따라 발전한다는 것은 경제학자의 언어인데, 어떻게 기업가가 자발적으로 신구조경제학의 사고방향을 준수하며 산업과 기술을 선택하게 할 수 있는가? 이는 반드시 제도장치가 있어야 한다.

기업가의 목적은 이윤추구라서 기업가가 이윤을 추구할 때의 선택과 사회전체에서 최적인 선택을 일치시키려면, 요소의 상대적 희소성을 반영할 수 있는 가격체계가 있어야 한다. 예를 들면, 자본이 상대적으로 적을 때, 자본은 값비싸고 노동력이나 자원이 상대적으로 많을 때, 노동력, 자원의 가격은 상대적으로 낮다. 기업가가 이윤을 최대화하기 위해 저렴한 노동과 자원을 많이 사용하고, 값비싼 자본을 적게 쓰는 산업 진입을 선택할 수 있다. 또한 저렴한 노동력이나 자원을 사용해 값비싼 자본을 대체할 수 있는 기술을 채택해 생산할 수 있다. 이런 상대가격체계가 있으면 자본은 상대적으로 풍부해 값싸게 되고, 노동력과 자연자원은 상대적 부족 상대적 고가로 변한다. 이때 기업가는 마찬가지로 자본이 상대적으로 집약된 산업 진입을 선택하면서, 자본이 상대적으로 집약된 기술로 생산할 수 있다. 경쟁적 시장에서만, 요소의 상대가격이 각종 요소의 상대적 희소성을 반영할 수 있기 때문에 기업가가 자발적으로 요소부존 구조의 비교 우위에 따라 산업발전 기술 선택을 하게 하려면 반드시 충분한 경쟁시장이 있어야 한다.

시장이 중요하지만 시장만 있으면 충분한가? 정부가 역할을 발휘해야 하는가? 경제발전은 자원의 정태적 배분이 아니어서, 비교 우위에 따라 발전한다면 자본은 빠르게 축적될 수 있으며 요소부존, 비교 우위 모두 변화가 빠를 수 있다. 노동집약형 산업에서 자본집약형 산업으로 끊임없이 발전하려면, 그 과정에서 반드시 위험을 감수하려는 기업가가 있어야 하고 성공에 따른 보상을 제공할 수 있는 정부가 있어야 한다. 또한 새로운 산업에 필요한 하드웨어의 기반 시설 조합, 금융, 인적자본, 법률 등 각종 소프트웨어 제도장치는 새로운 산업의 수요에 따라 끊임없이 완비되야 하는데, 이것 모두 기업가가 하는 것이 아니라는 것을 우리는 알고 있다. 그렇지 않으면, 기업가가 위험을 감수하고, 스스로 산업업그레이드를 진행한다 해도, 요소비용 우위에서 거래 비용이 너무 높기 때문에 경쟁우위로 변하지 못할 수도 있다. 그래서 혁신적 기업가의 성공은 반드시 맞춤형 성장 촉진의 유능한 정부가 있어야 한다.

이론은 일련의 논리일 뿐이므로, 실제 세계에서 경험을 통해 확인을 해야 한다.

2008년, 노벨경제학상을 수상한 마이클 스펜스(Michael Spence)가 주최한 세계은행 성장위원회가 연구한 것 다음과 같다. 2차세계 대전 이후 200여 경제체 중에 13개의 성공한 개발도상 경제체가 있다. 이 경제체는 연평균 7%이상의 빠른 발전을 실현했고, 25년 이상 유지했다. 이 13개 경제체는 다섯 가지 공동 특징이 있다. 첫째는 개방경제, 둘째는 거시의 상대적 안정, 셋째는 고저축, 고투자, 넷째는 시장경제, 다섯째는 적극적이고 유능한 정부를 갖고 있었다는 점이다.

이 보고는 많은 관심을 끌었고, 마이클 스펜서도 아프리카, 아시아 등 많은 개발도상국의 지도자들로부터 보고와 자문 제공을 요청받았다. 이 연구에 근거한 처방이 있는지, 그렇게 하면 성공할 수 있는지를 지도자들은 그에게 질문했다. 마이클 스펜스는, 이 다섯 가지 성공 특징은 약재일 뿐, 처방은 아니라고 답했다. 약재만 있고 처방이 없다면 병을 치료할 수 없으며 약의 양이 맞지 않으면 보약이 독약이 될 수 있다는 것을 우리는 알고 있다.

사실, 신구조경제학이 주장한 요소부존 구조가 결정한 비교 우위에 따라 경제를 발전시키는 것이 그 처방이다. 신구조경제학의 제안에 따른 경제발전의 성공은 두 가지 제도적 조건이 있기 때문이다. 하나는 효과적 시장이고, 다른 하나는 유능한 정부이다. 이는 바로 성장위원회가 요약한 네 번째와 다섯 번째 특징이다. 남은 세 가지는 비교 우위에 따른 발전의 결과이다. 비교 우위에 따른 발전은 필연적으로 비교 우위에 부합하는 산업이 많이 생산하고 수출하며 비교 우위에 부합하지 않는 산업은 생산하지 않거나 적게 생산하고 수입하기 때문에 개방경제를 만들 수 있다. 동시에 비교 우위에 따라 발전한 기업은 자생능력이 있으므로 경제 전체가 경쟁력을 가지게 되면 비교적 자연스럽게 거시적으로 안정된다. 이미 앞서 토론한 적이 있는데, 비교 우위에 따라 발전한다면 최대 잉여가 있을 수 있고 투자 수익률도 가장 높을 수 있어서, 자연히 고저축과 고투자 수익률이 있게 될 것이다. 따라서 신구조경제학의 발전 사고방향은 2차 세계대전 이후 성공한 경제체 배후에 있던 추월의 길과 완전히 부합한다.

신구조경제학의 '신' 및 마르크스주의와의 관계

신구조경제학의 분석방식과 마르크스주의의 유물변증법 및 역사유물주의는 일맥상통한다.

신구조경제학은 유물변증법의 각 정해진 시기와 시간에 따라 변화할 수 있는 요소부존이라는 이 물질적 존재를 경제구조 분석의 착안점과 출발점으로 삼아, 경제발전 구조 변천의 규칙을 연구했다. 역사유물주의는 경제기반이 상부구조를 결정하고 상부구조는 경제 기초에 반작용한다고 주장한다. 경제 기초는 생산력 수준 및 이에 서로 맞는 생산관계를 포함한다. 현대경제에서 생산력 수준은 산업으로 결정되므로 자본이 집약된 산업의 생산력 수준은 당연히 높고 전통적 노동집약형이나 자연자원 집약형 산업의 생산력 수준은 낮다. 어떤 산업을 선택할지는 요소부존으로 결정된다. 요소부존 구조는 하나의 물질적 존재로 비교 우위를 가진 산업을 결정하고, 생산력 수준 및 생산력 수준으로 결정된 임금수준과 노사관계도 결정한다. 산업의 규모 위험 특성이 다르고, 적합한 기반 시설과 상위 제도장치가 다르지만, 상위 제도장치의 적합성 여부는 역설적으로 생산력 수준의 발휘 및 발전을 결정할 수도 있다. 신구조경제학은 변증법적 유물주의와 역사유물주의라는 마르크스주의 세계관과 방법론을 현대경제학에서 운용하는 동시에 역사유물주의의 분석 방식을 확장했다고 말할 수 있다.

경제학은 구조혁명이 필요하다

신구조경제학은 마르크스주의의 연구방법과 현대경제학 연구방법의 결합점을 찾아 현대경제학의 구조혁명을 추진할 것이다. 현재의 신 고전 경제학이나 주류경제학이 기본적으로 선진국의 현상에 기반해 연구를 하는데, 선진국과 개발도상국의 구조는 선천적으로 차이가 있기 때문에, 선진국에서 온 이론으로 개발도상국의 실천을 지도하면, 필연적으로 화이난(淮南)에서는 귤이었지만, 화이베이(淮北)에서는 탱자가 되는 문제가 나타난다.

이와 다르게 신구조경제학은 발전정도가 다른 국가는 부존구조가 다르고, 적합한 산업, 기술, 기반 시설, 제도장치 등 구조도 다르다. 구체적으로 말하자면, 현대 주류경제학이 선진국의 구조를 유일한 구조로 삼는 것은 2차원 경제학이고, 신구조경제학이 발전정도가 다른 국가에는 다른 구조가 있다고 인식하는 것은, 3차원 경제학이다.

이에 따르면 신 구조발전경제학이 탐구하는 것은 저생산력 수준의 구조에서 고생산력 수준의 구조로 변화에서 배후에 있는 규칙이다.

신 구조전환경제학이 연구하는 것은 왜곡된 구조가 있으면 왜곡이 없는 구조로 변하는 과정이다. 주류인 전환경제학이 다른 점은, 일반 전환경제학이 선진국의 제도장치를 전환 목표로 삼았다면, 신구조경제학에서 전환은 현단계의 산업기술구조와 서로 맞는 제도장치를 목표로 삼아야 한다고 인식한데 있다.

이밖에 경제운용을 연구하는 현대경제학의 각 하부 영역은, 신구조경제학의 시각에서 보면 많은 새로운 인식이 있을 수 있다. 예를 들면, 적극적 재정정책을 실시해야 하는가? 케인스주의 이론에 따르면 경제가 하강할 때는 적극적인 재정정책을 써야 한다. 하지만, 시카고 대학의 합리적 기대이론학파(Rational Expectation School)는 이를 반대한다. 그 이유는 경제가 하강할 때, 정부가 투자를 확대해 정부부채를 증가시킬 수 있어서 미래에 정부가 돈을 갚으려면 세수 증가에 의지할 수밖에 없기 때문이다. 인간은 이성적이라서, 현재 일자리 소득이 있다 해도 미래에 세금이 증가한다고 예측하면 먼저 저축을 증가시키고 소비를 억제시키므로, 총수요가 감소하게 된다. 이렇게 되면, 정부가 투자수요를 확대해 일자리를 확보한다 해도 주민 소비가 하락해 총수요가 증가하지 않게 되면서 디플레이션을 벗어나지 못하고, 오히려 정부의 재정적자가 끊임없이 증가하게 된다. 이 유파의 주장과 신자유주의 주장은 궤를 같이 한다.

하지만 개발도상국이 적극적 재정정책을 실시할 수 있는가? 선진국이 직면한 상황과 같지 않은가? 당연히 아니다. 적극적 재정정책 투자는 대부분 기반 시설 건설에 사용된다. 선진국에서는, 기반 시설 건설은 임시방편이라서 '구멍을 파서, 구멍을 메꾼다'는 아주 구체적 비유가 있다. 선진국의 기반 시설은 상대적으로 완비되어 비교적 낡은 상태에 불과하기 때문이다. 하지만 개발도상국은 곳곳의 기반 시설이 부족하다. 일단 경제가 하강해, 정부가 기반 시설 투자를 확대한다면, 효과가 아주 좋을 수 있다. 일자리를 창출하고 기반 시설의 병목을 제거해 경제회복을 기다리고, 기업의 거래 비용을 인하시키는데도 유리해, 경제 전체의 효율을 제고시키며, 경제성장률을 올릴 수 있기 때문이다. 경제성장률이 제고되면, 정부의 세수는 자연히 증가해 당초 투자 확대로 증가된 부채를 상환할 수 있어서 세율을 올릴 필요가 없다.

이렇게 보면 마찬가지로 적극적인 재정정책을 각각 개발도상국과 선진국에 놓으면 크게 달라진다. 따라서 선진국이 적극적 재정정책을 적용하지 않는다 해서 개발도상국이 맹목적으로 함께 반대해서는 안된다.

그러므로 우리는 선진국에서 온 현대경제학을 더 이상 맹목적으로 신봉할 수 없다. 많은 경제문제는 유사해 보일 수 있지만 발전정도가 다른 국가 경제구조에는 심오한 차이가 있고, 경제발전 전환 및 운용도 각자의 특색이 있으므로 선진국에서 온 이론 및 경험을 그대로 따라해서는 안된다.

이것이 바로 내가 말했던 현대경제학의 구조혁명으로 발전정도가 다른 국가의 구조에 차이가 있는 것을 강조했다. 이런 차이는 무작위가 아니라 그 물질적 기초로 결정되므로, 내생적인 것이다. 이는 실제로 현대의 신고전경제학의 구조혁명이다. 또한 주류경제학은, 거시경제학, 재정경제학이든, 화폐이론, 금융이론, 공간이론 등이든 구조혁명을 진행해야 한다. 경제학에 대한 연구도 중대한 이론혁신이다.

현재까지 개발도상국은 보편적으로 '서천취경'의 심리상태가 있다. 그래서 선진국의 이런 발전이 일정한 규칙이 있고, 이런 이론이 끊임없이 성공을 유도했다면, 개발도상국의 발전도 지도할 수 있다고 생각한다. 그러나 아쉽게도 나는 개발도상국이 선진국의 이론에 따라 정책을 제정해 성공을 이룬 것을 본 적이 없다. 이 이론은 개발도상국에 존재하는 문제 비판하는데 사용하면 특히 설득력이 있다. 하지만 선진국의 이론에 따른다면 문제의 본질 문제의 이면에 있는 실제 원인 경제구조의 내생성 왜곡의 내생성 등을 인식하거나 파악할 수 없어, 종종 선량한 의도로 나쁜 일을 할 수도 있다. 과거에 그러했고 지금도 그러하다. 신구조경제학의 현대경제학의 혁명은 우리가 개발도상국에서 경제학을 학습할 때 세계를 이해하고 변화시키는 목표를 이룰 수 있게 한다.

혁신, 지식재산권 보호와 경제발전[32]

경제발전은 표면적으로는 소득수준이 끊임없이 높아지는 것이다. 소득수준이 높아지려면, 기본적으로 반드시 노동생산력의 수준을 끊임없이 향상시켜야 한다. 노동생산력 수준 상승은 주로 두 가지 방식이 있다. 첫째는 반드시 기존 산업의 기술이 점차 더 좋아져, 각 노동자가 품질 좋은 상품을 점차 더 많이 생산할 수 있어야 한다. 둘째는 반드시 새로운 부가가치가 더 높은 산업이 끊임없이 출현해 노동력, 자본, 토지 등의 요소를 부가가치가 비교적 낮은 산업에서 부가가치가 비교적 높은 산업으로 이동시킬 수 있어야 한다. 기존의 산업기술이 점차 더 좋아지든지, 부가가치가 점차 더 높은 산업이 끊임없이 출현하든지, 이것 자체가 혁신이 된다. 이것은 시진핑이 '혁신, 협조, 친환경, 개방, 공유'의 5대 발전이념을 제기했을 때, 혁신을 1순위에 놓은 이유라고 나는 생각한다.

경제발전에서 혁신의 관건 역할에 대해 국내외 학계에 하나의 컨센서스가 있어야 한다. 하지만 개발도상국은 경제발전에 대한 혁신의 중요성을 알

32 본문은 2019년 11월 11일 제4회 즈진(紫金)지식재산권 국제정상회의에서 기조연설을 정리.

았지만, 경제발전 성과는 보편적으로 좋지 않다. 2차 세계대전 이후 200여 개 개발도상 경제체가 있었지만 현재까지 두 개의 경제체만 저소득 수준에서 고소득 수준으로 발전했다. 하나는 타이완, 다른 하나는 한국이다. 중국은 2025년 정도에 제2차 세계대전 이후 저소득 수준에서 고소득 수준으로 진입하는 세번째 경제체가 될 가능성이 있다. 1960년대 세계에 101개 중등 소득 경제체가 있었지만, 필자가 세계은행의 고위급 부총재 겸 수석 경제학자였던 2008년까지 13개 경제체만 중등 소득에서 고소득으로 변했다. 이 13개 경제체 중에서 8개는 서유럽 주변의 유럽국가로 그리스, 스페인, 포르투갈처럼 서유럽의 선진국과 본래 격차가 아주 적었거나 산유국이었고, 남은 5개는 일본과 아시아의 네 마리 용이었다.

이 통계 숫자에서 2차 세계대전 이후 절대다수의 개발도상국에서 혁신이 경제발전의 관건임을 알았다 해도, 저소득이나 중등 소득의 함정에 깊이 빠졌다고 볼 수 있다. 왜 이렇게 될 수 있는가는 깊이 연구할 만한 문제이다.

마찬가지로 지식재산권 보호가 혁신에 유리한 것을 모두 알고 있다. 그러나, 선진국이 지식재산권 보호를 매우 중시하고, 개발도상국은 일반적으로 지식재산권 보호에 대해 그렇게 관심이 없음을 우리는 관찰했다. 왜 발전 정도가 다른 국가는 지식재산권 보호에 대한 태도가 다를 수 있는가? 이것도 우리가 탐색해 봐야 할 문제이다.

나는 신구조경제학의 시각에서 이 두 가지 현상을 해석했다. 또한 중국이 반드시 지식재산권 보호를 중시해야, 양질의 성장을 실현할 수 있고 중화민족의 위대한 부흥의 꿈을 실현할 수 있다고 설명하고자 한다.

혁신은 비교 우위와 결합해야 지속 가능한 발전을 추진할 수 있다

첫 번째는, 혁신이 중요하다. 신구조경제학의 차원에서 혁신의 방식은 반드시 발전단계가 다른 산업 및 기술적 비교 우위와 서로 결합해야 경제의 지속 가능한 발전을 추진할 수 있다.

앞서 이야기한 바와 같이 2차 세계대전 이후 성공한 개발도상 경제체는 아주 적었지만, 13개 개발도상 경제체는 연성장률이 7%이상이었고, 25년 이상의 오래 지속된 빠른 발전을 이뤘는데, 다섯 가지 공통 특징이 있었다. 그 특징은, 첫째는 개방경제, 둘째는 거시 안정 실현, 셋째는 고저축, 고투자, 넷째는 시장경제나 시장경제로 전환, 다섯째는 적극적이고 유능한 정부가 있었다는 것 등이다. 과거 백여 년 이래 선진국의 연평균 경제성장 속도는 3-3.5%였는데, 한 발전경제체가 7%이상이 될 수 있다면, 선진국의 두 배 심지어 세 배의 속도로 발전한 것이다. 따라서 25년이상 더 오랜 시간을 지속한다면, 이 경제체는 빠르게 선진국과의 격차를 축소할 수 있다.

신구조경제학의 시각에서 보면, 사실 이 다섯 가지 특징은 하나의 처방을 은근히 내포하고 있다. 경제발전 과정 중에, 각 국가, 지역, 경제체는 반드시 그 발전단계의 요소부존 구조가 결정한 비교 우위에 따라 기술선택과 산업발전을 해야 한다.

첫째, 노동력이 많고 자본이 부족할 때는 발전시킬 산업은 노동력이 상대적으로 집약된 산업이여야 하고, 기술은 노동력을 많이 사용해 자본인 기술을 대체하는 것이어야 한다. 반대로 자본이 축적되어 있다면 자본이 상대적으로 풍부하고, 노동력은 상대적으로 부족한 것이다. 이때 비교 우위를 갖는 것은 자본집약형 산업으로 사용하는 기술은 반드시 기계를 사용해 사람을 대체하는 것이어야 한다. 이런 산업과 기술은 기업이 시장에서 경쟁력을 가질 수 있게 한다. 반대로 자본이 상대적으로 부족하고, 노동력이 상대적으로 풍부한 경제에서 비교 우위를 위배한 자본집약형 산업을 발전시키려면, 보호 보조금을 주고, 외국상품이 들어와 경쟁하지 못해야, 이런 산업이 생존할 수 있다. 동시에 비교 우위를 가진 노동력 집약형 산업이 필요한 자본을 얻지 못해 발전할 수 없으면 수출할 수 있는 상품이 적어진다. 그래서 비교 우위에 따라 발전한 경제체는 반드시 수출이 많고 수입도 많아야 한다. 비교 우위를 위배해 발전한 경제체는 수입이 적고, 수출도 적다. 따라서 개방은 비교 우위에 따라 발전시킨 결과이다.

둘째, 한 경제체의 산업이 비교 우위에 따라 발전하면, 이 경제체 각 산업의 생산비용이 낮아져, 경쟁력이 있을 수 있다. 자연발생적 위기가 적어질 수 있으므로, 이 경제체는 자연스럽게 비교적 안정될 수 있다. 반대로, 비교 우위를 위반해 발전시킨다면, 생산비용이 높고, 각 산업은 경쟁력이 없어, 경제 전체가 당연히 그렇게 안정될 수 없다.

셋째, 비교 우위에 따라 발전시키면, 각 산업이 경쟁력이 있어, 이윤을 만들고, 저축이 많을 수 있다. 또한 비교 우위에 따른 산업투자, 기술채택은, 수익율이 높을 수 있어, 자연적으로 고저축, 고투자가 있을 수 있다.

그래서 개방, 안정 및 고저축, 고투자는 사실 요소부존 구조가 결정한 비교 우위에 따라 산업을 선택하고, 경제를 발전시킨 결과이다.

비교 우위에 따른 발전은 경제학자들의 말이지만, 기업가가 관심있는 것은 이윤이다. 어떻게 한 지역의 요소부존이 결정한 비교 우위를 준수하며 산업 및 기술을 선택할 수 있는가? 반드시 제도장치가 있어야 한다. 제도장치

중에 각 요소의 상대가격은 그 경제체의 각종 요소의 상대적 희소성을 반영할 수 있다. 자본이 상대적으로 부족할 때는 상대적으로 자본이 비싸고 노동력은 싸서 기업가는 자신의 이윤 최대화를 위해 싼 노동력을 많이 사용하고, 자본을 적게 사용할 수 있는 산업에 진입할 수 있다. 이것이 노동집약형 산업이다. 채택한 기술이 저렴한 노동력을 사용해 비싼 자본을 대체할 수 있으면 이런 기술이 노동집약형 기술이다. 반대로 자본이 상대적으로 풍부해지고 노동력이 상대적으로 부족해지면, 상대적으로 자본이 싸고, 노동력은 비싸서 기업가는 자신의 이윤을 위해 자본을 많이 사용하고 노동력을 적게 사용할 수 있는 산업에 진입할 수 있다. 바로 자본이 상대적으로 집약된 산업으로, 기계설비를 많이 사용해 노동력을 대체하는 자본집약형 기술이다.

어떻게 해야 이런 가격체계를 형성할 수 있는가? 제도장치인 경쟁시장이 있어야만, 각종 요소 가격이 각종 요소의 상대적 희소성을 반영할 수 있다는 것을 지금까지 우리는 알고 있다. 경쟁시장이 비교 우위에 따라 경제를 발전시킨다는 제도적 전제이지만, 경제발전 과정 중에, 정부도 적극적 역할을 발휘해야 한다. 비교 우위에 따라 산업 및 기술을 선택하면 생산할 때의 요소 비용이 최저수준이 되게 할 수 있다. 하지만, 상품은 국내외 시장에서 경쟁력이 있으려면, 낮은 거래 비용이 필요하다. 거래 비용의 높고 낮음은 완벽한 전력, 교통 등 기반 시설이 있는지 여부, 적합한 금융장치가 있어 기업의 투자를 지원하는지 여부, 완벽한 법률로 기업 간의 계약 등을 표준화하고 시행하는지 여부에 달려있는데 이 거래 비용에 영향을 주는 하드웨어 기반 시설 및 소프트웨어 제도장치의 완비는 정부의 제공에 의존할 수밖에 없다. 동시에 자본축적에 따라 요소부존 구조와 비교 우위가 변하면 반드시 선행기업은 비교 우위의 변화에 따라 신산업에 진입하고, 신기술을 채택하는 혁신을 진행해야 한다. 선행자는 후발자에 비해 더 큰 위험을 감수하고 더 높은 비용을 지불해야 한다. 성공했든 실패했든 후발자에게 유용한 정보를 제공할 수 있기 때문에, 정부는 선행 기업에게 일정한 인센티브를 제공할 필요가 있다.

신기술과 신산업을 포함한 경제체의 혁신은, 경제발전에 아주 중요하다. 혁신은 반드시 비교 우위와 결합하며, 유능한 정부가 맞춤형 성장을 촉진해야 시장에서 경쟁우위를 형성할 수 있다. 과거 절대다수 개발도상국의 경제발전 실패는, 선진국을 빠르게 추월하기 위해, 요소부존 구조의 실제상황을 고려하지 않고, 이를 조장해 비교 우위를 위배한 산업을 발전시킨 것이 가장 주된 원인이다. 예를 들면 자본이 부족한 농업경제 기초에서 대규모 철강산업, 자동차산업 등 현대화된 자본집약형 제조업을 발전시킨 것이다. 이 산업은 선진적이고, 기술도 좋아 보였지만, 실제 결과는 발전시킨 산업에 경쟁력이 없어, 보호 보조금이 있어야 생존할 수 있었으므로, 앞서 말한 다섯 가지 특징이 존재할 수 없었다.

경제발전 정도와 지식재산권 보호

첫 번째 규칙을 알았다면, 왜 선진국과 개발도상국의 지식재산권에 대한 태도가 조금 다른지 아주 쉽게 이해할 수 있다. 선진국 소득수준이 높은 것은 존재하는 산업과 사용하는 기술이 세계 선두에 있어서, 기술혁신, 산업발전을 하려면, 반드시 신기술 신산업을 자체 발명해야 한다는 것을 의미한다. 개발에는 많은 투자가 필요하며 실패 가능성이 높지만, 신기술과 신산업을 기대할 경우 다른 사람이 학습하는 비용이 특히 낮아진다. 따라서 반드시 혁신 활동 성공 이후 세계 기술과 산업 선두에 있는 기업에 대해 특허권 보호를 줘서, 성공의 척도로 삼아야 한다. 그렇지 않으면 기술혁신, 산업발전을 하려 하지 않는다. 기술혁신이 없으면, 산업발전이 없어지고 경제가 발전할 수 없다. 이것이 바로 선진국이 특허권 제도 등을 포함한 비교적 완벽한 지식재산권 보호제도를 갖고 있는 이유이기도 하다.

개발도상국이 잘 발전하려면, 반드시 비교 우위에 따라 산업 및 기술을 선택해야 한다. 초기 비교 우위는 보통 노동력 사용이 비교적 많고, 자본 사용이 비교적 적은 산업 및 기술에 있어서 산업혁명 이후 비교 우위가 이미 성숙한 산업이다. 산업의 발전 과정 중에 개발도상국 소득수준과 선진국은 큰 차이가 있어서, 산업기술의 수준에 큰 격차가 있음을 의미한다. 비교 우위 상승은 자본축적에 의존해 점차 형성되기 때문에, 비교 우위에 따라 경제를 발전시킬 때는 많은 단계를 한 걸음 씩 올라가야 한다. 특허권 보호기간은 최장 20년이다. 많은 개발도상국이 비교 우위를 가진 산업 및 기술은 세계 선두와의 격차가 절대다수에서 20년 이상이므로 이 기술은 특허 보호가 사라져 도입해 사용하는데 비용이 필요 없다. 따라서 외국에서 이 기술을 소유한 국가는 이 기술을 사용한 국가에 대해 지식재산권 보호를 요구할 수 없다.

한 국가의 산업 및 기술이 세계 최선두에 있어야, 기술혁신 및 산업발전 자체 개발이 필요하다. 개발도상국과 선진국은 산업 및 기술에서 큰 격차가 있고, 기술도입을 혁신의 근원으로 삼을 수 있어서, 스스로 '최초 혁신'을 할 필요가 없다. 선두 기술 및 산업에 필요한 자본집약도가 자신의 비교 우위를 넘어서면, 개발도상국가도 요소부존 구조에서 조건을 구비하지 않은 상황에서 무모하게 선진국의 선두 기술혁신과 경쟁하지 않아야 한다. 그래서, 개발도상국 스스로 최초 혁신을 하지 않는 이상, 지식재산권 보호로 자체 최초 혁신을 장려할 필요가 없다. 지식재산권 보호에서 내외적인 수요 압력이 없기 때문에 개발도상국은 지식재산권 보호에 대해 많은 관심이 있을 수 없다.

중국은 이미 지식재산권 보호강화 발전단계에 이르렀다

중국경제의 수십 년 고속성장의 기적의 배경의 원인 중 하나는, 선진국과 기술격차를 이용한 기술도입으로 기술혁신과 산업발전을 빠르게 한 것이다. 중국이 빠른 경제발전을 계속 지속하려면, 반드시 지식재산권 보호를 중시해야 하는데, 그 이유는 무엇인가?

2018년, 중국 1인당 GDP는 9,750달러에 도달해, 중등 이상 소득 국가가 되었고, 2025년에는 중국의 1인당 GDP는 12,700달러를 넘어서 고소득 국가가 될 가능성이 있다.

신구조경제학의 차원에서 보면, 중국같은 발전 정도의 국가 산업은 5대 유형으로 나눌 수 있다. 1대 유형은 중국에 있지만, 중국보다 더 발달한 국가인 독일, 스위스, 일본에도 있어서, 중국이 추월하고 있는 산업이다. 2대 유형은 가전산업처럼 이미 세계 선두에 있는 산업으로, 중국은 메이디(Midea), 그리(Gree Electric Appliances), 하이얼(Haier) 및 이동통신 단말기 업체인 화웨이(HuaWei), 샤오미(XiaoMi)의 기술이 세계적으로 앞서 있다. 3대 유형은 일부 산업에서 과거 비교 우위가 있었고, 노동력이 집약되어 있었는데, 현재 임금수준이 올라서, 비교 우위를 상실하게 된 것이다. 4대 유형은 커브길 추월 산업으로, 이 산업의 기술 연구개발 주기가 특히 짧다. 통상 12개월, 겨우 18개월이면 차세대 신상품을 생산한다. 연구개발에서 가장 주요한 투입은 인적자본이다. 중국은 인구 대국이므로, 인적자본이 많고, 거대한 국내시장을 가지고 있다. 하드웨어가 필요하면, 중국에 가장 완비된 산업이 있다. 이런 커브길 추월 산업에서 중국은 비교 우위가 있어, 선진국과 동일한 출발선에서 경쟁할 수 있다. 5대 유형은 국방안전과 전략형 산업으로, 상품연구개발 주기가 특히 길어 10년, 20년, 30년이 될 수 있는데, 투입은 고급 인적자본이 필요하며, 마찬가지로 거대 금융자본의 지원이 있어야 한다. 이런 산업은 아직 중국이 비교 우위를 갖지 못했지만, 국방 및 경제 안전과 관련이 있어, 비교 우위가 없어도 반드시 자체 발전시켜야 한다.

이 5대 유형 산업의 혁신방식은 다르다. 2대 유형은 선도형이고, 4대 유형은 커브길 추월형, 5대 유형인 국방안전과 전략형 산업의 기술 및 상품은 우리가 반드시 자체 연구개발해야 하기 때문에, 반드시 선진국과 같이 엄격한 지식재산권 보호제도가 있어야 한다. 3대 유형에서 이미 비교 우위를 상실한 산업은, 일부 기업 중에서 미소곡선의 양끝의 부가가치가 높은 브랜드, 신상품 디자인으로 업그레이드할 수 있으므로, 이 산업도 지식재산권 보호가 필요하다. 1대 유형인 추월형 산업은 기술도입으로 기술혁신 및 산업 업그레이드의 원천으로 삼을 수 있다. 하지만 중국이 현재 추월하려는 산업 절대다수는 선진국이 비교 우위를 가지고 있는 산업이고, 대다수 기술이 아직 지식재산권 보호 기간에 있어서, 특허비를 지불하지 않으면 도입할 수 없다. 이밖에 중국은 투자유치를 통해, 이런 기술을 가진 기업이 중국에서 생산하게 할 수 있지만 반드시 양호한 지식재산권 보호제도가 있어야, 투자를 원할 수 있다. 장쑤성 타이창(江苏太仓)에서, 중국 독일 산업단지를 설립해, 이삼백 개의 독일 기업이 산업단지 안에 공장을 설립하게 한 것은 잘된 일이다. 좋은 지식재산권 보호제도는 투자환경의 중요한 내용이다. 그래서 자체 혁신이 필요한 산업이든, 기술도입을 혁신 근원으로 삼을 수 있는 기업이든, 중국이 지식재산권 보호를 강화해 기술혁신, 산업발전에 유리하게 해야 하는 단계에 이미 도달한 것이다.

전체적으로, 혁신은 반드시 한 경제체의 비교 우위와 결합해야 성공할 수 있다. 중국은 이미 적지 않은 산업이 세계 기술 선두에 있다. 일부 산업은 세계 기술 선두에 있지 않지만, 지식재산권 보호를 진행해야 하는데, 이렇게 해야 중국이 시진핑이 말한 혁신, 협조, 친환경, 개방, 공유의 발전을 실현할 수 있다.

'맞춤형 성장 촉진'과 '역발상'의 병행으로 청위(成渝) 우위 발휘[33]

신구조경제학은 발전경제학과 전환경제학으로 만들어진 것이다. 하지만 구조적 차이성과 차이의 내생성을 도입한 후, 신구조경제학은 실제로 현대 경제학에 대한 구조혁명이다. 이는 이 글에서 토론하는 청위지역(역주: 청위(成渝): 청두(成都), 충칭(重庆) 중심의 경제도시) 두 도시 경제권에 관련된 경제지리를 포함한 현대경제학의 각 영역에 관련되어 있다.

발전경제학에서 말하는 신구조경제학은 경제발전의 본질이 소득수준의 끊임없이 높아지는 것으로, 기술의 끊임없는 혁신, 산업의 끊임없는 발전에 의해 노동생산력 수준을 상승시키는 것을 주장한다. 이 과정에서, '효과적 시장'과 '유능한 정부'가 필요하다.

2016년 발전개혁위원회와 주택 및 도시 농촌 건설부가 발표한 <청위도시 그룹 발전계획>이 포함한 범위에 따르면, 청위지역 두 도시 경제권은 충칭(重庆)의 27개 구현 및 쓰촨(四川)의 15개 시로, 총면적은 18만 km^2에 이르

33 본문은 작가의 2020년 5월 31일 '신구조경제학이 청위(成渝)지역 두 도시 경제권 구축 추진' 특강 강연에 근거해 정리.

며, 인구는 9,094만으로, 상당히 큰 지역이다. 청위경제권은 서부에 위치한다. 요소부존에서 보면 청두(成都)같은 경우 농업발전에 특히 적합한 평원이 있어서, 과거 천혜의 자연 지역이었고, 많은 산간 지대가 있어서, 경제작물을 심는데 적합하고, 각종 광산자원과 풍부한 관광자원이 있다. 그래서 자연자원부존의 비교 우위에서 보면, 청위지역 두 도시 경제권은 농업, 경제작물, 광산자원 산업과 관광업을 발전시키기에 적합한 많은 지역이 있다.

요소부존은 토지, 자연자원 이외에도, 노동력과 자본을 포함한다. 어떻게 청위경제권의 노동요소와 자본요소 보유량을 알 것인가? 일반적으로, 최적의 지표는 1인당 GDP 수준이다. 통계연감에 근거하면, 2019년 충칭 1인당 GDP는 75,828위안으로 전국 70,892위안보다 6.9%가 높다. 다시 말해, 충칭의 이 27개 지역과 현의 1인당 자본 보유량은 중국전체와 대략적으로 비슷하다. 청위지역 두 도시 경제권에도 청두처럼 더 발전된 지역이 있는데, 당연히 충칭 핵심지역도 포함된다. 청두는 2019년 1인당 GDP가 이미 10만위안을 넘어서, 전국 평균수준보다 40% 높다. 청두는 1인당 평균자본이 이미 상대적으로 풍부한 지역에 속한다. 쓰촨 전체는 2019년의 1인당 GDP가 55,774위안으로 전국의 80%에 미치지 못한다. 다시 말해, 청위지역 두 도시 경제권에는 아직도 노동력 자원이 비교적 풍부하고 자본이 비교적 부족한 지역이 있어, 내부 차이가 상당히 크다. 자본이 비교적 풍부한 지역에서는, 비교 우위를 가진 산업이 자본집약형, 기술집약형으로, 국제적 선두에 비교적 가까울 수 있다. 1인당 GDP가 전국 평균수준보다 낮은 지역은, 비교 우위가 있는 것이 노동력이 비교적 집약된 산업이므로, 경제권 내부와 전국 기타 지역의 노동력이 비교적 집약된 산업의 이전을 받을 수 있다.

신구조경제학에서의 '부존'은 의사결정자가 의사결정 시 정해진 요소, 변화 불가한 요소, 영향 있는 요소, 고려해야 할 요소를 지칭하는 것으로, 토지, 노동력 및 자본 외에도, 사회자본, 인적자본, 기술자본 등의 많은 기타 요소를 포함한다고 필자는 강조하고 싶다. 이런 차원에서 청위 지역은 과거 3선 건설의 핵심 지역이기 때문에 정부의 지원 아래 추월형 산업, 자본이 특히 집약된 산업을 구축했다. 정부가 지원한 자본집약형 산업은 실제로 현지에 인적자본 기술능력 부존을 만들었다. 이 추월형 산업은 중앙 재정의 지원이 있어야 생존할 수 있었다. 지방정부에서는 충칭시든지 쓰촨성까지 포함하는 청두시든지 지방재정으로 지원하기 어려웠지만, 반대로 '역발상' 방식을 채택해 지방발전을 촉진할 수 있다. 다시 말해 자본이 집약된 추월산업이 축적한 기술능력, 인적자본 및 산업사슬을 이용하고, 그 다음으로 현지 비교 우위에 부합하면서도 기술능력, 인적자본을 충분히 이용할 수 있는 산업을 발전시키는 것이다.

개혁개방 이후 쓰촨과 충칭에 특히 전형적인 성공사례가 있다. 예를 들면, 쓰촨 멘양(绵阳)은 3선 건설의 중점으로, 비행기 엔진, 군용 레이더 등 자본 및 기술이 아주 집약된 선진적 산업이 있었고, 멘양의 창훙전기(长虹电气)는 이 산업이 축적한 기술능력과 인적자본을 이용해 성숙하고, 노동력이 상대적으로 비교적 집약된 컬러 텔레비전에서 특히 크게 성공했다. 충칭의 군수산업도 특히 발전하여 탱크 등을 생산할 수 있었다. 이 산업의 기술능력과 산업사슬을 이용해 충칭은 중국의 오토바이 생산기지가 되었다. 실제로 탱크를 생산할 수 있다면 이런 기술, 부품, 공급사슬을 이용해 오토바이를 생산하는 것은 아주 쉬웠는데, 이것이 바로 '역발상'이다.

그래서 청위지역 두 도시 경제권의 발전은 두 가지 방식이 있다.

첫째는 '맞춤형 성장 촉진'으로, 지역의 요소부존 구조에 따라 '효과적 시장'과 '유능한 정부'의 역할을 발휘하고, 비교 우위를 가진 산업을 국내외 시장에서 경쟁우위를 가진 산업으로 발전시킨다.

둘째는 '역발상'으로 중앙이 투자한 초월형, 전략형 산업이 형성한 기술, 인적자본, 공급사슬을 이용해, 한 단계 낮은 산업단계에서 현지 비교 우위를 결합한다. '역발상'은 청위지역 두 도시 경제권에서 적지 않은 기회가 있을 수 있다. 특히 중미 양국관계의 변화에 따라 미국이 군사적, 기술적 우위를 이용해, 중국 기업의 목을 조이는 일이 생기면, 중국의 국방 및 경제 안전을 위협할 수 있다. 중앙은 과거 3선 건설이 다져놓은 기초에 근거해 일부 중국 경제안전과 국방안전과 관련된 산업을 배분할 가능성이 있다. 이 산업의 자본, 기술이 극도로 집약되어 중국 요소부존 구조가 결정한 비교 우위를 초월했지만, 중국은 이 산업을 없앨 수 없다. 과거 3선 건설이 다져 놓은 기초 때문에, 청위 경제권은 이 산업을 계승한 중요 지역일 수 있었다. 중앙의 투입은 지방의 협조가 필요해, 지방이 반드시 기반 시설, 자녀교육, 생활환경, 의료조건에서 조합을 진행해야, 이런 고기술, 고자본의 산업이 청위지역 두 도시 경제권 안에 뿌리내릴 수 있다. 뿌리를 내리면, 이 산업의 기술, 공급사슬은 외부성이 있게 되어, 청위 '역발상'이 현지 비교 우위를 가진 산업 발전에 조건을 제공할 수 있다.

이밖에 경제지리도 발전경제학의 일부분으로 각 지역의 발전은 반드시 각 지역의 비교 우위에 근거해야 한다고 강조하는데, 이 원칙은 변하지 않는다. 하지만 한 산업을 비교 우위에서 경쟁우위로 변화시키려면, 충분히 큰 산업클러스터가 필요하다. 좋은 교통 기반 시설, 제도환경 외에 공급사슬도 좋아야 한다. 발전단계가 비교적 낮아 농산품과 노동집약형 산업이 비교 우위일 때, 산업클러스터는 항상 '일향일품(一乡一品)', '일현일품(一县一品)'

이었는데 저장성(浙江省)은 많은 이런 하나의 농촌이나 현에 효과적 공급사슬을 가진 산업클러스터를 형성했다. 하지만 청두와 충칭의 핵심지역이 실제로는 이미 고소득 경제체 단계로 진입해 있어서, 발전시킨 산업은 일반적으로 자본과 기술이 아주 집약되어 있다. 이런 산업의 특성은 규모경제가 커서, 하나의 현과 도시 안에서 모든 공급사슬을 완벽하게 구축하기 어려웠다. 이런 산업은 반드시 지역을 넘어서는 협력이 있어야 한다. 각기 다른 지역에서 현지의 비교 우위에 따라 공급사슬에서 일부분을 생산한다. 이런 비교 우위는 인재의 비교 우위일 수 있고, 자본의 비교 우위, 기술역량의 비교 우위일 수도 있어, 지역을 초월한 산업클러스터 및 경제협력을 만들 수 있다.

중국정부는 현재 창장(长江) 삼각주 지역 경제벨트, 광둥·홍콩·마카오만 지역, 베이징 톈진 허베이(河北) 협동 발전 및 청위 지역 두 도시 경제권을 제기했다. 중국 현재 1인당 GDP가 이미 1만 달러에 도달했기 때문에, 곧 고소득 국가 대열에 진입하게 될 것이며, 국내의 비교적 발전된 지역 1인당 GDP은 이미 2만 달러에 도달해 곧 3만 달러로 진입하게 될 것이다. 이런 상황에서 산업클러스터가 하나의 시, 현, 지역 안으로 국한될 수 없게 되어 지역을 초월한 협력 정부가 기반 시설, 비즈니스 환경의 완비에 협조할 필요가 있다. 청위지역 두 도시 경제권은 이런 기반 시설, 비즈니스 환경 및 정책협조에 좋은 플랫폼을 제공할 수 있다.

그래서 전체적으로, 신구조경제학의 차원에서, 효과적 시장을 형성하고, 각 지역의 비교 우위를 잘 발휘한다면, 유능한 정부의 맞춤형 성장 촉진 아래, 청위지역 두 도시 경제권을 중국 제4대 발전거점으로 구축하는 것이 반드시 실현 가능한 꿈이 될 것이다.

제6장

금융은 어떻게 경제발전을 촉진하는가

신구조경제학과 최적의 금융구조 이론[34]

신구조경제학의 핵심 가설은 한 경제체의 각 시점에서 산업, 기술 및 '하드웨어' 기반 시설과 각종 '소프트웨어' 제도장치가 내생적이라는 것이다. 각 경제체의 그 시점에서 내생된 부존자원은 많은 것을 포함하는데, 예를 들면 자본, 노동, 자연자원, 기반 시설, 인적자본, 사회자본이나, 한 경제체의 지리적 위치 및 금융제도, 법률제도 등을 포함하는 일부 기존 소프트웨어 제도장치가 있다. 그래서 신구조경제학의 차원에서는 발전단계가 다른 국가는 최적의 금융구조도 다르다.

발전단계가 다른 국가의 금융구조 차이

금융학이 연구하는 핵심문제는 무엇인가? 현재 신 산업경제학에서는 금융학을 연구할 때 일반적으로 실물경제에 대해 주로 금융발전수준, 금융심

34 본문은 저자의 2018년 7월 칭화대학 '순예팡(孙冶方)금융혁신상' 시상대회에서의 발언에 근거해 일부 삭제 및 정리.

화정도 등이 영향을 미치며 금융구조는 중요하지 않다고 인식한다.

하지만 신구조경제학은 금융구조에 더 관심을 가지는데, 이는 금융체계 내부의 다른 제도장치에 관한 것으로 은행, 주식시장, 채권시장의 대형은행 및 소형은행의 비율과 중요성 등이 해당한다.

신 구조금융학의 차원에서 보면 금융의 목적은 실물경제에 서비스하는 것으로, 주요 기능은 자본동원, 자본배분, 위험관리 또는 위험분산에 있다.

이런 기능의 발휘는 발전단계가 다른 실물경제의 특성과 각종 금융장치의 자체 특성을 결정한다. 어떤 금융장치는 비교적 위험 분산이 쉽지만 어떤 금융장치는 그렇지 않다. 하지만 실물경제에서 어떤 위험은 비교적 작고, 어떤 위험은 비교적 크다. 이런 상황에서 무엇이 최적의 금융구조인가? 금융구조가 실물경제에 서비스하려면, 반드시 실물경제의 구조적 특성과 서로 맞아야 자본동원, 자본배분 및 위험분산의 기본적 기능을 잘 발휘하면서 실물경제의 발전을 촉진할 수 있다.

기존 문헌에서는 경제발전에 대한 다른 금융장치의 공헌을 연구하며 통상 금융장치 자체 특성에서 접근했다. 어떤 문헌에서는 은행이 정보공개와 정보처리면에서 우위에 있기 때문에 은행 위주의 금융발전을 강조했다. 또 다른 관점은 금융시장이 위험분산, 위험관리에서 우위에 있고, 은행신용에서 존재할 수 있는 도덕적 위험을 극복할 수 있기 때문에, 금융시장 주도형 금융체계로의 금융발전을 주장했다. 다른 문헌에서는 금융심화가 중요한 것이므로 은행주도이든 금융시장 주도이든 중요하지 않다고 주장했다. 다른 연구에서는 은행업 내부구조상황에서 판단할 때 상대적 집중인지 상대적 분산인지 분석하기도 했는데, 상대적 분산이 경쟁에 유리하다는 결론을 얻었다. 이를 바탕으로 어떤 문헌은 은행집중도가 비교적 낮은 것이 새로운 기업

설립과 경제성장에 유리하다고 주장했고, 어떤 문헌은 비교적 높은 은행집중도가 경제발전에 유리하다고 주장했다.

신구조경제학의 차원에서 가장 주요한 발견은 한 국가의 1인당 소득수준이 높을수록, 금융체계에서의 금융시장이 더 활발하고, 그 중요성이 더 높아진다는 것이었는데, 어느 국가나 다 그러했다. 동시에 우리가 발견한 사실도 다음과 같았다. 소규모기업은 대형은행에서 금융서비스를 얻기 매우 어렵고 금융시장에서 융자를 받을 수도 없으며 발전단계가 다른 국가는 소규모 기업의 비중과 중요성이 각각 다르다는 것이었다. 소득수준이 낮은 국가는 소규모 기업이 많아질수록, 일자리 창출, 경제성장 촉진에 대해 중요성이 더 높아졌다.

하지만 현재까지의 금융연구에서는 이런 사실 특징이 중요시되지 않고 있다. 앞의 두가지 문헌 모두 기본적으로 금융의 공급측에서 이 문제를 고려했기 때문에 발전정도가 다른 국가의 실물경제 수요측의 특징을 고려하지 않았다. 이것은 현재 금융 방면에서 신 고전 경제학 연구의 큰 폐단이라고 생각한다.

신구조경제학의 차원에서는 실물경제활동의 특성을 강조하는데, 이것은 기업의 금융서비스에 대한 수요로 결정된다. 다른 발전단계에 있게 되면 최적의 산업구조는 달라진다. 예를 들어 발전 초기에는 자본이 상대적으로 부족하므로, 비교 우위가 있는 산업은 상대적으로 노동력이 집약된 산업이 된다. 상대적으로 노동력이 집약된 산업은 국제분업에서 일반적으로 전통적이고, 성숙하며, 이런 산업의 자본수요는 규모가 크지 않고 규모효과도 작다. 반대로 선진국의 산업은 자본, 기술이 많이 집약된 산업으로 자본수요 규모가 크다.

이렇게 발전단계가 다른 산업 특성은 기업의 규모에 영향을 주고 더 나아가 금융에 적지 않은 영향을 줄 수 있다. 금융거래에서는 일정한 규모경제가 존재하는데, 기업상장에서는 1억 위안 융자와 10억 위안 융자의 거래 비용이 비슷한 것과 같이 은행에 빌린 돈이든 주식상장이든 100만 위안을 빌린 거래 비용과 1,000만 위안을 빌린 거래 비용이 비슷하다.

발전정도가 다른 기업은 정보투명도도 다르다. 노동집약형 산업인 기업의 규모가 작을 때 회계, 감사, 비용의 정보가 별로 투명하지 않다. 규모가 커진 후에는 많은 기록이 있으므로 쉽게 공개해 정보의 투명도가 높아질 수 있다.

채권을 직접 발행하거나 상장하려면 초기 채권발행 시 투자은행에 각종 발행 전 업무를 요청해야 한다. 여기에는 고정비용이 있고 그 비용이 상당히 높은데, 상장 이후의 정보공개에도 일정한 비용이 있다. 소규모 기업에게는 금융시장에서 융자를 받을 때 그 규모 특성으로 인해 이런 비용이 불리할 수 있다.

기업의 위험특성에서 상품에 혁신 및 신기술이 필요한지 여부는 직면한 위험에 따라 다른데, 혁신위험이 높으면 발명에 성공할지 알 수 없기 때문이다. 자체발명하고 신상품을 디자인하면 디자인할 때의 위험, 디자인 출시 후 시장이 받아들이지 않을 위험도 존재한다.

또한 기업가가 능력이 있는가, 신뢰할 만한가 하는 위험도 존재한다. 발전정도가 다른 국가의 산업에 따라서도 다르다. 개발도상국의 노동력이 집약된 산업은 일반적으로 유입된 기술이 성숙 기술이고 생산된 상품이 성숙 상품이라 그 기업의 위험은 주로 기업가가 경영능력이 있는지 신뢰할 만한지 등에 있다. 선진국은 기업가의 능력, 신용 등의 위험도 있지만 그 산업기술이 세계 선두에 있기 때문에 발전과정에서 끊임없이 신상품, 신기술을 자체 발명해야 함으로 주로 기술혁신의 위험, 상품의 위험이 있다.

이런 사고흐름에 따르면 개발도상국에서 최적의 금융장치는 지역성 중소은행인데 은행가와 기업가가 동일한 경제체 안에 있어서 항상 교류할 수 있어 현지의 산업과 기업가에 대해 비교적 잘 알고 있기 때문이다.

선진국에서는 자본이 많이 필요하고 위험이 크기 때문에 적합한 금융장치는 대형은행이나 주식, 채권 발행같은 직접융자이다. 이는 자본동원에 유리하면서 위험관리에도 유리하다.

마지막으로 최적의 금융결과는 상황에 따라 변화하는 것인데, 어떤 산업, 법률체계에서 시작했든지 초기에는 보통 자본의 수요와 위험이 작고, 성숙한 노동집약형 산업 위주이기 때문이다. 경제발전에 따라 자본이 축적되고 산업이 업그레이드되는데, 국제 선두로 갈수록 자본수요가 더 커지는 동시에 상품, 기술의 위험이 더 높아지게 되어 금융장치가 이에 맞게 변해야 한다.

초기 금융구조에서 지역성 중소은행 위주의 필요성

신구조경제학의 차원에서 보면, 각각 다른 발전단계에서는 요소의 구조, 산업기술의 위험 특성에 차이가 있기 때문에 금융 수요의 특성이 다르고 금융 서비스의 특성도 매우 다르다. 초기에는 지역성 중소은행 위주여야 하고, 경제발전에 따라 이를 기반으로 끊임없이 대형은행, 주식시장 등 직접융자 방식으로 발전한다.

경제가 낙후된 국가는 금융발전과정 중 선진국의 금융구조를 자국의 금융구조로 삼는 것을 막아야 한다. 세계은행과 국제통화기금은 일찍이 여기서 큰 잘못을 범한 적이 있다. 1980년대, '워싱턴 컨센서스' 개혁 이후, 세계은행과 국제통화기금은 개발도상국에 전국적으로 통일된 대형은행을 설립을 추진했다. 그들은 개발도상국에서 기존의 지역적이고 전통적인 금융구조는 낙후되었기 때문에 없애고, 주식시장과 채권시장의 발전을 보편적으로 추진해야 한다고 생각했다. 하지만 개발도상국의 생산활동은 주로 전통농업 아니면 극소형, 소형기업 위주였다.

결과는 짐작할 수 있듯이 이런 금융제도의 추월로는 금융이 실물경제에 서비스할 수 없었다.

최적의 금융구조는 경제발전에 따라 발전해야 실물경제에 실질적으로 서비스할 수 있다.

순시팡(孙希芳), 우샤오잉(伍晓鹰)과 필자의 공동 저서인 <은행구조와 산업성장: 중국 실증연구>는 최적 금융구조 이론의 응용인데, 실증분석 방법으로 중국의 은행구조와 산업발전의 관계를 연구했다. 중국의 은행체계는 매우 방대하지만, 기존 실증연구에서 금융업의 발전과 경제발전 간에 뚜렷한 정적 상관성(positive correlation)이 없었고, 심지어 최근 몇 년의 금융업 발전과 실물경제는 부적 상관성(negative correlation)이 나타났다. 이는 중국 금융체계 내 신용대출 배분에 왜곡이 존재해 금융자원이 경제 내에서 가장 효율적인 부문에 배분될 수 없게 되어 금융업 발전정도가 높지만, 발전할수록 실물경제에 대한 영향이 더 뚜렷하지 않아지는 현상이 생길 수 있음을 의미한다.

무엇이 중국 금융업 배분의 왜곡을 초래하는가? 현재 두 가지 견해가 있다. 신구조경제학 차원에서 보면 구조의 왜곡이 초래한 것이다. 중국은 1980

년대에서 2002년까지 저소득 국가였고 경제에서 주요 생산활동은 소농가 위주의 농업 및 극소형, 소형, 중형 기업 위주인 제조업 및 서비스업이었다. 지금까지도 80%의 기업이 중소기업과 농가이고 50%이상의 GDP가 이런 극소형, 소형, 중형 기업에서 만들어진다. 그러나 대형은행, 주식시장 위주의 금융구조에서 이런 주체들은 금융서비스를 받지 못해 융자가 어렵고 비싸지는 난제가 필연적으로 나타났다. 이는 신구조경제학의 규모 구조관점에서 본 것이다.

신 고전 경제학의 해석은 중국의 금융구조의 최대 문제는 은행이라 생각한다. 대형은행 위주이고 국유이며 자체적 선호가 있어서 주로 국유 대기업에 서비스한다는 것이다.

우리는 대형은행 위주의 금융구조가 초래한 왜곡인, 금융자원 배분효율이 낮은 원인이 구조문제에 있는지 소유제 문제에 있는지를 반드시 실증적 방법으로 구분해야 한다. 상술한 논문에서는 1999년에서 2007년까지 몇 년 동안 30개 성의 28개 산업의 성장률을 보면서 노동집약형인지 자본집약형 산업인지를 실증분석했다. 논문에서 하나의 변수는 각 성의 4대 국유은행 이외의 은행과의 교차항, 곧 산업발전에 대한 중소은행 비중의 영향이었다. 다른 하나의 중요한 변수는 비국영기업과 비국유은행의 교차항이다. 전체적으로 얻은 결론은 규모의 관점에서는 중소은행이 더 많을수록 노동집약형 산업발전이 더 빠르고, 소유제 관점에서는 비국유은행 비중이 더 커질수록 비국영기업 발전이 더 빠르다는 것이다. 이는 두 가지 경쟁적 가설이다.

논문은 자본노동비율을 계산할 때 세 가지 데이터를 사용했다. 첫째는 정부 데이터로, 28개 산업의 정부 데이터이고, 둘째는 미국 NBER-CES 제조업 데이터이며, 셋째는 우리의 공동 저자 우샤오잉이 계산한 데이터였다. 이 세

가지 데이터는 사실 기본적으로 같은 사실을 반영했다. 은행업의 소유제 구조 효과를 통제한 결과, 중소은행 시장점유율이 더 높았던 성(省)에서 노동집약도가 높은 업종 발전속도가 더 빨랐다. 금융구조가 실물구조와 서로 맞아야 실물경제의 발전에 더 잘 서비스할 수 있다는 신구조경제학이 제창한 관점을 지지했다. 또한 소유제 가설도 지지했는데, 은행업 규모 구조효과를 통제한 결과, 비국유은행 시장점유율이 더 높은 성에서 비국영기업 비중이 더 높은 업종의 성장 속도가 더 빨랐다.

이 결론은 중국이 2003년 이래 4대 국유은행 주주제 개혁을 실시한 후 국유적 특성을 감소시킨 방법을 지지했다. 이런 개혁은 일정정도 은행업 자금의 배분효율을 향상시켰다. 논문의 실증결과도 현재 중국 은행의 과대한 규모와 과대하고 과도하게 집중된 특징을 변화시킬 필요가 있어서, 제3차 전국금융업무회의에서 제기한 지역성 중소은행 발전에 대한 지원을 실행해야 한다는 것을 나타낸다. 현재, 이 방향은 명확하지만 발걸음은 아주 더디다. 실제로 지역성 중소은행의 발전을 빠르게 해 현재 산업 비중이 비교적 높고 노동이 상대적으로 집약되며, 규모가 상대적으로 작으면서 비교 우위를 가진 산업발전에 더 잘 서비스할 필요가 있다.

금융혁신은 어떻게 양질의 발전을 촉진하는가[35]

양질의 발전은 인간을 중심으로, 행복한 생활에 대한 국민의 늘어난 수요를 만족시키는 것이다. 어떻게 해야 이 수요를 만족시킬 수 있는가? 전체적으로 생산력을 발전시키려면, 생산력 발전과정에서 불균형하고 불충분한 발전의 문제를 반드시 극복해야 한다. 공급측의 구조적 개혁은 불균형하고, 불충분한 발전 문제를 극복하기 위한 주요 조치인 것이다. 불균형 문제를 해결하는 주요한 방법은 심화개혁으로 단점을 보완하려면 한층 더 발전시켜야 한다. 발전과정은 5대 발전이념에 따라 추진해야 한다. 혁신은 수단이고, 협조, 친환경, 개방, 공유는 목표이다. 그렇다면 어떻게 혁신해야 하고 혁신에는 어떤 산업정책이 필요한가? 우리는 먼저 신구조경제학 차원에서 이 기초적 문제를 분석한 후, 이를 바탕으로 양질의 발전을 제약하는 금융의 구조적 모순과 단점을 분석했다. 모순을 해소하며 단점을 보완할 금융 공급측 구조

35 본문은 <2019·징산(径山)보고> 요약으로, 저자는 린이푸(林毅夫), 푸차이휘(付才⊠), 런샤오멍(任晓猛)이다. <2019·징산보고>는 중국금융 40인 포럼(CF40) 주최, 저상은행(浙商银行)단독 지원으로, 주제는 '금융혁신은 양질의 경제 발전을 지원'에 초점을 맞췄다.

적 개혁조치와 금융시장 규칙 존중을 기반으로 금융의 정확한 지원을 제기했다. 두 가지 핵심은 금융구조개혁과 금융의 정확한 지원이다.

시진핑은 2019년 2월 22일 중공중앙정치국 제13차 단체학습에서 중국의 현실에 기반해 중국특색의 금융발전의 길을 갈 것을 강조했다. 금융 공급측의 구조적 심화개혁은 반드시 새로운 발전이념을 관철해 실행하고 금융서비스 기능을 강화하며 금융서비스의 중점을 정확히 찾아 실물경제, 국민생활서비스를 기초로 해야 한다. 금융체계 구조조정 최적화를 중점으로 융자구조 및 금융기관체계, 시장체계, 상품체계를 최적화하고 실물경제 발전에 더 양질의 효율적인 금융서비스를 제공해야 한다. 즉 금융서비스 구조 및 질에서의 전환을 추진하는 것이다. 이때 시장규칙 존중과 정확한 지원을 지속하도록 더 주의해야 한다.[36]

나는 중국 특색 금융발전의 길에서 '특색'의 관건은 두 가지가 있다고 생각한다. 중국은 발전경제체로서 발전단계에서 부존구조로 내생 결정된 산업구조의 금융구조에 대한 수요적 특색이 있고, 중국이 전환경제체로서 필연적으로 존재하는 금융구조 왜곡과 단점에서 개혁적 특색도 있다. 따라서 중국 금융혁신의 함의도 수요특색과 개혁특색에 있어야 하는데, 수요특색에서는 금융이 정확하게 지원하는 금융상품 혁신, 개혁특색에서는 금융구조개혁의 제도혁신이 있다. 이런 관점은 선진국의 금융혁신 기준이 아닌 중국 현단계의 금융혁신의 독특한 부분이며 이렇게 해야 실물경제에 더 잘 서비스하면서 양질의 발전을 촉진할 수 있다.

중국은 소득수준이 중등 이상인 세계 제2대 경제체로서 세계 선두에서

36 신화망(新华网) 2019년 2월 23일, http://www. xinhuanet. com/2019-02/23/c_1124153936.htm.

멀리 떨어진 추월형 산업도 존재하고 세계 선두의 선도형 산업도 존재하고 있다. 또한 세계 선두로 빠르게 가까워지는 커브길 추월형 산업, 점차 비교 우위를 상실하고 있는 전환 업그레이드 진입 산업이 존재한다. 현재 비교 우위를 갖지 못했지만 국방과 경제 안전에 중요한 전략산업도 반드시 발전시켜야 한다. 추월형 산업은 현단계에서 여전히 주도적 지위를 차지하고 있다. 예를 들면, 2018년 중국의 1인당 GDP가 9,750달러에 도달했지만, 아직 미국의 15%, 영국의 22%, 독일의 20%, 프랑스의 23%, 이탈리아의 28%, 캐나다의 20%, 일본의 23%에 불과하다. 이런 1인당 GDP의 격차가 반영하는 것은 노동생산률 수준의 격차로 중국의 기존 산업 기술과 부가가치 수준이 선진국의 동종 산업 수준보다 낮아 추월 단계에 있음을 의미한다. 또한 커브길 추월형인 유니콘 기업을 예로 들면, 조사보고서의 2018년 수치에서 중국은 미국의 1.4배로 평가가치에서 중국이 미국의 1.7배이지만, 9,600억 달러 미만으로 나타났다.

상술한 각종 유형의 산업혁신 방식은 서로 다르다. 이에 맞는 필요한 각종 산업정책과 맞춤형 성장 촉진 방식도 서로 다른데 시진핑이 강조했던 산업정책이 정확해야 한다는 것과 같다. 대응되는 필요한 금융지원도 서로 달라서 금융시장 규칙 존중에 더 주의해야 하는데 이 또한 시진핑이 강조한 금융의 정확한 지원이다.

추월형 산업의 혁신방식은 도입, 모방, 개선 위주이고, 은행대출이나 채권발행은 주요 융자의 원천이다. 대기업이라면 추월 시 먼저 은행에서 지원하고, 인수합병 등의 수단을 통해 성숙 기술을 도입하고 학습한다. 소규모 기업이라면 일부 중소은행에서 만족시켜 줄 수 있다.

반드시 자체적인 연구개발을 주요 혁신방식으로 적용해야 하는 선도형,

커브길 추월형 산업에서는 자금의 원천이 완전히 같지는 않다. 선도형 산업의 기업은 보통 상당히 성숙해 있어서 자금수요는 주로 자체 자금이나 주식시장을 통해 만족시킨다. 전환 업그레이드 진입형 기업에서 혁신방식은 일반적으로 신제품 개발이나 채널관리, 품질관리이고 주로 은행에서 자금수요를 지원한다. 커브길 추월형 산업은 자체혁신이 필요한데 이런 산업의 금융지원은 엔젤캐피털, 벤처캐피털 등 위험을 분산할 수 있는 방식에 더 많이 의존하게 될 것이다. 기술, 상품의 성숙을 기다린 후에는 상장을 통해 대규모 생산의 자금수요를 해결하면서 엔젤캐피털과 벤처캐피털이 빠져나갈 길을 열어 주거나 이 신기술, 신상품에 대해 흥미를 보이는 대기업에 인수되게 할 것이다.

국방안전과 전략형 신흥 산업에 대해서는 비교 우위가 없기 때문에 연구개발은 정부의 자금지원이 필요하다. 자금지원의 방식은 주로 재정 직접 보조금으로 국가가 펀드를 설립해 연구개발을 보조하거나 국가재정을 통한 구매를 진행하고, 정책성 금융을 통해 금융지원을 제공할 수 있다. 예를 들면 2017년 국가개발은행을 포함한 정책성 은행은 그 총자산의 은행업 총자산 비중이 이미 9.38%에 달해 적지 않은 수치였다. 그래서 전략형 산업은 정책성 금융지원이 필요한 것 외에 기타 4가지 산업이 시장화되어야 한다. 이는 바로 시진핑이 금융은 시장규칙을 더 존중하고 정확한 지원을 지속하는데 더 주의해야 한다고 강조한 이유이다.

중국의 금융업은 경제발전과 함께 장족의 발전을 이뤘지만, 현단계 중국의 금융발전은 공급불일치 우려와 실물경제를 벗어난 투자의 우려가 있다. 예를 들면, 중국 2018년 말 금융업 총자산은 268.24조 위안에 달하고, 금융업 증가치는 6.91조 위안으로, GDP 점유비중이 7.68%이 되면서 2008년보다 1.94% 높아졌다. 2018년 GDP는 2008년의 2.82배이지만, 금융업 증가치는 2008년의 3.77배였다. 전세계 금융위기 이후, 중국 금융업 증가치의 GDP 점유비중은 미국, 영국, 일본 등의 선진국의 수준까지 넘어섰다. 국제통화기금의 기준에 따르면 2016년 중국의 금융발전지수는 0.6513으로 33위에 있어 중국 경제발전수준 순위보다 훨씬 높았다(2015년 중국의 1인당 GDP는 232개 통계 국가 중에 81위 차지).

국제통화기금의 표준을 따르면 중국 금융체계가 효율이 없다고 할 수 없다——정반대로 이런 전통 금융발전이론 시각에서 '금융기관의 영리 능력과 자본시장의 유동성으로 측정'하는 금융효율은 '너무 높았다'. 예를 들어 국제통화기금의 금융발전지수에 따르면, 2008-2017년 중국 금융기관 효율지수 평균치는 0.8675에 이르러 같은 기간 한국 금융기관 효율지수 평균치 0.8056보다 높았다. 2008-2017년 중국 금융시장 효율지수 평균치는 1에 도달해 같은 기간 한국 금융시장 효율지수 평균치와 같았지만, 중국과 유사한 발전단계 시기의 한국보다는 훨씬 높았다. 그 예로 1980-1988년 한국 금융시장 효율지수 평균치는 0.6974였다.

그러나 금융은 실물경제에 서비스하는 능력이 강하지 않은데 그나마 큰 개선의 여지가 있다고 왜 보편적으로 인식되고 있는가? 나는 주로 구조적 모순 때문이라고 생각한다. 예를 들어 국제통화기금의 금융발전지수에 따르면 '개인과 기업이 금융서비스를 제공받을 가능성 측정을 통한' 금융 접근 가능성이 너무 낮았다. 2008-2017년 중국 금융기관의 접근 가능성 지수 평균치가 0.2707에 불과해 한국의 같은 기간 평균치의 0.6987보다 훨씬 낮았고 1980-1988년 한국의 평균치 0.3753보다도 낮았다. 2008-2017년 중국 금융시장의 접근 가능성 지수 평균치는 0.2778로 한국의 같은 기간 평균치인

0.7557보다 훨씬 낮아 1980-1988년 한국의 평균치 0.2003와 비슷했다. 중국 투자산출표로 각 업종에 대한 금융 직접소비계수를 추산하면 다음과 같은 사실을 알 수 있다. 금융과 부동산 업종은 금융 고소비 업종이라서 금융이 실물경제에서 벗어나면 금융자원이 금융업종 내부에서 겉돌게 되어 이와 밀접한 관련이 있는 부동산 업종이 차지하게 되면서 제조업과 혁신적 스타트업 등 실물경제 및 농업, 민생 등 취약 부문으로 유입되기 어렵게 된다.

중국 금융체계에 존재하는 세 가지 차원의 7대 금융 구조적 모순

쉬중(徐忠)이 지적한 바를 보자. "린이푸가 제기하고 논증한 '최적의 금융구조 이론'에 근거하면, 금융체계의 구조와 실물경제의 최적 산업구조가 서로 맞아야만 금융체계 기능이 효과적으로 발휘되어 실물경제의 발전을 촉진할 수 있다. 공급측의 구조적 개혁의 끊임없는 심화에 따라, 중국 금융체계 구조가 전환 업그레이드에서의 경제구조와 서로 맞는가? 나날이 풍부해지고 복잡해지는 금융체계에서 돈은 어디로 흘러 들어갔는가? 자금이 실물경제로 흘러 들어갔는가? '소규모 기업' '삼농(역주: 농업, 농촌, 농민)' 등 사회의 취약 부문과 민영기업의 융자수요는 효과적으로 만족시킬 수 있는가? 친환경 신용대출은 친환경 경제발전을 충분히 지원할 수 있는가? 실물경제의 직접 융자 비중은 제고되는가? ……현재 양질의 경제성장을 추진하는 전환단계에서 이 경제구조 변화 및 금융체계와 이에 맞게 발전하는 문제에 대해서 관심을 더 가질 만하다."[37] 어떻게 금융을 발전시켜 적시에 양질의 발전과정에서 금융이 실물을 벗어나는 문제를 피할 수 있을 지에 대해 현대화된 금융체계는 경제체계 현대화 서비스를 금융혁신의 근본원칙으로 삼아야 한다. 이 원칙아래 금융과학기술과 금융상품 혁신 및 금융제도혁신 등을 포함한 금융혁신을 제대로 감시 감독하도록 장려해야 한다.

따라서, 현재 중국 금융체계의 근본문제는 총량 부족과 수준이 높지 않은 데 있는 것이 아니라 구조적 모순에 있다. 그러므로 실물경제에 서비스하는 능력이 저하되어, 양질의 발전 수요를 따라가지 못하고 실물경제를 벗어나게 된다고 말할 수 있다.

큰 방향에서 요약하면 현단계 중국 금융체계는 세 가지 차원의 7대 금융구조 모순이 존재한다. 첫 번째 차원의 금융구조 모순은 직접융자와 간접융자 사이의 구조적 모순이다. 두 번째 차원의 금융구조 모순은 직접융자 내부의 구조적 모순, 간접융자 내부의 구조적 모순이다. 세 번째 차원의 금융구조 모순은 소규모 기업 발전과 업그레이드와 중소은행 간의 구조적 모순, 산업업그레이드와 금융상품 간의 구조적 모순, 산업업그레이드와 채권시장 간의 구조적 모순, 산업업그레이드와 주식시장 간의 구조적 모순이 있다.

세 가지 차원의 7대 금융구조 모순은 중국 금융체계가 실물경제에 서비스하는 능력 제약 및 금융이 실물경제를 벗어나게 하는 원인이 된다.

신 구조금융학의 기본원리에 따르면, 경제발전 수준의 향상에 따른 금융구조의 발전은 점차 직접융자로 편향되면서 간접융자의 비중이 하락할 수 있다. 금융구조가 발전단계에 따라 조정되지 않으면, 첫 번째 차원인 직접융

37 쉬중(徐忠), <신시대 환경에서 중국금융체계 및 국가 거버넌스 시스템 현대화>, <경제연구>, 2018년 제7기.

자와 간접융자 간의 구조적 모순이 생길 수 있다. 당연히 이 차원의 금융구조 모순은 상대적으로 비교적 거시적이기 때문에 그 금융구조 발전에 영향을 주는 요소가 많아서, 세계적으로 각 경제체에 전체 발전추세 외에도 많은 이산상황(離散情況)이 존재하게 된다. 이를 기초로 하면, 두 번째 차원과 세 번째 차원의 금융구조 모순은 상대적으로 많이 구체적이기 때문에 세계적인 보편적 모순이 아닌 중국 현단계 금융체계의 구체적 문제에서 더 많이 기원한 것이다.

현단계 중국 금융체계에 존재하는 세 가지 차원의 7대 금융구조 모순은 금융 공급측의 구조성 심화개혁으로 점차 풀어야 한다.

직접융자와 간접융자 사이의 구조적 모순

구조를 고려하지 않았기 때문에 학계에서 금융시장과 금융중개를 중심으로 경제발전에 대해 누가 우위인지 수십 년간 논해왔지만 결론은 없다. 가장 유명한 예는 영미 금융시장 주도론과 일본 독일 금융중개 주도론이다.

사실상, 신 구조금융학의 최적 금융구조 이론은 영미 금융구조는 시장주도이고, 일본 및 독일의 금융구조는 은행주도라는 논쟁에 새로운 시각을 제공했다.[38]

38 린이푸(林毅夫), 순시팡(孙希芳)、장예(姜烨), <경제발전에서 최적의 금융구조 이론의 초보적 탐색> , <경제연구>, 2009년 제8기. Justin Yifu Lin, Xifang Sun and Ye Jiang,"Endowment, Industrial Structure and Appropriate Financial Structure: A New Structural Economics Perspective", *Journal of Economic Policy Reform*, 2013, 16(2): 1-14.

산업혁명부터 20세기 초까지 영국은 세계에서 가장 선진적인 국가였고, 미국은 20세기 초 영국을 대체해 세계 최고 선진국이 되었다. 영미의 주도 산업과 기술은 잇달아 세계 산업기술의 가장 선두에 있었으므로 산업 및 기술에 적합한 금융장치는 자금을 대량동원하고 위험을 분산할 수 있는 주식시장 직접 융자였다. 그래서 영미 금융체계는 시장주도인 특징을 가진다.

독일과 일본의 1인당 소득은 1980년대 이후에야 미국의 수준에 도달했다. 상당히 긴 시간 동안 주도 산업이 세계산업과 기술사슬 내부에 있어서 가장 선도적인 위치의 국가에 비해 기업의 기술혁신 및 상품혁신의 위험이 비교적 낮았으므로 기업융자도 상대적으로 은행융자에 치중되었다. 당연히 독일 일본 경제의 발전에 따라 산업과 기술이 점차 세계 선두에 가까워지고 세계 선두에 있게 되면서 주식시장의 중요성도 더 높아졌고 금융구조에서 최고 선진국과 차이가 더 작아진다면 자국의 과거와 차이는 더 커질 수 있다.

미국만 말하자면 산업구조의 끊임없는 발전에 따라 금융구조에서 직접융자 비율이 계속 상승했지만 간접융자 비율은 계속 하락했다.

일본도 유사하게 금융구조가 산업구조변천에 따라 변하는 규칙을 따랐다. 이 밖에 사실 일본의 금융구조(상장회사의 시장자본 총액/은행부문이 제공한 국내 신용대출)는 미국에 비해 추월단계에서의 경제발전 수준 수렴에 따른 수렴 추세가 나타났다. 그래서 많은 기타 영향요소가 존재하지만, 경제발전 수준이 높아질수록 금융구조의 발전이 더 직접융자로 편향되고 간접융자의 비중은 하락할 수 있다. 이는 세계적인 구조변천 추세였다. 당연히 최적의 산업구조의 변천은 연속되고 점진적인 과정으로 서로 대응하는 최적

의 금융구조 변천도 점진적 과정, 다원화의 과정이어야 한다.[39]

중국은 과거 40년 동안 산업구조와 금융구조의 변천과정을 빠르게 경험했다. 발전단계에서 2010년 불변가격달러 계산에 따르면 중국 2017년의 1인당 GDP는 1977년의 26배, 1987년의 12배, 1997년의 5배, 2007년의 2배였다. 경제구조에서 개혁개방 이전 20년 동안 중국은 노동집약형 산업인 경공업 위주의 구조전환을 완성했다. 이후 20년 동안은 중국은 자본집약형 중공업과 지식기술집약형 산업 위주의 구조전환을 진행하고 있다.[40] 중국의 수출상품 구조변천은 이를 분명히 반영할 수 있다. 예를 들면, 산업완제품 수출 점유비율은 1980년은 50% 미만이었지만 2016년은 95%에 이르렀다. 상대적으로 자본이 집약된 기계 및 운송설비 수출 점유비중은 1985년 2.82%에 불과했지만 1998년은 27.33%로 상승했고 2016년은 46.92%에 도달했다. 세계지식재산기구 등의 기관이 발표한 전세계 혁신지수에 근거하면, 129개 국가 및 경제체 중에서 중국의 혁신지수는 2013년 35위에서 2019년 14위로 상승했다. 중국은 특허수량, 공업디자인, 상표수량, 창의성, 하이테크 수출 등 분야에서 세계 선두를 차지하고 있다. 이는 중국경제의 자본밀도가 점차 커지면서 혁신수준이 더 높아져 투자 및 위험 관리에 대한 요구도 더 높아지고 금융에 대한 수요도 더 커졌다는 것을 의미한다. 이와 동시에 중국 경제구조 전환 업그레이드 및 혁신의 내용은 앞의 5대 산업에서 부각된 바와 같이 점차 다원화되었고 같은 원리로 금융수요도 이에 맞게 점차 다원화될 것이다.

---

39 Asli Demirgüç-Kunt, Erik Feyen, and Ross Levine,"The Evolving Importance of Banks and Securities Markets", *World Bank Economic Review*, 2013, 27(3): 476-490.

40 원이(文一)<위대한 중국의 산업혁명>, 칭화대출판사, 2016년.

중국사회 융자증가분 구조에서 인민폐 신용대출 점유비율은 2002년의 91.86%에서 2017년의 71.19%까지 하락해 15년 동안 20% 하락했다고 볼 수 있다. 하지만 2010—2017년 비금융기업 국내 주식시장 융자 점유비율은 평균 4% 미만이다. 게다가 최근 16개월의 사회융자규모 비축량 구조에서도 사회융자규모 비축 총량은 두 자리수 이상의 성장 속도를 유지했지만, 인민폐 신용대출의 성장 속도가 더 빠르다고 볼 수 있다. 이는 사실 간접융자를 통해 경제체의 절박한 융자수요를 한층 더 만족시키고 채무레버리지를 강화하여 직접융자를 약화시킨 것이다. 이런 정책지향성을 채택하는 것은 실물경제 융자수요확장을 완화하는 임시방편일 뿐이지 근본적 방법은 아니다. 심지어 거시적으로 레버리지를 제거하는 공급측 구조적 개혁과 서로 충돌해 더 많은 금융위험이 누적될 수 있다. 따라서 직접융자 비중을 올리고 간접융자 구조를 최적화하면서 중국 융자의 구조적 모순을 해소해야 한다.

간접융자 내부의 구조적 모순

앞에서 서술한 바와 같이 2018년 중국의 1인당 GDP는 9,750달러에 도달했지만, 아직 미국의 15%에 불과하기 때문에 직접융자와 간접융자 사이의 구조적 모순이 존재했다. 그러나 발전단계가 미국처럼 직접융자 주도가 필요한 금융구조단계에 들어서지 않았기 때문에 상당히 긴 시간 동안은 간접융자 주도의 금융구조가 더 중국에 적합할 것이다. 예를 들면, 미국의 사회융자 비축량규모 구조에서 직접융자의 점유비율이 2017년 80%를 넘었는데 중국은 정반대로 간접융자가 80%를 넘었다. 중국의 간접융자 비중이 너무 높지만 미국의 수준을 참고할 수는 없다. 그렇다 해도 중국 현단계의 간접융자 내부에는 여전히 구조적 모순이 존재한다.

알다시피 중국 개혁개방 이전의 금융체제는 완전히 중앙계획체제였고, 개혁개방 이후의 금융구조도 몇 개의 대형 국유은행 주도였다. 수십년의 개혁을 거쳐 중국 은행업 구조에도 거대한 전환이 나타나 간접융자구조가 다원화되었다. 예를 들면, 대형상업은행의 총자산 비중은 2005년의 53.52%에서 2017년의 36.29%로 하락했고 농촌금융기관과 도시상업은행의 총자산 비중은 2005년의 17.74%에서 2017년의 35.46%로 상승했다. 그러나 중소기업에 서비스하는 중소은행 및 산업업그레이드와 기술혁신 관련에 서비스하는 금융상품은 여전히 낙후되어 있다. 예를 들면, 2017년 말 중소기업이 전체 기업 수의 90%를 차지해 세수의 50%, GDP의 60%, 특허의 70%, 일자리의 80%에 공헌이 있었지만, 소규모 기업 대출잔액은 금융기관 각종 대출잔액의 25% 정도만 차지했다. 본질적으로 이는 사실 소규모 기업과 은행업 구성 사이의 구조적 모순이었다.

이 밖에 앞에서 서술한 바와 같이 중국 경제구조의 끊임없는 업그레이드에 따라 산업구조가 점차 다원화되어, 혁신방식도 더 다원화되었고, 투자수요와 위험유형도 이에 맞춰 다원화되었다. 이에 대응해 금융상품도 이에 맞게 다원화되어야 했지만, 현단계의 금융체계가 제공하는 금융상품이 상대적으로 낙후되어 산업업그레이드와 금융상품 간의 구조적 모순이 존재했다. 본질적으로 이것은 사실 금리시장화와 위험가격결정 사이의 모순이었다.

그래서 중소은행 전환을 지지하고 금융상품 혁신을 장려해 중국 간접융자 내부 구조적 모순을 해소해야 한다.

소규모 기업과 은행업 구성 사이의 구조적 모순

첫 번째 차원인 직접융자와 간접융자 사이의 요소부존 구조 결정에서 내생된 최적의 융자구조 존재 외에 간접융자 안에도 대응하는 최적의 은행업 구조가 존재한다. 규모가 비교적 작은 은행에 비해 대형은행은 소프트 정보(예를 들면 기업가 경영능력) 선별 분야에서 비교 우위를 갖고 있지 않아 대형은행은 기업가 위험을 대비하기 위해 기업의 담보물량을 엄격하게 요구하고 계약위반 청산을 엄격하게 시행해야 한다. 대형은행의 이런 융자특성은 중소기업에 효과적 금융지원을 제공하기 어렵게 만들지만, 오히려 대기업이 효과적으로 정보비용을 절약하고 이자지출을 감소시키게 도와서, 대형은행의 융자특성과 대기업의 기업특성이 서로 맞을 수 있다.

중소기업의 융자규제를 근본적으로 완화하는 관건은 은행구조를 개선해 중소기업의 중소은행에 대한 금융수요를 만족시키고 중소은행이 기업가 경영능력을 잘 선별하는 비교 우위를 발휘하는 것이지 행정개입을 통해 대형은행이 중소기업에 서비스하도록 요구하는 것이 아니다.[41] 이는 신 구조금융학의 최적 은행업 구조에 관한 기본이론 및 정책적 주장으로 공급측에서 은행업 구조 최적화를 조절해 중소은행 발전을 장려하고, 중소기업의 생산혁신 융자수요를 만족시켜 대형은행의 정책적 책임과 행정개입 책임을 낮추는 것이다. 다른 유형의 은행은 각자 맡은 바를 협동해 공동 촉진한다. 이는 기본적으로 현재 중국의 상황에 부합하므로 중소은행 발전이 중국 제조업 산

41 장이린(张一林), 린이푸(林毅夫) 공창(龚强), <기업규모, 은행규모 및 최적의 은행업 구조>, <세계관리(Management World)>, 2019년 제3기.

업의 성장에 유리하다.[42]

하지만 앞서 언급했듯이, 세수의 절반, GDP의 60%, 특허의 70%, 일자리의 80%를 공헌하고 있으며, 기업수량의 90%를 차지하는 중소기업은 겨우 30% 미만의 대출만 얻을 수 있었다. 이렇게 오랜 금융의 구조적 모순을 중심으로 국가와 각급 정부도 부단히 노력해 화폐, 재정 및 세무, 관리감독 등 '몇 가지 지원'을 하는 비교적 완전한 체계를 만들었다. 신중한 화폐정책을 실시하고 지급준비율 인하 등 화폐정책 도구를 유연하게 운영해, 중소은행에 대해 비교적 낮은 지급준비율을 실행하는 정책 틀을 구축하면서 일정한 성과를 이뤘다. 예를 들면, 2018년 국무원은 일련의 소규모 기업의 '융자가 어렵고 비싼' 문제를 한층 더 완화하고 세비를 낮추는 정책조치를 선보였다. 2019년의 <정부업무보고>도 그해 국유 대형 상업은행 소규모 기업 대출이 30%이상 성장하려면 소규모 기업 종합융자비용이 반드시 뚜렷하게 인하되어야 한다고 명확히 지적했다. 상업은행의 일반 특혜 소규모기업 대출에 대한 연간 신용대출계획을 단독 열거하며 다음과 같이 요구했다. 대형은행이 '선두 기러기' 역할을 맡아 기타 금융기관의 소규모기업 대출금리 인하를 유도한다. 국가융자보증기금은 빠르게 그 영향을 발휘하게 해 금융기관 내부 전달을 원활하게 하며 상업이 지속가능한 장기적 효과 메커니즘을 구축하도록 유도한다. 중앙은행은 2019년 5월 15일 현(县) 지역의 금융기관에 대해 비교적 낮은 지급준비금 프레임을 시행했다. 1,000여개의 농촌상업은행의 지급준비금을 11%에서 8%까지 인하해서 3,000억 위안의 인민폐를 1,000

42 Justin Y. Lin , Xifang Sun, Harry X. Wu,"Banking structure and industrial growth: Evidence from China", Journal of Banking & Finance, 2015, 58: 131-143.

억 위안씩 3개월에 걸쳐 풀 수 있었다. 이렇게 해 1,000여개 현(县) 지역의 농촌상업은행이 이 돈을 균등하게 운용할 수 있게 되어 주로 소규모 기업 및 민영기업의 대출 지급에 사용됐다. 미래의 상당히 긴 시간 동안 중소기업은 중국의 주체일 것이기 때문에 구조적 지급준비율 인하의 추진 역할은 클 것이다.

2019년 5월 말까지의 데이터는 상술한 정책 프레임이 뚜렷한 성과를 이룬 것으로 나타났다. 예를 들면, 일반특혜 소규모 대출잔액은 10.3조 위안으로, 전년 동기대비 21% 성장했다. 2018년 말의 성장 속도에 비해 5.8% 높을 뿐 아니라 같은 기간 총 대출잔액 13.4%인 성장 속도를 훨씬 넘어섰다. 신용대출이 지원하는 소규모 경영주체는 2,365만 개로 전년 동기대비 35.4% 성장했다. 5개 국유상업은행의 일반특혜 소규모 대출잔액은 2018년 말에 비해 23.7% 성장했고, 평균 대출금리는 4.79%로 2018년에 비해 0.65% 하락했다. 소규모기업 대출잔액에서 신용대출은 11.3%로 2018년 말에 비해 2.5% 올라갔다. 이 데이터는 확실히 사람들을 고무시켰지만 실제 정책효과는 여전히 체계적 분석이 필요하다.[43]

정책개입이나 과학기술 금융을 통해 중소기업에 대한 금융서비스를 증가시킬 수 있었지만, 구조적 문제는 근본적인 것이었다. 예를 들면, 신 구조금융학의 실증연구는 전국 현(县)급 차원의 2006-2011년 데이터를 이용해 다음과 같은 사실을 발견했다. 국유 대형 상업은행 대출이 매 1위안 증가하면 중소기업에 대한 대출이 0.0568위안 증가할 수 있고 주주제 상업은행, 도시상업은행 및 농촌금융기관 대출이 매 1위안 증가하면 중소기업에 대한 대출

43 황이핑(黄益平), <소규모 신용대출 정책효과는 단독 평가해야 한다>, <칭화금융평론>, 2019년 제7기.

이 각각 0.1위안, 0.199위안, 0.248위안 증가할 수 있다.[44]

양질의 발전 및 금융상품 간의 구조적 모순 (금리시장화 모순)

현단계 경제구조가 빠르게 전환 업그레이드되는 과정에서 중국 중소기업이 직면한 금융문제는 과거에 비해 더 복잡할 수 있다. 과거 중국 비교 우위에 부합했던 노동집약형 산업의 전환 업그레이드가 빨라지고 있고 기업규모와 위험도 이에 따라 증가하고 있다. 과거 이 산업발전을 지원했던 대형, 중형의 은행과 지역 중소은행 등으로 구성된 간접융자 금융체계는 최적이었지만, 현단계에서는 전환융자 수요를 만족시키기 어렵다. 그래서 규모와 업무에서 전환을 진행하고, 관리감독을 강화하는 조건에서 금융혁신을 추진해 더 다원화된 금융수요를 만족시켜야 한다. 신 구조금융학이 진행한 조사연구에서 전환 업그레이드 단계에 있는 노동집약형 중소기업은 융자수요가 일반 경영단계와 현저히 다른 특징이 있음을 발견했다. 다른 전환 업그레이드 경로는 융자의 한도, 기한, 조건 등에 대해 다른 요구를 제기했다. 노동집약형 중소기업 전환이 직면한 위험이 커질수록, 전환융자 위험도 이에 맞게 점차 높아진다. 그래서, 중소기업의 정상 상태 융자수요가 '단기적이고, 소규모로, 빈번하고, 조급한' 전형적 특징이 있는 것에 비해, 노동집약형 업종의 중소기업 전환 업그레이드 융자수요는 '장기적이고, 대규모이며, 안정적

44 리우창(刘畅), 리우충(刘冲), 마광룽(马光荣), <중소금융기관 및 중소기업대출>, <경제연구>, 2017년 제8기.

이고, 종합적인' 새로운 특징이 있다.[45] 따라서 전환융자 수요와 은행업 구성, 특히 지역 중소은행의 간접융자 방식 사이의 모순은 더 격화된다. 예를 들면, 2017년 중국자본 대형은행과 중소형은행 인민폐 신용대출수지표 비교를 통해 이런 구조적 모순을 반영할 수 있는 일부 전형적 특징을 볼 수 있다. 자금운용구조에서 중소은행의 지분 및 기타 투자 점유비율은 16-18%에 달해 대형은행보다 12-13% 높다. 국내 대출구조에서 중소은행의 단기대출은 43-46%에 이르러 대형은행보다 19-21% 높다. 자금출처 구조에서 중소은행의 은행업 예금류 금융기관 거래액 점유비율은 10-11%로 대형은행보다 8-9% 높다.

확실히 중소은행의 단기대출은 중소기업의 일반 융자수요만 만족시킬 수 있고 더 큰 규모와 더 높은 위험의 전환융자 수요는 만족시킬 수 없다. 중소은행의 지분 및 기타 투자는 일정정도에서 이런 전환융자를 만족시킨다. 하지만 이런 자금의 지분식 운용과 은행간 단기 신용대출(interbank offered credit) 및 예금 등 자금의 채무식 출처가 상호 모순되어 중소형은행의 신용위험을 가중시킬 수 있다. 그래서 중소기업의 일반 융자수요와 전환융자수요는 약간 다른데, 전통적 중소은행의 대출방식은 이런 수요를 만족시키기 어려워 금융상품 혁신이 필요하다. 사실상 상술한 노동집약형 산업의 전환융자는 앞서 말한 다섯 가지 유형 산업 중에서 전환 업그레이드 진입형 산업과 관련이 있고, 이 밖에도 인적자본집약, 자산경량화, 짧은 주기 특성의 커브길 추월형 산업도 유사한 금융구조적 모순에 직면해 있다. 예를 들면, 앞서 제기했던 유니콘 기업의 시장가치는 중국이 미국을 넘어섰다. 국가 지식

45 황양화(黄阳华), 뤄충웨이(罗仲伟), <중국 노동집약형 중소기업 전환 업그레이드 융자 지원에 관한 연구——최적 금융구조의 시각으로>, <경제관리>, 2014년 제11기.

재산권국의 통계 데이터에 근거하면, 2017년 중국 특허담보 융자총액은 720억 위안으로 전년동기 대비 65% 성장했고 특허담보 항목 총수량은 4,177개로 전년 동기대비 60% 증가했다. 따라서 양질의 발전에 더 잘 서비스하기 위해 중국 중소형 은행이 과거에 많은 발전이 있었던 것처럼 미래에도 계속 발전해야 한다. 발전방향은 더 이상 대형은행으로만 전환하는 것이 아니라, 현지에 뿌리를 내려, 부존특징, 산업구조, 금융수요 특징에 따라 현지 서비스 업무를 잘 하는 것이라고 생각한다. 예를 들면, 난징(南京)은행의 소규모 금융혁신은 소규모 기업에게 '흠활력(鑫活力,역주:鑫은 자산 흥성의 의미,즉 은행 자본과 상생하는 것을 의미)', 과학기술형 기업에는 '흠지력(鑫智力)', 극소형 기업 및 자영업자에게는 '흠미력(鑫微力)', 문화기업에는 '흠동문화(鑫动文化)', 농업에는 '흠성농업(鑫星农业)'이 있었다. 난징은행은 또한 '흠화반(鑫伙伴)' 계획을 추진했는데, 이 모델에서 '난징은행이 소규모기업을 자연동맹 의존할 생존토양으로 간주하여 혁신, 협조, 친환경, 개방, 공유 5대 발전이념을 적극 준수하고, 지방경제 전환 업그레이드를 계속 지원하며 실물경제에 서비스하는 효율을 올리려 노력하는 것을' 소개했다.

직접융자 내부의 구조적 모순

현단계 중국에 적합한 최적 금융구조는 여전히 상당히 긴 시간 동안 간접융자에 치중될 것이지만 직접융자 비중 제고가 중요한 추세여서 직접융자 내부의 구조적 모순도 중시할 필요가 있다. 채권융자와 주식융자는 직접융자의 두 가지 중요한 형식이지만 전자는 본질적으로 채무식 융자이고 후자는 본질적으로 지분식 융자(지분금융)이다.

산업구조가 세계 선두에 있지 않았을 때 사용하는 기술, 생산하는 상품, 판매하는 시장이 비교적 성숙하고 안정되어 업종이 비교 우위에 부합하면 경기가 비교적 높고, 성장전망이 안정되며, 자본투자 수익율이 비교적 높다. 이때 산업에서의 기업은 부채형식으로 레버리지하는 경향이 있을 수 있어서 은행 간접융자 비용이 비교적 높다면 일정한 융자규모가 있는 기업도 채권발행의 방식을 채택해 직접융자 하려는 경향이 있을 수 있다. 이와 반대로 산업구조가 세계 선두로 전환 업그레이드함에 따라 사용하는 기술, 생산하는 상품, 판매하는 시장이 비교적 높은 불확실성에 직면하고 위험도 이에 따라 증가한다. 이때 산업에서 기업은 주식융자의 방식을 채택해 위험을 분산하고 이자비용을 인하하려는 경향이 있을 수 있다. 특히 레버리지율(Leverage)이 비교적 높은 기업은 이를 빌려 레버리지를 제거할 수 있다. 예를 들면, 미국의 산업구조는 현재 대다수가 세계 선두에 있고 이에 맞게 직접융자에서 주식융자 비중이 크기 때문에 비금융기업의 레버리지율은 상대적으로 비교적 낮다. 중국의 산업구조는 아직 세계 선두(앞에서 말한 추월형 산업)가 아닌 것이 많아 이에 맞게 레버리지율이 비교적 높을 수 있다. 국제결제은행의 비교 가능한 데이터에 근거하면 2019년 3분기까지 중국 비금융기업 부문 레버리지율은 152.9%인데 미국은 73.9%이다. 당연히 중국과 미국의 발전단계가 달라 미국을 참고대상으로 삼을 수 없지만, 중국 발전수준의 끊임없는 향상에 따라 레버리지율이 점차 하락해야 하는데 전세계금융위기 이후 10년 동안 중국의 비금융기업 레버리지율은 하락하지 않고 오히려 증가했다.

양질의 발전 및 채권융자 사이의 구조적 모순

직접 융자로서의 채권융자 내부에도 구조가 존재하는데 예를 들면, 기업채권과 정부채권(국채와 지방정부채) 사이의 비율관계이다. 경제구조 전환 업그레이드 과정 중에 정부가 소프트웨어 하드웨어 기반 시설을 협력하거나 직접 제공해 산업구조 업그레이드의 병목을 극복해야 한다. 따라서 정부가 소프트웨어 하드웨어 기반 시설 구축에 융자를 진행해야 하는데 재정 및 신용대출 채널 외에 정부채권발행 융자가 중요한 융자 방식이다. 기반 시설 구축의 점차적인 완비에 따라 채권 융자구조 안에서의 정부채 비중은 점차 하락하고, 기업채 비중이 점차 상승하게 된다. 하지만 과거 십여 년 중국 신 채권발행 규모유형 구성비율에서 국채비중 하락은 비교적 빨랐지만 지방채 비중이 오히려 빠르게 상승해 기업채 점유비율이 작아지고 위축되는 추세였다. 예를 들면, 2018년 국채와 지방정부채권은 각각 신 채권발행 규모의 37.7%, 42.8%이며, 비금융기업 위주의 채무융자 규모는 20% 미만에 불과했다.

이밖에 기반 시설 항목은 외부성 특징 외에도 규모가 크고 주기가 길며, 자본집약과 매몰비용이 높은 특징이 있어서 긴 시간이 지나야 구축되고 수익을 만드는 전형적인 '인내자본'[46] 이다. 그래서 이는 현재의 정부채무와 만기불일치의 구조적 모순이 존재할 수 있다. 예를 들면, 한 실증연구는 2009-2015년 사이 886개 지방정부 융자플랫폼의 패널데이터에 기초하여 지방정부 융자플랫폼의 신규 투자가 단기차입에 현저히 의존해 만기불일치 현상이

46 Lin, Justin Yifu and Wang, Yan, "The New Structural Economics: 'Patient Capital' as a Comparative Advantage", *Journal of Infrastructure, Policy and Development*, 2017, 1(1): 4-23.

뚜렷하다는 것을 발견했다.[47] 개발성 금융이 중장기대출을 제공하는 가운데 역할을 고려하여 기반 시설 융자의 만기불일치 문제를 해소할 수 있다. 개발성 금융은 정부신용에 의존해 시장화 운용을 수단으로 삼는데 효과적으로 융자비용을 인하할 수 있으며, 융자기간이 보통 비교적 길다. 개발성 금융으로 긍정적 외부성을 가진 정부투자 항목을 지원하면 정부채무가 초래한 위험을 낮출 수 있다.

양질의 발전과 주식융자 사이의 구조적 모순

주식시장, 벤처투자 등으로 대표되는 지분융자는 현대 금융체계에서 직접금융장치의 주요 형식이다. 상장 발행주식을 예로 들면, 기업이 자금수요자로서 주식을 발행하여 자금 제공자에게 직접 자금을 모집하고 자금공급자는 기업의 주주가 되어 지분비율에 따라 기업이윤을 공유하는데 그 투자수익은 비고정적이다. 기업이 파산 시 기업은 각종 채무를 상환한 후에야 주주에게 잉여자산을 분배할 수 있다. 이런 의미에서 자금 제공자가 주식을 투자하는 것은 상당히 큰 위험을 감수해야 한다. 따라서 자금 제공자는 투자수익률이 충분히 높다고 예측이 가능해야만, 지분투자 진행을 원한다. 하지만, 기업의 각 융자는 많은 소액의 주식으로 나눌 수 있어서, 위험을 많은 투자자에게 분산할 수 있다. 동시에 자금 제공자는 다양화된 포트폴리오를 선택해, 투자위험을 낮출 수 있다.

47 리우훙중(刘红忠), 스솽솽(史霜霜), <지방정부 개입 및 융자플랫폼의 만기불일치>, <세계경제문회>, 2017년 제4기.

기업공개 발행주식으로 융자를 진행할 때의 좋은 점은 자금공급자가 기업투자 항목에 대해 다른 정보와 견해를 가질 수 있다는 것이다. 벤처투자, 사모지분투자와 주식시장의 운용 메커니즘은 유사하지만, 개장시간이 더 빠르다. 기업이 스타트업 시기나 성장 시기에 있을 때 기업의 확실한 정보(고정자산, 성숙한 규범의 재무제도, 안정적 현금흐름)가 비교적 적어 인적자본 및 연구개발 성과 등의 무형자산이 기업의 주요 자산유형이 된다. 확실한 정보가 부족해서 이 시기의 기업은 간접융자를 이용해 연구개발에 필요한 자금을 얻기가 아주 어렵다. 벤처투자와 사모지분펀드 등 직접융자방식은 이 문제를 해결할 수 있어 스타트업형과 성장기 기업의 융자수요를 만족시킬 수 있다. 위험이 비교적 높은 신기술 항목은 금융시장을 통해 필요한 자금을 더 쉽게 얻게 된다. 이밖에 지분투자자가 얻는 수익이 고정적인 것이 아니어서 단기간 내에 주식수익율이 낮다 해도 기업이 투자자의 요구에 의해 파산의 위험에 직면하지는 않을 것이다.

그래서 지분융자는 세계 선두에 근접한 신흥산업과 신기술 항목에 유리한 융자방식이다. 미국 100년 동안 시가총액이 최대인 10개 회사의 산업유형 분포를 예로 들면(데이터 출처는 HowMuch.Net), 미국의 산업은 전통산업에서 전자산업으로 또 다시 정보산업으로 발전과정을 거쳤다. 산업은 점차 제철소, 고무공장 같은 전통적 조방형(粗放型)에서 자동화기기 제조업, 영화업, 소매업 같은 정밀화 산업으로 또다시 서비스형 산업인 과학기술회사, 금융회사로 이동했다.

매 시대 산업 변화의 배후에는 기술의 변천이 있다. 1917년의 미국 산업은 2차 산업혁명 발전 덕분에 전기화 사회발전 완성단계에 있었고 고무, 석유 등 원재료에 대한 수요가 왕성했다. 1967년에 이르러 미국은 전기화 혁명을 기본적으로 완료해 공업산업 정밀화에 진입했으며 영화, 자동차, 소매업 같은 소비자의 일상 수요에 가까운 상품이 더 환영받았다. 발전이 2017년에 이르렀을 때 20세기 말에서 21세기 초 인터넷 기술의 진보와 진전으로 인해 과학기술회사와 금융회사 등 서비스산업이 주류를 차지했다.

이 밖에 빠른 구조 변화가 기업성장을 가속화할 수 있었다는 것이 아주 중요한 현상이었다. 상술한 자료에서 이전의 최상급 회사에 비해 2017년에 상위 4위를 차지한 과학기술회사 설립 시간은 아주 짧아서 애플이든 구글이든 모두 40년 미만이었고 페이스북은 심지어 20년 미만이었던 것을 볼 수 있다. 그래서 미국의 주식시장과 신흥산업 업그레이드 및 신기술은 상호 성취라 말할 수 있다. 최근 20년 동안 미국 뉴욕주식시장과 중국 상하이 선전 주식시장 시장가치 구조의 업종 분포를 비교하면(데이터 출처는 Bloomberg), 중국의 상황은 금융, 산업과 원재료업 상장회사 시장가치 점유비율이 높은 편으로 각각 미국 뉴욕주식시장보다 10.8%, 9.2%, 6.2% 높다. 미국은 뉴욕 주식시장에서 통신서비스, 정보기술 2대 업종 시장가치 점유비율이 높은 편으로 각각 중국 상하이 선전 주식시장보다 9%와 4.6% 높음을 볼 수 있다. 중국의 산업구조와 기술 수준은 미국에 비해 세계 선두에서 훨씬 멀리 떨어져 있지만 주식시장이 신흥산업과 신기술에 서비스해야 한다는 목표에서 말하자면 현재 중국 주식시장은 상대적으로 성숙한 전통산업에 서비스하고 있다.

다시 말해 중국 주식시장이 실제 발휘하는 기능은 은행과 별로 다르지 않다. 이는 중국의 증권업 관리감독 부문에서 상장 예정인 기업에 대해 비교적 엄격한 이익 요구를 제정한 것과 관련하여 신흥산업과 신기술 항목이 종종 상장의 문턱을 넘기가 어려울 수 있고, 중국이 여러 차원의 자본시장체계가 부족한 것과 관련이 있을 수도 있다. 이 점은 학계에 컨센선스가 있어, 리하이타오(李海涛)는 다음과 같이 지적했다. 미국은 고도로 성숙한 다차원 자본시장체계를 만들어, 비교적 성숙한 대형기업이 뉴욕증권거래소와 나스닥 등 거래소를 통해 융자를 진행할 수 있으며, 중소기업은 소형 지역거래소를 선택해 융자를 진행할 수 있다. 이 밖에도 장외거래시스템, 핑크시트(Pink Sheet 역주: 미국 장외거래집의 별칭(핑크색 용지에 인쇄)) 등이 있어 선택할 수 있다. 비교하자면, 중국의 여러 차원 자본시장 구축은 비교적 완만해서, 2004년 중소기업판(Small and Medium Enterprise Board)을 설립하고 기업 상장제도를 완화하려 노력하며 자본시장 확대를 실현하기 시작했다. 2009년 창업판(Growth Enterprise Board)을 설립했는데, 과학기술업종 기업을 대상으로 한 장내거래시장에 자리잡아 중국 다차원 자본시장 구축의 서막을 정식으로 열었다. 하지만 현재까지 이 탐색은 양호한 성과를 얻지 못했고 창업판은 위치 상에서 주거래 시장(Main Board)과 차이를 보여주지 못했다. 예를 들면, 창업판에서 상장한 회사의 시장가치 구조에서 제조업 기업은 창업판의 시장가치 62%와 상장회사 수 70%를 차지해 과학기술 기업융자시장에서 뚜렷하게 자리매김하지 못했다.[48]

따라서 기업채권융자를 증가시키고, 자본시장 차원을 풍부하게 하며, 중국 직접융자 내부의 구조적 모순을 해소하려면 첫 번째 차원의 직접융자와 간접융자 사이의 구조적 모순, 두 번째 차원의 간접융자 내부의 구조적 모순을 해소하는 것 외에 적시에 직접융자 내부의 구조적 모순도 해소해야 한다. 특히 채권융자에서 기업채가 너무 낮은 문제와 자본시장이 차원성이 부족해

48 리하이타오(李海涛), <금융공급측 구조적 개혁: 하나의 중요한 격전>, 제일재경, 2019년 5월 15일.

신흥산업과 신기술 항목에 효과적으로 서비스할 수 없는 문제를 해결해야 한다.

첫 번째 문제에 관해 과거 중국은 소프트웨어 하드웨어 기반 시설 구축 자금이 부족해, 국채와 지방채가 융자에 두드러진 공헌을 했다. 하지만 계속된 기반 시설 완비에 따라 국채와 지방채의 채권시장에서의 비중은 점차 하락하고, 기업채의 비중이 점차 상승하게 되며 기업채권 정가가 시장화 될 것이므로 더 시장화된 채권수익률 곡선을 만들어 지방정부 채무의 만기불일치 문제를 해결하게 될 것이다.

두 번째 문제에 대해 현단계에서 중국 자본시장의 차원성과 연결성을 한층 더 향상시켜 성장성과 위험성이 다른 기업 항목을 포괄해 혁신사슬을 따라 자본의 수직 유동성을 강화해야 한다. 상하이 선전 주식시장은 중국 경제구조 전환 업그레이드의 추세를 충분히 반영하지 못했고, 비교적 가혹한 이익요구 및 심사비준제도로 인해 창업판 (2차 시장 secondary board)은 신흥산업과 신기술 융자에 서비스하는 효과에서도 주거래 시장과 실질적 차이가 없었다.

이 자본시장의 단절을 보완하기 위해 2019년 1월 23일 중앙전면심화개혁위원회 제6차회의에서 <상하이 증권거래소에 과학창업판 설립 및 시범 등록제 전체 실시 방안>, <상하이 증권거래소에 과학창업판 설립 및 시범 등록제 실시에 관한 의견>을 심의하고 통과시켜 6월 13일 과학창업판의 정식 시작을 알렸다.

전국적인 과학창업판 이외에도 지역 과학창업판을 보완할 필요가 있어 지역 신흥산업과 신기술 항목 융자를 추진했다. 예를 들면, 안후이성(安徽省)은 상하이 증권거래소 과학창업판 및 시범 등록제의 전략적 기회를 포착하기 위해 성 지역성 지분시장에 과학창업판을 설립했다. 이를 통해 안후이성의 과학기술혁신 기업이 상하이 증권거래소 과학창업판에 상장할 수 있도록 연결하는 '인큐베이터'로 역할 하면서, 첫 번째 787개 과학창업 기업을 단체로 상장시켰다.

지역시장 내부에서라도 자본시장의 차원성을 훨씬 향상시킬 수 있다. 위의 지역성 지분시장이 과학창업판을 설립한 것을 예로 들면, 상하이 증권거래소 과학창업판을 벤치마킹해 차세대 정보기술, 첨단장비 제조와 신재료, 신에너지 및 에너지 절약 환경보호, 생물의약, 기술서비스 등 5대 산업영역에 초점을 맞춰 연구개발 투입, 자체 지식재산권 보유, 핵심기술 장악, 연구개발 체계 및 연구개발 단체 파워 등 하드코어 테크(Hard&Core Technology) 지표를 부각시켰다. 그리고 이 조건에 부합하는 신기술, 신산업, 신경영방식, 신패러다임 등 '4개 신기업' 상장 발전을 추진하면서, 상장 육성, 인큐베이팅을 통해 상하이 증권거래소 과학창업판에 상장 자원을 줬다.

다른 발전단계 및 성숙한 상장회사 육성수요를 만족시키기 위해 성 지역성 지분시장 과학창업판은 특선층, 육성층 및 기초층을 두고, 성 주식거래센터는 상응하는 단계 표준 및 기업상장 기간 경영변동, 주식분할개혁 및 준법준수 등 상황에 따라 적시에 상장회사가 속한 단계로 조정하게 될 것이다.

중국 현단계 각지역의 금융구조 모순

세계 기타 경제체와 비교해 볼 때 중국 경제구조의 뚜렷한 특징이다. 중국의 30여개 성시 자치구, 300여개 지방 도시, 3,000개 가까운 구, 현 사이의 부존구조 수준격차가 아주 크기 때문에 대응되는 생산구조가 천차만별이고 산업화 진행정도도 달라 적합한 금융구조가 자연스럽게 달라지게 된다.

이것은 다른 지역의 동일한 산업이 앞서 말한 다섯 가지 유형 산업 분류 및 구체적인 전환 업그레이드 방향, 맞춤형 성장 촉진 역할 수요와 방식에서 큰 차이가 있을 수 있음을 의미한다. 예를 들면, 같은 방직의류업이라도 동부 연해의 선진지역에서는 전환 업그레이드 진입형 산업이었는데 서부 내륙 인구가 많은 저개발 지역에서는 추월형 산업이었다. 커브길 추월의 유니콘 기업이 대부분 베이징, 상하이, 광저우, 선전 및 일부 성도 도시에 있는 것도 이런 지역의 인적자본이 상당히 충분했기 때문이다.

세계지식재산기구 등이 발표한 2019년 전세계 혁신지수에 근거하면, 세계 최대 과학기술 클러스터 수에서 중국은 세계 2위(18개)로 미국(26개) 다음이고, 그중 중국의 선전—홍콩 클러스터는 세계 과학기술 클러스터 2위로 일본의 도쿄—요코하마 클러스터 다음이며 중국의 베이징 클러스터는 전세계 4위로 한국 서울 다음인데 미국의 산호세—샌프란시스코 클러스터보다 높다.

현재 중국 전체 제3산업 점유 비율이 절반을 넘었지만 제2산업, 특히 공업과 제조업은 아직도 일부 지역의 주도 산업이다. 따라서 중국 각지의 경제구조 전환 업그레이드 경로 및 양질의 발전 구체적 표현형식은 천차만별이므로 각지에서 지역에 따라 적절한 산업정책을 채택해야 한다.

그래서 각지에서 자신의 부존구조 특징과 결합해 맞춤형 성장 촉진의 금융혁신을 적절히 채택하고, 현지 실제 금융수요를 더 정확히 만족시켜야 하는 것이지 '일률적' 방법을 채택해 국가의 금융계획 및 금융정책을 실행하거나 기타 지역의 금융혁신을 모방하는 것이 아니라서 '시류를 따르는' 것은 더 불가능하다.

예를 들면 베이징 현재 1인당 GDP 수준은 전국 성급 지역에서 최고이고 산업구조 수준도 최고이며 제3산업 비중이 80%를 넘어선 동시에 수도이기 때문에 베이징시 금융 '13차 5개년' 계획은 국제금융센터 도시를 건설해야 한다고 제기했다. 이를 위해 국제금융조직이 모이도록 유인하고 본부 금융기관을 공고히 향상시키는 동시에 지방금융기관을 강하게 발전시켜야 한다. 사실상 금융산업은 현재 베이징의 제1대 산업이 되었고 2018년 금융업 증가치는 5,084.6억 위안으로 GDP의 16.8%를 차지해, 제2대 산업 '정보전송, 소프트웨어 및 정보기술 서비스업'의 3,859억 위안보다 훨씬 높다.

전국 각 성에서 베이징 1인당 GDP 수준과 산업구조 수준이 비슷하고 제3산업 비중이 70%에 이르며, 마찬가지로 전세계 금융 중심인 상하이만 금융업 발전수준이 베이징 보다 약간 높았는데, 2018년 금융업 증가치는 5,781.63억 위안으로 GDP의 17.64%를 차지했다. 베이징과 상하이의 금융발전은 선두에 있다고 말할 수 있고, 기타 성시는 근접하기 어려워 모방할 수도 없다.

전체적으로 중국 각지에서는 경제발전에 따라 금융발전 수준도 향상되었다. 하지만 일부 유사한 발전단계에 있는 성시의 금융발전 차이는 여전히 아주 크다. 예를 들면, 충칭시(重庆市)와 지린성(吉林省)은 2010-2017년의 1인당 GDP는 비슷했지만 충칭의 금융업 증가치의 GDP 점유비중은 8.24%로,

지린성보다 5% 높았다. 하이난성(海南省)과 후난성(湖南省) 2010-2017년의 1인당 GDP도 비슷했지만 하이난성의 금융업 GDP 점유비중은 5.61%로 후난성보다 2.2% 높았다. 이밖에 일부 경제발전 수준이 상대적으로 비교적 낮은 성시가 금융발전 수준이 상대적으로 더 높았다. 예를 들면, 2010-2017년 사이 저장성(浙江省) 1인당 GDP는 충칭시의 1.56배였지만 충칭시의 금융업 GDP 점유비중은 오히려 저장성의 1.11배였다. 한편으로는 일부 지방 금융이 상대적으로 낙후되었고 다른 한편으로는 일부 지역 금융이 과도하게 발전했음을 반영하기도 한다. 따라서 각지에서는 금융업의 절대적 발전을 추구해서는 안되고 실물경제의 금융수요에 기준을 둬야 한다. 그렇지 않으면 쉽게 금융억제나 금융버블을 초래하게 된다. 각지 최적의 금융구조 장치는 반드시 특정 발전단계의 요소부존 구조 및 그 내생결정된 산업구조에 상응해야 한다.[49] 따라서 앞에서 상술한 세 가지 차원의 7대 금융구조 모순은 일부 지역에 여전히 존재하는데 더 심각해지기까지 했다.

금융이 실물경제 발전을 지원하는 국가의 기본 정책 제정 및 실행

중국은 신 구조금융학의 기본 사고방향을 채택하고, 다섯 가지 유형 산업에 맞춤형 성장 촉진의 운용방식으로 금융이 실물경제 발전을 지원하는 기본 정책을 국가가 제정해 각 지역에 맞게 시행할 수 있다.

49 양즈룽(杨子荣), 장펑양(张鹏杨), <금융구조, 산업구조 및 경제성장——신 구조금융학 시각에 기반한 실증검사>, <경제학>(계간), 2018년 제17권 제2기.

예를 들면, 전국 최초 산업전환 업그레이드를 지원하는 국가급 금융개혁 시험지역——장쑤성 타이저우(江苏泰州) 금융개혁 시범지역은 이 사고방향에 맞춰 발전했다. 당중앙, 국무원 정책결정 배정을 관철시켜 실행하기 위해 <생산성 서비스업의 빠른 발전이 산업구조조정 업그레이드를 촉진하는 것에 관한 국무원의 지도의견>(국무원 발표[2014]26호), <국무원의 [중국제조 2025] 인쇄발행에 관한 통지>(국무원 발표[2015]28호), <국무원 판공실의 금융의 경제구조 조정 및 전환 업그레이드 지원에 관한 지도의견>(국무원 판공실 발표[2013]67호) 등 문건 요구와 국무원 관련 회의 취지에 근거해 2016년 국무원의 동의를 거쳐 중국인민은행은 관련 부문을 연합해 <장쑤성 타이저우시의 금융이 산업 전환 업그레이드 지원하는 개혁혁신 시험지역 구축 전체 방안>(이하 약칭<방안>)을 인쇄발행했다. <방안>은 금융의 산업 전환 업그레이드 지원 및 실물경제에 대한 금융서비스 효율 제고를 큰 줄기로 삼아 일부 지역이 먼저 테스트를 통해 금융체제 메커니즘 개혁을 심화하고 신흥영역 융자육성 메커니즘을 구축하면서 산업융자구조 최적화, 중점 영역과 취약 부문에 대한 금융 지원 계속 강화, 금융의 경제구조 최적화 조정 및 산업 전환 업그레이드 지원의 효과적 경로를 탐색했다.

<방안>의 주요내용은 주로 다음 몇 가지 방면에 집중되어 있다.

첫째는 기관 구축 강화로 산업 전환 업그레이드에 맞는 다원화 금융조직 체계를 구축했는데 은행업 조직체계 완비, 증권업과 보험업의 파워 강화, 인터넷 금융의 규범적 발전을 포함했다.

둘째는 금융상품과 서비스 방식 혁신을 빠르게 해 산업 전환 업그레이드의 다원화 금융수요를 만족시켰는데 현대 농업건설 촉진, 전통 우위산업 전환 업그레이드 추진, 전략 신흥산업 성장발전 지원, 현대서비스업이 크고 강해지도록 지원, 생산능력 여유업종 기업의 생산능력 제거 촉진 등을 포함했다.

셋째 직접융자 채널을 적극 확대해, 금융시장이 산업 전환 업그레이드를 추진하는 중요 역할을 충분히 발휘하게 했는데 기업 상장융자 지원, 채무융자도구의 발전 촉진, 자산증권화 적극 추진 등을 포함했다.

넷째 금융 기반 시설 구축을 강화하고, 금융이 실물경제에 서비스하는 보장 수준을 높여 신용조회 시장의 규범적 발전 육성 및 추진, 스마트 금융구축 강화, 종합성 금융서비스 완비를 포함했다.

다섯째 금융위험을 예방하고 해소하며 양호한 금융생태환경을 조성했는데, '디레버리지'를 안정적이고 질서 있게 추진, 고효율의 금융위험 경보와 처리 메커니즘 구축, 금융생태현 건설업무 심화를 포함했다.

예를 들면, 또 다른 금융이 실물경제에 서비스하는 종합개혁 시험지역——취안저우(泉州) 국가급 금융종합개혁 시범지역의 현재 발전단계는 타이저우와 비슷하지만, 구체적 주도산업 구조가 다르기 때문에 구체적인 최적 금융구조도 약간 달라야 한다.[50] 예를 들면, 취안저우 2018년 규모 이상 공업 증가치는 3,911.97억 위안이었다. 그 중에서 전통산업, 중화학산업과 첨단기술산업 3대 분야는 각각 67%, 28.5%, 4.5%였으며 방직의류 및 신발제조업 같은 전통산업이 1/3을 차지했고 생물의학 및 차세대 정보기술업은 0.32%, 2.3%에 불과했다. 상대적으로 타이저우 생물의학 및 고성능 의료기계, 첨단장비제조 및 고급 기술선박, 에너지 절약 및 신 에너지, 차세대 정보기술, 화공 및 신재료 5대 주도 산업은 공업경제발전의 지주산업이었다. 취안저우의

50 우정청(吴争程), 천진룽(陈金龙), 쉬웨이찬(许伟灿), <신구조경제학 시각에서 취안저우 금융개혁 및 산업업그레이드에 관한 연구>, <취안저우사범대학학보>, 2014년 제6기.

방직의류와 신발제조업은 노동집약형 산업이었고 중화학산업은 생산능력 여유형 산업으로 앞서 말한 다섯 가지 산업에서 전형적인 전환 업그레이드 진입형 산업이었는데, 생물의약, 신에너지, 차세대 정보기술 및 장비제조는 이와 다른 추월형 산업과 전략신흥산업이었다.

따라서, 양자의 주요 금융수요는 큰 차이가 있을 수 있어 적합한 금융구조도 다소 다를 수 있다. 앞의 토론에 따르면 전환 업그레이드 진입형 산업의 융자수요는 은행의 간접융자로 만족할 수 있다. 타이저우와 취안저우의 이런 산업구조 차이는 대출구조에도 다소 반영될 수 있다. 예를 들면, 타이저우 2018년 말 금융기관 인민폐 예금잔액은 6,119.38억 위안으로, 취안저우의 6,867.04억 위안과 규모가 비슷했지만 타이저우의 금융기관 인민폐 대출잔액은 4,784.04억 위안에 불과했다. 이는 취안저우(6,393.05억 위안)보다 훨씬 낮았고 타이저우의 중장기 대출잔액은 단기대출잔액의 1.5배였다.

앞의 분석을 통해 금융혁신을 통해 양질의 발전을 추진하는 관건은 금융공급측 구조적 개혁 심화에 있어서 금융이 실물경제를 벗어나는 것을 적시에 피해 금융의 구조적 모순을 적시에 해소하고 시장규칙을 존중하고 정확한 지원을 적시에 주의하면서 각지에서 적절하게 실행하는 것이지 시류에 맞추는 것이 아니어야 한다고 우리는 생각했다.

각급 정부는 산업정책을 시행할 때 효과적 시장과 유능한 정부의 기본원칙을 준수하고 금융정책을 시행할 때 이 원칙을 준수해 '시장의 효과는 정부의 유능을 전제로 하고, 정부의 유능은 시장의 효과에 의거'해서 해야 한다.

요약하면 시진핑이 2017년 개최한 전국금융업무회의에서 강조했듯이 금융업무를 잘 하려면 다음 중요 원칙을 잘 파악해야 한다.

첫째, 기본으로 돌아가 경제사회발전에 따라 서비스한다. 금융은 실물경제를 위한 서비스를 출발점 및 지향점으로 삼고, 서비스효율과 수준을 전면적으로 업그레이드해, 더 많은 금융자원을 경제사회발전의 중점 영역과 취약부문에 배분하고, 국민 대중과 실물경제의 다양화된 금융수요를 더 만족시켜야 한다.

둘째, 구조 최적화를 통해 금융시장, 금융기관, 금융상품 체계를 완벽하게 한다. 품질 우선을 견지하고 금융업 발전과 경제사회 발전이 서로 협조하도록 하며, 융자편리화를 촉진하면서 실물경제비용을 인하시키고 자원배분효율을 제고시켜 위험 통제가능성을 보장해야 한다.

셋째, 관리감독 강화로 금융위험을 예방 해소하는 능력을 제고한다. 이를 위해서는 금융 관리감독 강화를 중점으로 삼고 시스템적 금융위험 대비를 마지노선으로 삼아, 관련 법률법규를 빠르게 구축해야 한다. 또한 금융기관 법인 지배구조를 완비해 거시적이고 신중한 관리제도 구축을 강화하고 기능 관리감독을 강화하면서, 행위관리감독을 더 중시해야 한다. 그리하여 사회주의 시장경제개혁 방향을 견지하고 정부와 시장의 관계를 잘 처리해 시장 제약 메커니즘을 완비하며 금융자원 배분 효율을 향상시킨다.

중국 특색사회주의 신시대에 진입해 중화민족의 위대한 부흥을 실현하고 중국이 강대해져 국민의 행복한 생활에 대한 수요를 만족시키기 위해 반드시 각종 방식의 혁신을 진행해야 한다. 혁신과정에서는 반드시 유형별 산업의 특성에 근거해 다른 방식을 채택해야 한다. 금융이 실물경제에 서비스하려면 반드시 다른 산업의 발전상황과 혁신방식에 근거해 적합한 금융장치로 지원해야 한다. 혁신과정에서 또한 협조, 친환경, 개방, 공유에 관심을 가져야 양질의 발전을 실현할 수 있다.

이와 동시에 금융공급측 구조적 개혁은 양질의 발전과정에서의 금융구조적 모순을 효과적으로 해소해야 하며 경제와 금융영역에서 모두 효과적 시장과 유능한 정부의 변증관계를 잘 이용해야 한다. 이렇게 할 수 있다면 우리는 반드시 2035년 중국을 사회주의 현대화 국가로 건설하고 2050년 중국을 부강, 민주, 문명, 조화, 아름다움의 사회주의 현대화 강국으로 건설하면서 최종적으로 중화민족의 위대한 부흥의 꿈을 실현할 수 있을 것이다.

제7장

새로운 발전 구도 구축은 역사적 필연

새로운 발전 구도는 공생을 위한 필연적 전략 선택[51]

현재 세계는 100년 동안 전례 없는 대격변을 겪고 있다. 세계 경제, 과학기술, 문화, 안전, 정치 등의 구도가 큰 조정을 겪고 있고, 국내의 발전 환경도 커다란 변화를 겪고 있다. 복잡한 국내외 상황에 직면해 시진핑을 주축으로 한 중국공산당 중앙위원회는 세계적 대세와 발전 규칙을 깊이 파악하고, 중국 발전이 직면한 기회와 도전의 새로운 변화를 과학적으로 분석했다. 이를 통해 중국 경제의 중장기적 발전을 내다보고, 국내 대순환을 중심으로 국내외 쌍순환이 상호 촉진하는 새로운 발전 구도 구축을 가속화하는 전략적 정책 결정을 내렸다.

51 본문은 2020년 10월 22일 <광명일보>에 게재된 원문으로 저자의 수정을 거쳤다.

새로운 발전 구도는 시대에 맞는 필연적인 선택

새로운 발전 구도 구축은 시진핑을 주축으로 한 당 중앙이 중국의 발전 단계, 환경, 변화에 근거해 제기한 것으로, 중국의 글로벌 협력과 새로운 경쟁우위를 재정립하기 위한 전략적 선택이다.

단기적으로 볼 때 코로나19의 팬데믹은 현재 세계가 100년 만의 전례 없는 빠른 변화를 겪게 했고, 세계 경제 불황은 글로벌 산업사슬과 공급사슬에 큰 충격을 주었다. 4월 초 세계무역기구가 2020년 글로벌 무역이 13-32% 줄어들 것이라고 전망하면서 국제 시장의 불확실성이 더욱 커지고 있다. 중국의 수출이 해외수요 감소로 영향을 받고 내수잠재력이 빠르게 드러내면서 국내 대순환 활력을 자극할 필요가 있다.

더 중요한 문제는 장기적으로 볼 때 중국 경제에 있어 수출의 견인차 역할이 점차 약화된 것이다. 2006년 중국 수출의 GDP 점유율은 35.4%였지만, 2019년 17.4%로 하락해2006년에 비해 절반이 감소했다. 2019년 중국 국민경제의 82.6%가 국내 순환으로 창출되었다.

이런 변화가 나타난 데는 두 가지 요인이 있다. 첫째, 발전 규칙과 국제 경험으로 볼 때 현대 제조업 규모의 경제가 커져 큰 경제체일수록 국내시장의 규모가 그만큼 더 크고, 국내의 생산품 소화능력이 클수록 GDP의 국내 순환 의존도가 높다. 2006년 중국의 1인당 GDP는 2,099달러로 중국 GDP의 세계경제총액 점유율은 5.3%였다. 2019년 중국은 세계 제2위 경제체가 되었고, 1인당 GDP는 10,098달러까지 증가해 중국 GDP의 세계경제총액 점유율은 16.4%가 되었다. 중국이 점차 큰 경제체가 되면서 수출의 GDP 점유율이 더 낮아졌다. 둘째, 중국의 국민소득 수준이 끊임없이 상승하면서 산업

구조에 변화가 발생했다. 서비스업의 GDP 점유율이 점차 높아져 2006년의 41.8%에서 2019년의 53.9%로증가했다. 이 두 가지 요인으로 인해 중국 경제에서 수출의 견인차 역할이 점차 약화되었다.

사실 2008년 글로벌 금융위기 이후 중국 경제는 국내 대순환을 중심으로 전환했고, 내수의 경제 성장 공헌도가 100%를 넘은 해가 7번이나 된다. 2019년 내수의 경제 성장 공헌도는 57.8%, 국내자본의 공헌도는 31.2%로, 이 두 가지를 합치면 89%에 달한다. 특히 소비가 6년째 경제 성장의 최대 견인차 역할을 하였다. 중국이 발전하면서 소득 수준도 크게 향상되어 경제의 규모 확대를 가져왔고, 산업 구조의 변화가 서비스업 비중을 확대했다. 시장과 자원 이 두 가지 국제 대순환 동력이 현저히 약화된다면, 경제 발전이 국내 경제 순환 주축으로 이루어지는 특징은 더욱 분명해질 것이다. 새로운 발전 구도 구축은 경제 발전 규칙이 현단계에서 구현되는 것이며, 실사구시이고 시대에 부합하는 판단으로 필연적인 전략적 선택이었음을 알 수 있다.

또한 새로운 발전 구도는 상생의 전략적 선택으로 폐쇄된 국내 순환이 아닌 개방된 국내외 쌍순환이다.

글로벌 무역은 각국이 자신의 비교 우위를 이용해 상호 보완을 하는데 유리해 거래 당사자들이 모두 더 저렴한 비용으로 원하는 상품과 기술을 얻어 상호 이익과 공생을 실현한다. 이밖에 세계화 추세도 거스를 수 없다. 따라서 새로운 발전 구도는 반드시 국내외 순환의 두 축을 함께 이용해 국내외 시장과 자원 우위를 상호 보완해야 한다. 2008년 이후 중국의 전 세계 경제 성장에 대한 공헌도가 30%에 이르면서 중국은 세계에서 가장 중요한 시장 확대의 동력이 되었다. 새로운 발전 구도가 세계 경제에서 중국의 지위를 계속 향상시키면서 중국은 글로벌 상품과 요소 자원 시장의 큰 구심점이 되었다. 또한 중국은 발전으로 인한 이익을 세계와 공유하고 있는데 이는 중국과 세계에 모두 유리하다.

국민경제 순환을 가로막는 걸림돌

현재 중국 시장에는 지역 간 이동을 저해하는 두 가지 걸림돌이 있다. 첫째는 호적제도이다. 만약 베이징, 상하이 또는 다른 1선 도시에 정착하려면 호적제도의 걸림돌에 부딪힐 수 있다. 둘째는 높은 집값이다. 대학을 갓 졸업한 사람이 1선 도시에서 일자리를 구할 때 집값이 높아 지역 간 이동을 하기 어렵다. 청년들이 높은 집값을 감당할 수 없기 때문에 반드시 이 문제를 해결해야 한다. 중국이 발전하려면 호적제도를 조속히 개선해야 한다. 집은 거주하는 곳이지, 투기하는 곳이 아니다. 집값이 주택 본연의 가치 수준에 맞게 돌아가야 인재의 지역 간 이동이 유리하다.

토지 시장의 경우, 몇 년 동안 농촌집체토지의 시장진입정책이 일부 개방되어 탐색 단계에 있지만, 실제로 이 시장은 아직 완전히 구축되지는 않았다. 따라서 토지 기능의 발휘 측면에서 중국의 구조 조정에 따른 경제 발전 지원책을 지속적으로 도모해야 한다.

새로운 발전 구도 구축은 결국 개혁의 수단으로 시장 역할을 발휘하는 효과적 시장이 있어야 할 뿐만 아니라, 유능한 정부도 있어야 한다. 단점과 난점을 파악해 정부가 정책을 제정하고 시행해야 한다.

그래서 개혁 심화는 큰 방향인 동시에 효과적 시장과 유능한 정부라는

'두 손'을 반드시 필요로 한다. 쌍순환하는 새로운 발전 구도를 빠르게 구축하여 효과적 시장과 유능한 정부의 '두 손'이 함께 노력해 나가야 한다.

종합적으로 나는 현재 이런 발전 이념과 개혁이 시대에 부합하고 중국에 자신감을 불어넣어 줄 수 있어 중국의 발전잠재력이 더 잘 드러나고 중국의 발전 수준을 향상시킬 수 있다고 생각한다.

국민경제 순환을 원활히 하는 개혁 심화

새로운 발전 구도를 구축하려면 공급자측 구조적 개혁이라는 전략 방향을 견지하고 중국의 발전잠재력과 가능성을 잘 이용해, 소득증가, 내수확대라는 전략적 기반을 잘 다져야 한다. 또한 생산, 분배, 유통, 소비가 국내 시장에 더 많이 의존하게 해야 한다. 공급체계의 내수 적응력을 높이고, 수요가 공급을 견인하여 공급이 수요를 만드는 더 높은 수준의 동태적 균형을 만들어야 한다.

생산적 측면에서 산업사슬과 공급사슬의 안정성을 보장해 지역단일화 발전을 추진해야 한다. 산업사슬 및 공급사슬 강화는 개혁으로 혁신을 촉진하는 데 중점을 두고, 개혁을 통한 혁신을 통해 전 세계에서 자원 배분, 자원 공유를 더 잘해야 한다. 산업이 충분한 경쟁력을 갖추도록 하려면 베이징, 텐진, 허베이, 창강 삼각주, 광둥·홍콩·마카오만 빅베이, 청위(成渝)경제권 등 큰 지역 안에서 각 지역이 비교 우위를 발휘하면서, 산업 클러스터를 구축하고 규모의 효과를 만들어 기술력 도약을 꾀해야 한다. 분배 차원에서 1차 분배는 공평성과 효율성에 중점을 두고, 2차 분배는 공평성에 더 중점을 두어야 한다. 시장은 자원 분배에서 시장의 결정적 역할을 계속 강화해 각 지역이 비교 우위에 따라 충분한 발전을 하도록 해야 한다. 또한 재정세수체제 개혁을 강화해 2차 분배 능력을 향상시켜 소득격차를 한층 더 축소해야 한다. 유통 측면에서는 거래 단계 축소, 거래 비용 인하, 유통 효율성 향상으로 생산요소가 각 지역과 도시와 농촌 사이에서 효율적으로 유통되고, 합리적으로 배분되도록 해야 한다. 소비측면에서는 끊임없이 국민소득 수준을 향상시키고, 사회보장체계를 지속적으로 완비하여 국민의 소비력과 신뢰를 강화해야 한다.

국민경제 순환을 원활히 하는데 있어 가장 중요하고 효과적인 수단은 개혁 심화를 추진하는 것으로 개혁 심화는 새로운 발전 활력을 자극한다. 시장이 자원 배분에서 결정적 역할을 하게 하고, 정부가 맞춤형 성장 촉진 역할을 잘 발휘하면서 성장잠재력이 잘 드러나도록 해야 한다. 끊임없는 산업 업그레이드 및 기술혁신을 추진하고, 양질의 경제 발전을 지속하면서 끊임없이 소득 수준을 향상시키고 국민의 행복한 삶에 대한 기대를 만족시켜 경제의 선순환을 이뤄야 한다.

개혁은 사회 생산성을 해방시켜 발전시키는 핵심 요소로 중국은 40여 년의 개혁개방을 통해 세계가 공인하는 위대한 성과를 이뤄냈다. 새로운 발전단계로 들어서면서, 개혁은 새로운 임무에 직면했다. 따라서 반드시 더 큰 용기와 다양한 조치로 심도 있게 메커니즘의 장애를 제거하고 중국 특색의 사회주의 제도를 견지하고 완비하여, 국가의 거버넌스 시스템과 거버넌스 능력의 현대화를 추진해야 한다. 현재 중국의 상품과 서비스 시장 발전이 빠르게 이루어지고 있지만, 요소시장 발전은 출구를 찾지 못한 곳이 있어, 요소시장화 개혁을 빠르게 추진해야 한다. 구체적으로 자본요소의 금융시장에서는(금융시장은) 구조 개혁을 통해 중소금융의 단점을 보완해, 농가와 중소 기업 등의 시장 주체가 더 많은 금융 지원을 제공받을 수 있게 해야 한다. 인재시장에서는 호적제도 개혁 및 주택의 거주기능 회복 등의 조치로 인재가 지역 간 이동을 하는데 어려움이 없도록 해야 한다. 토지 시장에서는 농촌집체토지의 시장진입 제도개혁을 심화해야 한다.

개혁 심화 과정에서 반드시 정부와 시장이라는 '두 손'을 잘 이용해야 한다. 노동생산성의 끊임없는 향상을 위해 기술혁신과 산업 업그레이드를 끊임없이 진행하고 기술혁신과 산업 업그레이드를 위해서는 기업가가 노력해 목표를 달성하며 효과적 시장은 기업가의 창업에 대한 열정과 적극성을 높일 수 있어야(높여야) 한다. 하지만 이 과정에서 기업가만의 노력으로 해결하기 어려운 시장실패 문제가 필연적으로 따르게 된다. 따라서 정부의 공백이 있어서는 안된다. '두 손'의 관계를 정리하자면——시장의 효과는 정부의 유능을 전제로 하고, 정부의 유능은 시장의 효과에 기대야 한다. 시장은 자원 분배에서 결정적 역할을 하고 정부 역할을 더 잘 발휘하게 해, 장기적으로 안정적이고 예측 가능한 제도 환경을 조성해야 한다. 나아가 시장 주체 발전 활력을 자극해 경제 발전 동력이 살아나게 하고 끊임없이 발전 수준을 제고하면서, 빠르게 새로운 발전 구도 구축을 해 나가야 한다.

선진국 추월의 우위를 지니고 있는 중국

개방을 확대해 중국이 발전해야 중국과 세계에 이익이 된다. 또한 개방을 확대하는 과정에서 중국은 발전 수준을 제고하고, 성장 비용을 낮출 수 있다. 또한 일부 발목이 잡힌 기술의 경우 불가피하게 중국의 국방 및 경제 안전과 관련이 되어 있다면, 유능한 정부의 역할을 발휘해 중국의 제도적 우위로 돌파해야 한다. 나는 중국이 난관을 극복할 능력이 있으며, 이 시간도 그다지 오래 걸리지 않을 것이라 믿는다. 슈퍼 컴퓨터 기술을 예로 들면 중국은 2년 만에 이 기술을 정복했다.

이 과정에서 중국이 국내외 시장과 자원을 최대한 이용해 중국 경제를 계속 개방하고 중국의 발전이 타국의 발전을 견인할 수 있어야 한다. 국제 순환은 모든 국가의 발전에 중요하다.

중국에서 세계 선두에 있는 가전산업, 5G 통신 같은 일부 산업이 지속적으로 발전하려면 반드시 끊임없는 자체 기술혁신을 통해 신상품·신기술을 개발하면서 세계 시장을 선도해야 한다. 이것이 바로 기회이다.

그 밖에 신산업 혁명이 가져온 또다른 새로운 기회가 있다. 인구대국인 중국은 높은 인적자원, 고기술의 엔지니어와 기업가가 많다. 또한 중국의 국내 시장은 매우 방대해 새로운 소프트웨어와 플랫폼을 개발해 국내에 보급한다면 세계적인 경쟁력을 확보하게 된다. 예를 들어 타오바오(淘宝), 위챗(微信), 틱톡(抖音)의 발전이 좋은 예이다.

하드웨어 측면에서 중국은 전 세계에서 유일하게 완벽한 산업체계를 갖추고 있고, 전 세계에서 최적의 각종 부품을 공급하고 있다. 어떤 하드웨어는 아이디어에서 상품까지 며칠이면 만들 수 있다. 그래서 신산업 혁명 분야에서 중국은 커브길 추월의 우위를 지니고 있다. 이 두 가지 우위를 모두 지닌다면 나는 중국이 선진국을 추월할 수 있다고 믿는다.

쌍순환의 깊은 의미와 실행의 핵심[52]

'국내 대순환을 중심으로 국내외 쌍순환을 상호 촉진하는 새로운 발전 구도'는 2020년 제기된 중요한 국가 발전 이념이다. 나는 이 새로운 발전 이념에 대해 두 가지견해를 논하고 싶다. 첫째, 왜 이 새로운 이념을 제기했는가 하는 것이고, 둘째, 어떻게 이 새로운 이념을 구체화할 것인지이다.

중국 경제 발전 패턴에 관한 평소(평상 시) 견해는 국내외 시장과 자원을 충분히 이용해야 한다는 것이다. 많은 국내외 학자들은 이에 근거해 중국의 경제 발전 패턴을 수출주도형이라 불렀다. 2008년 글로벌 금융위기 발생 전에 글로벌 무역불균형은 이미 나타났는데, 최근 2년 동안 중미 양국의 무역마찰이 발생했을 때 그들은 중국이 수출주도 경제를 추진해서 글로벌 무역불균형과 미국의 대중무역 적자 확대가 발생했다고 생각했다.

2020년 중앙정부가 최초로 중국 경제 발전 패턴을 국내 대순환 위주로 해야 한다고 제기했는데, 이는 중대한 전환점이었다. 중국은 현재 세계 최대

52 본문은 저자의 2020년 12월 20일 베이징대학 국가발전연구원에서 주최한 제5회 국가발전포럼의 폐막 강연 내용에 근거해 정리한 것이다.

무역국이라 중국의 경제 발전 패턴 변화는 중국은 물론 전 세계에도 영향을 미치게 될 것이다.

쌍순환이 제기된 단기적 원인과 심층적 고려

개인적인 견해로 볼 때 중앙정부의 이 새로운 발전 이념 제기는 단기적 원인과 심층적 고려에 있었다고 생각한다.

2020년 코로나19의 팬데믹은 세계 경제에 큰 충격을 주었다. 많은 학자들이 이번 충격이 1930년대 대공황 이후 최고라고 보았다. 이런 상황 속에서 글로벌 무역이 위축되자 세계무역기구는 2020년 글로벌 무역이 13-32% 감소할 수 있다고 전망했다.

수출대국인 중국은 상품 수출이 감소하는 상황에서 당연히 내수에 더 많이 의존해야 하는데 이것이 바로 국내 순환이다. 그리고 미국의 화웨이에 대한 공급 중단과 같은 중국 첨단과학기술 산업에 대한 끊임없는 압박도 관련 기업의 수출에 영향을 줄 수 있다. 이런 기업이 계속 발전하려면 상품이 내수시장에 더 많이 의존해 국내에서 소화하는 국내 순환을 해야 한다.

지금까지 언급한 내용은 현재 중앙정부가 '국내 대순환을 중심으로 하는' 새로운 발전 이념을 제기한 단기적 요인이다.

그러나 우리가 경제학을 연구하는 차원에서 볼 때 중앙정부에서 이 이념을 제기한 더 중요한 원인은 '국내 대순환을 중심으로 하는 것'이 경제 발전의 기본 규칙을 반영하기 때문이다.

많은 학자들이 중국 경제의 발전 패턴을 수출주도형으로 보지만, 사실 수출이 중국 경제총액에서 차지하는 비중은 최고(2006년)일 때도 35.4%에 불과해 1/3을 약간 넘는 정도였다. 2019년에 이르러, 이 비중은 17.4%까지 감소했다. 다시 말해, 2019년 중국 경제총액의 82.6%는 국내 순환으로 창출된 것으로 중국 경제가 이미 국내 순환이 주축이 되었음을 의미한다.

수출이 GDP에서 차지하는 비중은 2006년 이후 끊임없이 줄어들어 두 가지 기본 경제 규칙을 보여주었다. 하나는 한 국가의 경제규모가 커질수록 국내 순환의 비중이 더 높아진다는 것이다. 다른 하나는 서비스업이 전체 경제에서 차지하는 비중이 올라가면, 국내 순환의 비중이 점차 높아지는데 이는 서비스업이 상당 부분 무역 대상이 아니기 때문이라는 것이다.

첫째, 수출 점유율과 경제규모는 왜 반비례하는가? 현대 제조업 자체가 강한 규모의 경제 특징을 가지고 있기 때문이다. 한 소규모 경제체가 현대 제조업을 발전시킨다면, 국내시장의 규모가 한정되어 있어 자국에서 소화할 수 있는 규모가 작아 생산한 상품의 대다수를 수출할 수밖에 없다. 이와 반대로 경제체 규모가 큰 국가가 현대 제조업을 발전시킨다면, 국내시장의 소비량이 많아 수출 비중이 낮다. 싱가포르를 예로 들면, 2019년 수출의 경제총액 점유율이 104.9%로, GDP 총액을 크게 넘어섰는데 여기에는 두 가지 원인이 있다. 국내시장 규모가 너무 작고, 수출하는 부품을 외국에서 먼저 수입하여 완제품으로 만들어 수출하는 것까지 계산에 포함하기 때문이다. 중국은 수출의 경제총액 점유율이 최고였던 2006년에도 그 비중이 35.4%밖에 되지 않았는데, 이는 중국의 경제규모가 방대했기 때문이다.

둘째, 왜 수출비중과 서비스업은 관련이 있는가? 거대 경제체인 미국의 2019년 수출의 경제총액 점유율은 7.6%에 불과했다. 그 원인은 서비스업의 미국 경제총액 점유율이 80%에 달하는데 서비스업의 상당 부분이 무역 대상이 아니기 때문이다. 그래서 한 국가의 서비스업이 경제총액에서 차지하는 점유율이 높을수록, 수출 비중도 어느 정도 내려간다. 따라서 서비스업의 발전 수준과 한 국가의 경제 발전과 소득 수준은 서로 관련되어 있다.

상술한 두 상관성을 분석하면 중국의 수출 점유율이 2006년 35.4%에서 2019년 17.4%까지 감소한 것은 중국의 경제총액과 1인당 소득 수준이 최대 폭으로 올라가면서 서비스업에서 양질의 발전 양상을 보였기 때문이다. 2006년 중국의 1인당 GDP는 2,099달러에 불과했지만, 2019년 10,098달러까지 증가했다. 2006년 중국 경제규모의 전 세계 점유율은 5.3%, 서비스업의 GDP 점유율은 41.8%에 불과했다. 하지만 2019년 이 두 수치가 각각 16.4%와 53.6%로 상승했다. 중국 경제가 세계 경제총액에서 차지하는 점유율이 세 배 증가한 것이다.

미래를 전망해 보면 중국 경제는 계속해서 발전하고 소득 수준도 제고될 것이다. 소득 수준이 제고하면서 중국 경제의 세계 경제 에서의 점유율이 현재의 16.4%에서 18%, 20%까지 증가하고 더 나아가 25%까지 달할 수 있다. 중국 서비스업의 경제총액 점유율은 현재의 53.6%에서 점진적으로 증가해 60%, 70%, 80%에 가까워질 수 있다. 이 두 요소를 종합하면 중국 수출의 경제총액 점유율이 현재의 17.4%에서 점차 감소해 15%, 12%, 10%까지 줄어들 수 있다. 다시 말하면, 국내 순환의 중국 경제총액 점유율은 현재의 82.6%에서 점차 90%에 가까워질 수 있다. 따라서 중국 경제는 현재 국내 순환을 중심으로 하고 있고 향후 더 그렇게 될 것이다.

중앙정부에서 앞서 밝힌 이념을 제기한 것은 사실 다음의 사실을 분명히 한 것에 불과하다. 그것은 바로 거대 경제체인 중국은 소득 수준이 향상하면서 경제총액에서 서비스업의 비중이 높아질수록 국내 순환의 비중이 더 커진다는 것이다.

이 점을 분명히 한 것은 매우 중요하다.

예전에 국내외의 많은 사람이 중국은 수출주도형 경제라고 공언했다. 2008년 글로벌 금융위기가 발생하자, 해외의 많은 사람들이 전 세계 무역 불균형 탓을 했고, 심지어 중국이 수출주도형 경제를 추진한 탓으로 돌렸다. 국내에도 이와 유사한 견해가 있었다. 하지만 이는 중국 경제의 실제 상황을 보지 않은 것이다.

중국을 수출주도형 경제로 착각한다면, 중미 무역 마찰이나 코로나19가 수출에 영향을 끼칠 때 각계에서 중국 경제에 문제가 생겨야 한다는 것을 쉽게 판단할 수 있다. 중앙정부에서 현재 중국 경제를 국내 순환 중심으로 하겠다는 것을 분명히 한 것은 중국의 발전 현실과 규칙을 확실히 인식하고, 중국 자체 발전에 대한 자신감을 강화하는 데 더욱 유리하다. 이런 상황에서 중국 경제를 잘 안정시킬 수만 있다면 국제 정세가 어떻게 변한다 해도 중국 전체 발전 구도를 변화시키지 못할 것이다.

과거와 마찬가지로 중요한 국제 순환

중국 경제가 국내 대순환을 중심으로 한다고 명확히 제기한 것은 중국이 '국내외 시장과 자원을 충분히 이용'한다는 기존의 견해가 중요하지 않다는 것을 의미하는 걸까? 나는 국제 순환은 과거와 마찬가지로 중요하다고 생각한다.

내가 제창한 신구조경제학에서는 경제 발전을 하는 데 있어 각 국가와 지역의 비교 우위를 충분히 고려해야 한다고 강조한다. 비교 우위 산업이 잘 발전하려면 국내 시장 유통은 물론 해외시장에도 진출해야 한다.

거대 경제체인 중국은 구매력평가 계산에 따르면 세계 최대경제체이고, 시장환율 계산에 따르면 세계 제2위 경제체이다. 시장환율 계산에 따르면, 2019년 중국의 경제총액은 세계의 16.4%에 불과하지만 이는 중국이 83.6%의 해외시장을 주목하고 개척할 만하다는 것을 의미한다. 그래서 중국의 비교 우위 산업은 내수와 국내 순환을 충분히 이용하는 것 외에도, 83.6%의 해외 시장을 충분히 이용해야 한다.

비교 우위에 따른 발전은 중국이 많은 산업에서 비교 우위가 없음을 의미하기도 한다. 중국은 많은 자연자원이 부족해 일부 자본과 기술이 집약된 산업에서는 선진국에 비해 여전히 비교 우위가 없다. 이밖에 경제가 발전하고 인건비가 상승하면서 중국이 과거에 누렸던 노동집약형 산업의 비교 우위도 계속 사라질 것이다.

이런 상황에서 경제 발전을 위해서는 비용 절감과 품질 제고를 해야 하는데 이를 위해 해외시장이 제공할 수 있는 자원을 더 많이 이용해야 한다. 중국이 비교 우위를 점하지 않은 산업의 상품에 대해 수입을 할 수 있으면 당연히 수입을 하고 천연자원, 기술자원 및 노동력자원을 비롯한 해외자원을 잘 이용해야 한다. 국가 안전이나 경제 안전과 관련된 소수의 첨단 과학기술 상품은 일부 국가에서 중국의 목을 조일 수 있어 예외로 한다. 어떤 국가가 중국의 목을 조일지는 진지하게 분석할 필요가 있다. 유럽은 첨단 과학기술 산업에서 비교 우위가 있지만, 중국의 목을 조이려는 의지는 없다. 이는 중국이 전 세계 최대 단일 시장이라서 유럽의 비교 우위 상품을 중국에 팔고자 하는 의지가 강하기 때문이다. 중국의 목을 조이는 데 적극적인 나라는 미국이다. 중국의 발전이 빨라서 규모와 영향력이 점차 미국에 더 가까워지고 있기 때문에 미국은 중국의 발전을 압박하기 위해 중국에 기술 차단을 시도할 수 있다. 하지만 미국이 이렇게 하면 중국 시장을 이용해 미국 경제를 발전시킬 수 있는 기회를 잃을 수 있다.

중국이 비교 우위가 없는 대다수 첨단 과학기술 상품이 미국에만 있는 것이 아니라, 유럽과 일본에도 있다는 것을 중국은 생각해야 한다. 중국은 화웨이의 런정페이(任正非) 회장이 말한 것처럼 살 수 있는데 자체 생산하는 것보다 사는 것이 더 이익이라면 계속 사야 한다. 이런 국가들은 자신의 발전을 위해서라도 기꺼이 기쁜 마음으로 이런 상품을 중국에 팔 수 있다. 미국이 독점하고 있고 유럽과 일본에는 없어서 중국이 정말 살 수 없는 상품이 있다면 국가 우위를 발휘해 자체 생산할 필요가 있다. 하지만 나는 이런 상품은 극소수라고 믿는다.

그래서 중국은 국내 대순환을 중심으로 반드시 국내외 쌍순환의 상호 촉진을 지속해야 한다.

어떻게 해야 실제로 순환할 수 있는가

어떻게 이 새로운 발전 이념을 실천해야 하는가? 어떻게 해야 실제로 순환하게 할 수 있는가?

첫째, 구조적 개혁으로 발전잠재력을 발굴하여 장점을 살리고 단점을 보완해야 한다.

국내 대순환을 중점으로 하려면 국민소득 수준이 높아질수록 경제규모가 커지는 것이 가장 중요하다. 이런 상황의 경제규모에서는 세계 경제에서의 점유율과 서비스업의 경제총액 점유율이 점차 높아진다. 이에 따라 필연적으로 수출 비중이 감소하고 국내 순환 비중이 높아지게 된다. 그렇다면 어떻게 경제규모가 점차 커지는가? 경제발전 차원에서 끊임없이 기술혁신과 산업 업그레이드를 진행해야 한다. 중국은 이 분야에서 두 가지 우위를 갖고 있다.

전통 산업 방면에서 2019년 중국의 1인당 GDP가 1만 달러를 막 넘어섰는데, 미국의 6만여 달러, 독일의 4.8만 달러, 일본의 4.2만 달러에 비하면 격차가 크다. 1인당 GDP 격차의 배후에는 평균 노동생산성 수준, 산업 기술, 상품 부가가치 등의 격차가 존재한다. 그러나 이 격차를 잘 살펴보면 전통 산업은 성숙한 산업이므로 중국이 상당한 후발자 우위를 지녀 추월할 수 있음을 의미한다. 이런 기술이 있는 국가들은 기꺼이 설비를 중국에 팔 것이다. 그렇지 않으면 기술 가치를 실현할 수가 없다. 그래서 중국은 기술 도입을 통해 기술혁신과 산업 업그레이드를 이룰 수 있는 후발자 우위가 있다. 2010년 중국의 1인당 GDP를 구매력평가 지수에 근거하여 계산하면 미국의 19.2%인데, 이는 1953년의 일본, 1970년의 싱가포르, 1971년의 타이완, 1980년의 한국과 미국의 격차 수준에 해당한다. 이런 후발자 우위를 이용해 20년 동안 일본, 싱가포르, 타이완, 한국은 각각 연평균 9.3%, 8.4%, 8.9%, 8.4%의 성장을 이루었다. 이는 2030년까지 중국이 연평균 8%의 성장잠재력이 있음을 의미한다.

신산업 방면에서 중국은 앞서 말한 동아시아 경제체의 추월 단계에서는 없었던 신경제 혁명의 커브길 추월 우위를 지니고 있다.

신경제 혁명의 신산업에서 중국과 선진국은 많은 분야에서 우열을 가릴 수 없는 환경에 있다. 신경제 산업에서 어떤 것은 인터넷, 인공지능과 같은 소프트웨어와 관련되어 있고, 어떤 것은 DJI(大疆)의 드론, 화웨이의 휴대폰과 같은 하드웨어와 관련되어 있다. 신경제 산업은 R&D 주기가 짧고, 인적자본 투입 위주라는 특징이 있다. 인구대국인 중국은 인적자본이 많다. 이런 신산업이 소프트웨어 분야라면 중국 내에는 최대의 앱사이트가 있다. 하드웨어 분야라면 중국 내에 전 세계 최대이자 최고로 완비된 산업 부문과 최적의 공급사슬이 있다. 이래서 중국이 신경제 혁명에서 비교 우위가 있는 것이다.

최적의 지표는 '유니콘'이다. 유니콘은 창업한 지 10년 미만인 비상장 기업으로 시장평가 가치가 10억 달러를 넘은 기업을 일컫는다. 후룬(胡润)연구원이 발표한 전 세계 유니콘 리스트를 보면 2019년 전 세계 494개 유니콘 기업 중 중국 기업은 206개, 미국 기업은 203개이다. 2020년 3월 31일까지 전 세계 유니콘 기업은 총 586개에 달하며 이중 중국 기업은 227개, 미국 기업은 233개이다. 이는 중국이 신경제 분야에서 선진국과 경쟁우위가 있음을 의미한다.

공급측에서는 중국은 우위를 이용해 장점을 살리고 단점을 보완할 수 있다. 한편으로는 효과적 시장에 의존해 자원 배분, 인센티브를 제공하고 다른 한편으로는 유능한 정부에 의존해 산업 발전 분야에서의 일부 시장실패를 극복해야 한다.

둘째, 개혁 심화를 위해 국내 순환을 저해하는 걸림돌을 해소해야 한다.

중국의 개혁은 이원화제 점진식 개혁으로 각 분야마다 개혁 속도가 다르다. 그래서 현재 상품 시장은 대체적으로 개방되어 있지만, 요소시장은 여전히 많은 구조적 모순이나 걸림돌이 존재한다.

금융시장 부분에서는 실물경제 안에 있는 농가와 민영 중소기업의 세수가 전국의 50%, GDP의 70%, 취업 시장의 80% 이상을 차지하고 있다. 그러나 그 금융 수요를 대형은행, 주식시장, 금융채권, 벤처캐피털 등이 위주인 국내 금융체계가 만족시키지 못하고 있다. 금융이 실물경제에 서비스하는 기능을 실현하려면 농가와 중소기업을 위한 금융서비스 제공에 있어 존재하는 단점을 보완해야 한다.

노동력 시장 부분에서는 호적제도 개혁을 추진해 인재 이동이 순조롭도록 해줘야 한다. 높은 집값 문제를 해결하려면 '집은 투기가 아닌 거주하는 곳'이라는 주택 본연의 기능이 회복되도록 해야 한다.

토지시장 부분에서는 가장 큰 문제가 농촌집체토지의 시장 진입을 어떻게 시행할지 하는 것으로 공업 용지, 상업 용지와 주택 용지를 포함한 토지 공급을 늘려야 한다. 정책은 이미 있으니 이를 어떻게 추진하는지를 지켜봐야 한다.

재산권 부분에서는 '두 가지 확고함'을 견지해야 한다. '확고'하게 국가경제를 공고히 발전시키면서 '확고'하게 민간경제의 발전을 장려하고 지원해야 한다. 민영기업이 시장에서 재산권 제도의 차이로 인해 발생한 시장 진입 장벽이나 운용에 있어서의 장애에 부딪히지 않게 해야 한다.

셋째, 개방을 확대해 해외자원을 더 잘 이용해야 한다.

개방 확대 부분에서는 과거 중국의 개방 역시 이원화제여서 비교 우위가 있는 산업은 개방하고, 비교 우위가 없는 산업은 개방하지 않았지만, 이제는 개방을 확대하여 해외자원을 충분히 이용해야 한다.

대내적으로 관세 인하와 네거티브 리스트 범위 축소를 통해 외국 투자가 중국으로 잘 진입하도록 해야 한다. 이 부분에서 먼저 자유무역지대의 범위를 확대하고 자유무역지대 시범지역에서 성공한 정책을 전국적으로 확대 추진해야 한다.

대외적으로 중국은 세계무역기구의 개혁을 더 적극적으로 추진해 RCEP(역내 포괄적 경제동반자협정), 중국과 유럽이 체결한 중국유럽투자협정과 같은 일부 지역경제협력협정에 참여해야 한다. 중국은 CPTPP(포괄적•점진적 환태평양경제동반자협정) 가입을 원한다고 이미 밝힌 바 있다. 지역무역협정은 중국이 해외 자원과 해외 시장을 더 잘 이용할 수 있게 해준다.

그 밖에 중국의 개방은 장점이 있는데 바로 다른 국가들이 중국의 시장과 자원을 더 잘 이용할 수 있다는 것이다. 중국은 세계적으로 발전이 가장 빠른 시장으로 타국에게 발전의 기회를 제공할 수 있다. 이런 국가들은 미국이 중국을 봉쇄하는 행동에 쉽게 동참할 수 없을 것이다. 미국이 중국을 고립시키려고 한다면 고립되는 것은 반대로 미국 자신이 될 수 있다. 그래서 한 걸음 더 나아가 개방 확대는 중국이 현재 직면한 불리한 국제적 입지를 해소하는 데도 유리할 것이다.

종합적으로 100년 동안 전례 없던 대격변에 맞서 중국은 동력을 유지하고 상황을 올바르게 인지하여 자신의 일을 잘해야 한다. 개혁 심화를 지속하고 개방을 확대해 중국의 발전잠재력을 충분히 발현해야 한다. 이렇게 한다면 대외적으로 어떤 불확실성이 있더라도 중국은 안정과 발전을 지속해 2035년까지 사회주의 현대화 국가 건설, 2049년까지 사회주의 현대화 강국 건설이라는 목표를 실현할 수 있다. 중국의 발전은 중국과 세계에 모두 유리하다.

중국의 당당한 신산업 혁명 지원과 선도[53]

중국이 신산업 혁명을 선도해야 할 필요성

2017년 중국공산당은 제19차 당 대회에서 '두 개의 100년'이라는 목표를 제기하였다. 두 번째 100년 목표는 2049년 중화인민공화국 건국 100주년이 되었을 때, 중국을 사회주의 현대화 강국으로 건설하는 것이다. 현대화 강국은 많은 지표가 있는데 그중 하나가 1인당 GDP로 적어도 그때가 되면 강대국인 미국의 절반에 도달할 것이다. 대국으로서 중국은 소득 수준이 높은 동부 연해지역과 소득 수준이 낮은 중서부 지역이 있다. 총인구가 3.5억에 달하는 베이징, 상하이, 톈진, 장쑤, 저장, 푸젠, 광둥 등 비교적 선진화된 성과 시에서 1인당 GDP는 미국의 1인당 GDP와 동일한 수준에 있다. 산업기술이 동일한 수준에 있어야 노동생산성과 1인당 GDP가 동일한 수준에 있을 수 있다. 따라서 두 번째 100년의 목표를 실현할 때, 중국에서 비교적 선

53 본문은 저자의 2020년 6월 자오창원(赵昌文), 쉬자오웬(许召元)의 <신산업 혁명 환경 속에서 중국의 산업 업그레이드> 학술 세미나 및 신간 발표회에서의 발언 내용을 근거해 정리한 것이다.

진화된 3.5억 인구를 보유한 지역의 산업 기술은 반드시 미국과 동일한 수준에 있어야 한다.

신산업 혁명은 이미 시작되었고, 2049년은 반드시 신산업이 유행하는 시대가 될 것이다. 3.5억의 인구가 있는 지역에서는 신산업이 미국과 어깨를 나란히 해야 한다. 현재 중국에게 있어 미국은 개혁개방 이후의 협력동반자에서 경쟁자로 변했다. 미국은 19세기 말 세계 최대경제체가 된 후, GDP 규모가 미국의 60%에 도달한 세계 제2위 경제체에 대해 몇 번을 반복하며 압박해 이 나라들이 최대경제체인 미국의 지위를 위협하는 것에 대비했다. 최근의 예가 1980년대의 일본이다. 당시 일본의 경제규모는 미국의 60% 이상이었고, 1인당 GDP가 미국을 넘었고 신흥 반도체 영역에서 세계 선도적 지위에 있었다. 미국은 세계최강국으로서 패권을 이용해 일본의 반도체 산업을 압박했는데 현재 일본의 1인당 GDP는 미국의 63%까지 떨어졌고 GDP는 미국의 24%밖에 되지 않는다.

현재 중국의 경제규모는 시장환율 계산에 따르면 미국의 70%에 달하고, 중국의 5G 기술은 신산업 혁명에서 세계 선두에 있다. 최근 몇 년 동안 미국은 낡은 방법을 다시 꺼내들어 일부 근거 없는 죄명을 씌워 거국적으로 중국기업을 압박했다. 미국이 신산업 혁명에서 봉쇄 수단으로 중국을 제압하는데 성공한다면, 중국은 두 번째 100년의 목표를 실현할 수 없게 될 것이다. 어떻게 해야 이 봉쇄를 돌파할 수 있을까? 신산업 혁명을 선도하려 힘써야 봉쇄당하지 않고, 2049년에 선진화된 성과 시의 인구 규모가 미국의 현재와 비슷해 질 수 있다. 신산업 혁명의 산업과 기술이 미국과 동일한 수준에 있어야 전국의 1인당 GDP가 미국의 절반에 달할 수 있다. 그래서 신산업 혁명을 선도하는 것은 2049년 두 번째 100년 목표를 실현하는 필요조건이다.

중국이 신산업 혁명을 선도할 가능성

중국이 민족부흥의 목표 실현을 위해 신산업 혁명을 선도하는 것은 필요하지만, 그렇다면 과연 이를 실현할 조건은 갖춘 것일까? 이점에 있어 나는 자오창원(赵昌文)과 쉬자오웬(许召元)의 다음과 같은 견해에 동의한다. 산업혁명을 선도하는 국가가 꼭 경제와 산업의 기반이 취약한 것은 아니지만, 그렇다고 경제와 산업 수준이 꼭 최고인 것도 아니다. 예를 들면 19세기 말 제2차 산업혁명을 선도한 것은 미국과 독일이었는데 당시 소득과 기술 수준이 최고인 나라는 영국이었다. 미국과 독일은 소득 수준에서 추월 단계에 있었다. 구매력평가에 따라 계산하면, 1870년에(1870년) 미국의 1인당 GDP는 영국의 76.6%, 독일은 영국의 57.6%였다.

<신산업 혁명 환경 속에서 중국의 산업 업그레이드>라는 책에서는 현재 중국의 5대 혁신도시는 선전, 베이징, 상하이, 광저우, 항저우로, 구매력평가에 따라 계산하면 1인당 GDP가 미국의 72.9%에 달하는데, 이는 1870년 미국이 제2차 산업혁명을 선도할 때 미국의 1인당 GDP가 영국의 1인당 GDP 점유율과 비슷한 수준이라고 언급했다. 또한 이 5대 도시의 인구를 합하면 8,400만에 달하는데 현재 독일의 인구 8,200만보다 약간 많다. 이밖에 중국의 1인당 GDP가 최고인 7개 성과 시인 베이징, 상하이, 텐진, 장쑤, 저장, 푸젠, 광둥은 총인구수가 3.5억으로, 현재 미국의 3.3억의 총인구보다 다소 많다. 구매력평가 지수에 근거한 계산에 따르면, 이 7개 성과 시의 1인당 GDP는 미국의 54.5%로, 독일이 제2차 산업혁명을 선도할 때 독일의 1인당 GDP가 영국의 1인당 GDP 점유율과도 비슷한 수준이다. 그래서 나는 이 책의 견해에 동의한다. 1인당 GDP로 대표되는 산업, 기술 수준 등 물질적 조건에서

중국은 이번 신산업 혁명을 선도할 능력을 이미 갖추고 있는 것이다.

또한 신산업 혁명 선도에서 중국은 물질적 조건을 갖췄을 뿐만 아니라, 비교 우위를 지니고 있어, 현재 최대경제체인 미국보다 더 큰 비교 우위가 있음을 나는 덧붙이고자 한다.

여기에는 세 가지 원인이 있다.

첫 번째, 앞에서 언급한 바와 같이 G20 항저우 정상회의의 정의에 따라 신산업 혁명은 사람, 기계, 자원 사이의 스마트 인터넷 실현을 특징으로 한다. 이런 스마트 인터넷의 신산업 혁명 산업은 신구조경제학의 5대 산업 분류 안에 속하는 '커브길 추월형' 산업이다. 이런 산업은 신기술·신상품의 연구개발(R&D) 주기가 짧고 인적자본이 혁신의 가장 중요한 투입요소인 특성이 있다. 인적자본은 두 가지 부분으로 구성되는데 바로 후천적인 교육과 타고난 재능이다. 교육 수준으로 보면, 현재 우리는 유치원부터 초등학교, 중학교, 고등학교, 대학, 대학원까지의 교육이 선진국과 비교할 때 별 차이가 나지 않는다. 기술혁신에서 교육보다 더 중요한 것은 개인적 재능으로, 재능은 인구에서 정규 분포를 따른다. 비율적으로 천재인 사람은 극소수인데 이 비율은 어떤 국가도 같겠지만, 혁신의 성공 여부에서 관건은 천재의 인구 점유율이 아닌 천재인 사람의 절대적인 숫자이다. 중국의 인구는 미국의 4배이므로 중국의 천재수는 미국의 4배이고, 인적자본을 주로 투입하고 주기가 짧은 기술의 R&D에서 중국은 미국을 비롯한 어떤 국가보다도 우위에 있다.

두 번째, 이런 스마트 인터넷 신기술은 출시 후 운용 시 기술 표준이 필요한데 기술 표준 설정권은 신기술 개발국가의 국내 시장 규모에 달려있다. 두 국가가 한 기술을 놓고 경쟁할 때, 기술 출시 후 국내 인구가 많을수록 시장 규모가 더 커진다. 규모 경제의 이유로 이런 기술 표준에 따라 생산 출시된 상품과 서비스의 한계비용이 낮을수록, 해외시장에서의 경쟁력은 더 강화되고 전 세계의 표준이 될 가능성이 높다. 중국은 14억의 인구를 보유하고 있는 인구대국이다. 구매력평가에 따라 계산하면, 중국이 2014년에 이미 세계 최대경제체가 되었으므로 선진국과 신기술 표준 설정을 경쟁할 때, 규모면에서 비교 우위를 가진다.

세 번째, 신산업은 하드웨어가 필요한데 중국은 산업 종류가 잘 갖춰진 국가이다. 따라서 신기술이 아이디어에서 상품으로 생산되는 데까지 드는 시간이 가장 짧아 비용을 최대한 낮출 수 있다.

이 세 가지 이유로 중국은 미국과 신산업 혁명 선도권을 경쟁할 때(선도권 경쟁에서) 유리한 입지에 설 수 있다. 이는 5G 기술에서 우위로 나타난다. 투중연구원(投中研究院)의 보고에 의하면 설립 10년 미만의 사모/공개시장 투자자/기관평가가치가 10억 달러를 넘지만, 비상장된 '유니콘' 회사가 2018년에 중국은 150개로 전 세계 '유니콘' 회사수의 46%인데 반해, 미국은 107개로 전세계의 33%를 차지한 것으로 나타났다.

정책 제안

그렇다면 어떻게 가능성을 현실로 변하게 할 것인가? 자오창원과 쉬자오웬의 책에서는 세 가지 제안을 한다. 첫째, 재산권 제도를 더욱 완비하고, 지식재산권 보호를 강화해야 한다. 둘째, 신중하고 포용적인 관리감독 환경 조성을 위해 노력해야 한다. 셋째, 기업의 수직 이동을 유지해야 한다. 이 세 가지는 현대경제학에서 강조하는 공평하고 경쟁적인 양질의 시장 환경 구축에 속한다. 나는 이 세 가지 제안에 모두 찬성한다. 신구조경제학에서는 '효과적 시장'과 '유능한 정부'라는 '두 손' 모두를 반드시 이용해야 한다고 하는데, 유능한 정부 차원에서 다시 두 가지를 보충 설명하려 한다.

첫째는 산업 정책을 당당하게 이용해 신산업 혁명을 지원해야 한다는 것이다.

한 국가가 신기술·신산업의 발전에서 추월 단계 혹은 선도 단계에 있든지 정부는 시장실패를 극복하도록 혁신형 기업을 위해 적극적이고 유능한 맞춤형 성장 촉진을 해야 한다. 당연히 추월 단계에서 시장실패가 발생할 수 있는 부분과 선도 단계에서 시장실패가 발생할 수 있는 부분이 같지 않기 때문에 정부의 맞춤형 성장 촉진 작용점은 같지 않다.

추월 단계에서 시장실패가 발생하는 요인은 다음과 같다. ▶ 신산업의 진입과 신기술에 필요한 인적자본 육성 등의 외부적인 요인 ▶ 기술혁신과 산업 업그레이드 지원에 금융 시스템이 충분한 자본 제공을 하지 못하고 리스크를 분산하지 못함 ▶ 전력, 교통, 통신 등의 하드웨어 인프라 및 비즈니스 환경 등의 소프트웨어 제도 장치가 완비되지 못함. 이런 시장실패는 기업 스스로 극복하기 어려워 정부가 그 역할을 발휘해 협조하거나 소프트웨어와 하드웨어 인프라의 완비를 추진해야 한다. 정부가 동원할 수 있는 자원과 집행 능력은 한계가 있기 때문에 반드시 산업 정책의 방식으로 제한적 자원을 전략적으로 사용해 일자리 창출, 성장 촉진에 가장 큰 공헌을 하는 신산업 기업의 시장실패 극복과 발전을 도와야 한다.

신산업의 선도 단계에서도 시장실패가 있을 수 있다. 이는 선도 단계에서 신제품·신기술의 출현이 기초과학 연구와 신상품·신기술의 개발에 의존해야 하기 때문이다. 기업이 신상품·신기술의 개발에 적극적인 것은 개발에 성공해 나온 신상품·신기술에 특허를 출원해 시장의 독점적 지위와 이윤을 얻을 수 있기 때문이다. 반면 기초과학 연구의 성과는 논문으로 이는 공공상품(공공재)에 속해 특허를 얻을 수 없어 기업이 뛰어들려 하지 않을 수 있다. 하지만 기초과학 연구의 돌파가 없으면 기업의 신상품·신기술 개발은 뿌리 없는 나무가 될 것이다. 따라서 선도 단계에서 정부의 맞춤형 성장 촉진의 주요 작용점은 기업의 신상품·신기술 연구 개발(R&D)에 필요한 기초과학 연구 지원에 있다. 마찬가지로 정부가 기초과학연구 지원에 할애할 수 있는 자원과 능력은 한계가 있지만, 진행할 수 있는 기초과학 연구는 무궁무진하다. 정부도 산업정책으로 기초과학 연구를 지원하는 데 할애할 수 있는 자원과 능력을 전략적으로 사용해, 신상품, 신기술, 신산업의 출현을 맞춤형으로 성장 촉진할 수 있다. 이는 실제로 미국 등 기술 선진국이 줄곧 해왔던 것으로, 바로 마추카토(Mazzucato)가 미국 등 선진국의 정부를 '기업가형 정부'라고 부른 이유이기도 하다.

중국 정부는 시장 환경 구축 외에도 반드시 유능한 정부의 역할을 발휘해야 한다. 미국이 '중국제조 2025'를 공격하고 신자유주의 사상의 영향을 받은 국내의 일부 사람들이 산업 정책에 반대하는 이유로 정부의 신산업 혁명에서 해야 할 역할을 거부하지 말아야 한다. 나는 많은 자리와 저서에서 산업 정책을 쓰지 않고 선진국 추월에 성공한 개도국은 본 적이 없고, 산업 정책을 쓰지 않고 신산업 발전을 계속 선도하는 선진국을 본 적이 없다고 거듭 강조했다. 현재 신산업 혁명의 실마리가 보이는 상황에서 독일은 '인더스트리 4.0', 미국은 '미국 선진제조업 선도전략'이라는 산업 정책을 내놓았다. 중국이 유능한 정부의 역할을 발휘하려면 산업 정책을 당당하게 채택하고 신산업 혁명에서의 비교 우위를 발휘해 신산업 혁명을 선도해야 한다.

둘째, 중국은 지속적으로 개방 확대를 추진해야 한다.

개방은 신산업 혁명에서 특히 중요하다. 신산업은 규모의 경제가 커서 아무리 중국 시장이 단일 시장으로써 최대라 할지라도, 규모면에서는 전 세계 시장과 비교할 수 없기 때문이다. 그리고 중국은 신산업 혁명을 선도해 미국의 봉쇄를 돌파해야 하지만, 각 항목의 기술을 모두 자체 발명할 수는 없다. 중국은 과거처럼 기술 자원을 포함해 국내외 시장과 자원을 반드시 잘 이용해야 한다. 미국은 중국을 포위하고 압박할 수 있다. 미국이 계속해서 중국의 신산업 혁명 산업을 봉쇄하고 압박한다면, 중국은 '군사는 장군으로 막고, 물은 흙으로 덮는' 방식으로 상황에 따라 대응해야 한다. 미국이 이렇게 횡포를 부리는 이유는 '세계 우두머리'의 패권 지위를 지키기 위한 것이다. 하지만 다른 선진국의 경제규모는 이런 국가들의 세계 패권 쟁탈 야심을 받쳐줄 수 없어 자국의 경제를 어떻게 더 잘 발전시켜 국민을 잘 살게 할 것인가를 우선 고려한다. 그들이 신산업 혁명에 동참하고 신산업 혁명의 일부 영역에서까지 선두를 차지하려면 대규모 자금을 투입해야 한다. 그리고 방대한 시장이 있어야 투입한 자금을 회수하고 자금을 축적하여 차세대 기술 돌파를 지원할 수 있다. 그래서 중국에게는 국내외 시장과 자원을 충분히 이용하는 것이 국가 발전의 중요한 보물이며 이는 타국에게도 마찬가지인 것이다.

미국에서 봉쇄 카드를 꺼내 중국과 타국까지 압박해 패권 지위를 유지할 때, 중국은 개방을 계속 확대해, 타국이 중국의 기술혁신, 경제의 빠른 발전과 방대한 시장의 장점을 공유하게 해야 한다. 개방된 글로벌 무역 환경에서는 작은 국가가 얻게 될 장점이 큰 국가보다 클 수 있다. 중국이 개방을 계속 확대한다면, 미국 이외에 중국에 개방의 문호를 연 다른 국가들이 중국과의 무역교류 속에서 얻게 되는 장점이 중국보다 더 많을 수 있다. 그들은 신산업 혁명에서 중국이라는 거대하고 빠르게 성장하는 시장을 버릴 수 없다. 이런 국가들은 자신의 이익을 희생해 가며 미국의 패권을 보호하지 않을 것이기에 미국이 봉쇄로 중국의 신산업 혁명 실현을 저지하려는 의도는 실현될 수 없을 것이다.

제8장

'14차 5개년 계획'이 더 높이 매진할 시기

현 상황의 국내외 거시경제 동향 판단[54]

2019년 하반기부터, 국제통화기금, 세계은행 등 국제발전기구는 2020-2021년 사이의 세계 각국 성장 전망을 여러 차례 하향 조정했다. 코로나19 전염병이 전 세계에 만연하자 석유가격이 붕괴되면서 미국 뉴욕 주식시장은 2020년 3월에 4차례 서킷 브레이커를 발동했고, 다우존스지수는 1개월 전 최고점 대비 1/3 이상 수직 하락했다. 미국 주식 붕괴로 인해 다른 선진국과 개발도상국의 주식시장도 잇달아 하락했으며, 어떤 경우는 40% 이상까지 하락했다.

2020년 1월 이래 중국 정부가 코로나19에 대응한 일련의 조치는 뚜렷한 성과를 이뤘다. 중국의 전염병 방역상황은 계속 호전되고 있고, 세계 각국 코로나19 전염병 방역에 귀중한 경험과 시간적 잠복기를 제공했지만, 다수 국가에서는 이를 충분히 중시하지 않고 효과적 조치를 취하지 않았다. 현재 전염병은 국제적으로 급속히 확산되어 여러 국가에서 유행이 폭증하고 있다. 세계보건기구는 2020년 3월 11일 코로나19를 공식적으로 '팬데믹(세계

54 본문의 원문은 2020년 4월 13일 <베이징일보>에 게재.

적 유행)'으로 선언했다.

이란처럼 의료 조건이 열악한 개발도상국에 전염병 확산 영향이 가장 컸지만, 선진국에서 직면한 위험도 컸다. 표면상으로 선진국은 의료체계가 발달했지만 국가 동원 능력이 약했다. 전염병이 일부 도시나 주 및 현으로 확산되었을 때, 중환자 치료에서 엄청난 도전에 직면하게 되면서 효과적 치료 및 격리조치의 부족으로 인한 전염병의 전면적 확산 위험 가능성이 있었다.

이탈리아, 스페인은 중국처럼 '도시 봉쇄' 조치를 취했으며 미국, 영국, 독일, 오스트레일리아, 캐나다 등 많은 선진국의 도시는 격리 조치를 취했고, 중국 및 이탈리아의 경우는 '도시 봉쇄' 조치까지 취했다. 하지만 이 글을 쓸 때도 각국에서 아직 효과적인 백신을 연구·개발하지 못하고 있다. 선진국의 격리조치는 중국처럼 효과적이기 어렵고, 코로나19 완치 후에도 재감염의 가능성이 있어 선진국의 코로나19는 상당히 오랜 시간 동안 계속될 수 있다. 또한 전염병이 일파만파로 퍼질 수 있는데, 이는 다른 선진국과 개발도상국에 수건돌리기처럼 연속적이고 집중적으로 발생하여 세계 각국의 생산 및 생활에 엄청난 부정적 영향을 미쳤다.

선진국은 이미 경제 상황이 좋지 않았으며, 코로나19에 대응하기 위해 취한 격리나 도시 봉쇄 조치는 하락하고 있는 경제에는 설상가상이 되었다. 미국, 유럽, 일본 등 선진국 경제체의 현재 금리는 이미 제로나 마이너스에 있다. 따라서 비정상적인 양적완화정책을 채택하는 것 외에 가용할 기타 통화정책 수단이 별로 없는 것이다. 정부 재정의 누적된 부채비율이 높고 재정정책의 공간이 작기 때문에 미국과 다른 선진국에서 경기 침체가 출현한 것은 필연적이었다. JP모건스 은행이 이전에 발표한 예측에 따르면, 2020년 미국 연간 성장률은 -1.8%, 유로존은 -3.4%, 일본은 -1.3%까지 하락할 수 있다. 전염병 상황의 계속된 악화에 따라, 새로운 예측은 점점 더 비관적이다. 미국 세인트루이스 연방준비은행 총재인 제임스 블라드(James Bullard)는 미국 2분기 실업률은 30%에 이르고, GDP는 50%까지 하락할 수 있어, 미국과 다른 선진국이 1930년대 같은 경제대공황에 빠질 확률이 높다고 전망했다.

현재 세계 다수 국가에서 코로나19는 유행이 상승하거나 폭발적으로 증가하고 있으나 중국의 전염병 상황은 기본적으로 통제되고 있다. 현재 중국은 환자 유입을 방역으로 관리하고 다른 국가와 방역 경험을 공유하는 것 외에도 금지 및 봉쇄를 긴급히 풀어, 기업의 빠른 조업재개를 지원해야 한다. 마스크, 방호복, 진단 키트, 호흡기 등 방역에 필요한 물자를 생산 및 공급하고 다른 국가를 지원해 코로나19를 억제해야 한다. 또한 해외 판매량이 국외 전염병 상황과 경기 침체, 불황으로 인해 수직 하락할 때, 중국 정부는 최근 몇 년 동안 공급측 구조 개혁이 만든 유리한 정책공간을 이용해야 한다. 적극적 통화정책을 채택하고 금융 체계를 안정시키며, 신용대출 자금을 증가시켜서 실물기업이 난관을 극복하게 도와야 한다. 적극적 재정정책을 취해 새로운 기반 시설을 구축하고, 전염병 상황에서 불리한 저소득 및 빈곤 가정에 필요한 생활보조금을 제공하여 내수를 확대하며, 사회안정을 유지하면서 미래 경제성장의 병목 제거를 통해 중국 경제성장의 질을 높여야 할 것이다. 중국은 국제 경제의 적막함에서도 합리적인 성장 속도를 유지할 능력이 있고, 세계 경기 침체·불황에도 2008년 이후처럼 글로벌 경제 성장과 회복의 가장 주요한 동력이 될 수 있다고 믿는다.

2008년 국제금융위기는 글로벌 불안정을 유발했고, 글로벌 경제가 10여 년에 걸친 침체 조정기로 들어서면서 선진국과 개발도상국 사이와 선진국 내부 역량 구도에 심각한 변화를 초래했다. 2020년 코로나19와 석유가격 붕괴가 초래한 경제 하방 압력과 불확실성은 선진국이 10여 년에 이르는 완화적 통화정책으로 지탱해온 주식시장에 붕괴를 초래했고, 이는 더 나아가 글로벌 경제 위기로 변할 수도 있다. 중국이 적절히 대응하여 위기에서 안정과 성장을 유지한다면, 중국의 2020년 빈곤 퇴치 공략 등의 목표 달성에 유리할 뿐 아니라, 중국의 방역 경험과 물자로 다른 국가 전염병 방역관리를 도울 수 있으며, 중국의 성장을 통해 다른 국가의 경기 침체나 불황을 벗어날 수 있게 할 수 있다. 또한 2008년 국제금융위기처럼 중국이 국제경제에서의 비중, 지위와 영향이 더 높아질 것이다.

코로나19, 중미 마찰의 이중고와 중국경제 발전

중국의 2020년은 특별한 해로 2012년 18차 대회에서 제기한 첫 번째 100년 분투 목표를 이룬 승리의 해이다. 그 중에 두 가지 중요한 양적 지표는 '두 가지 2배 성장'으로 국내총생산과 도시·농촌 주민 1인당 소득이 2010년에 비해 2배가 된 것이다.

중국이 2020년에 첫 번째 100년 분투 목표를 실현할 수 있는가? '두 가지 2배 성장' 목표를 실현하려면, 중국경제가 2010-2020년 사이에 연 7.2%의 성장 속도를 유지해야 한다. 2010년부터 2019년까지 중국경제 연평균 성장 속도는 7.4%에 도달했으므로 2020년의 성장 속도는 5.3%가 되어야 한다.

경제성장은 노동생산률 수준의 끊임없는 향상에 의존한다. 하나는 기술의 혁신에 의한 방식으로, 노동력이 좋은 상품을 더 많이 생산할 수 있다. 다른 하나는 산업업그레이드에 의한 방식으로, 새로운 부가가치가 높은 산업으로 부가가치가 낮은 산업을 대체한다. 이런 메커니즘은 선진국과 개발도상국에 모두 적용할 수 있다. 개발도상국은 후발자우위를 이용할 수 있어 선진국에서 더 좋은 기술을 가진 설비나 특허를 구매하여 기술혁신과 산업업그레이드를 실현할 수 있는데, 이런 방식은 위험 비용이 훨씬 적고, 속도는 훨씬 빠르다. 2010년 중국의 구매력평가 계산에 따른 1인당 GDP는 그해 미국의 19.2%에 불과하며 1953년의 일본, 1970년의 싱가포르, 1971년의 중국 타이완, 1980년의 한국의 상황과 비슷하다. 이런 동아시아 경제체는 이를 기초로 20년 동안 각각 연 9.3%, 8.4%, 8.9%와 8.4%의 성장을 이뤘다. 따라서 선진국과의 발전수준, 산업, 기술격차가 가져온 기술혁신, 산업업그레이드 및 빠르게 경제 발전한 '후발자우위'에서 판단하면, 중국은 2010년부터 시작해 20년 동안 연평균 8%의 성장 잠재력이 있게 될 것이다.[55] 이런 성장잠재력이 있다면 2020년 5.3%의 성장 실현은 상대적으로 쉬울 것이다.

중국경제에 코로나19의 영향

2020년 1월 코로나19가 발생하면서 중국 전국 각지 조업이 중단되고 소비는 감소해 경기가 침체되었다. 3월에는 이탈리아, 스페인, 프랑스 등 국가가 세계 전염병의 중심이 되었고, 4월 이후에는 코로나19가 미국, 라틴아메리카, 인도, 남아프리카에서도 크게 발생하기 시작해 중국의 수출이 억제되었다. 따라서 1분기 중국의 GDP는 지난해보다 6.8% 감소했다. 다행인 것은 중국 정부가 즉시 취한 방역 조치가 상당히 효과적이어서 2분기 경제는 'V 자형'으로 반등해 3.2% 성장을 이뤘으며, 3분기에는 4.9%로 성장하여 한층 더 올라갔다. 1-3분기의 성장률은 0.7%로 전세계적으로 보면 쉽지 않은 성과이다.

55 Justin Yifu Lin, *Demystifying the Chinese Economy*, Cambridge: Cambridge University Press, 2012.

국제통화기금이 10월에 발표한 <세계경제전망>[56] 은 중국의 2020년 경제성장을 1.9%로 예측했으나 내 개인적으로는 이보다는 약간 높은 3%에 가까울 것으로 생각한다. 하지만 2%, 3% 성장 모두 중국이 2020년 말 18차 대회에서 제기한 '두 가지 2배 성장'의 목표는 예정대로 실현될 수 없음을 의미한다. 그러나 첫 번째 100년을 지칭한 것은 중국공산당 설립 100주년으로, 중국공산당이 1921년에 설립되었으므로 2021년에 창당 100주년이 된다. 국제통화기금이 2021년 중국 성장 속도가 8%에 이를 것으로 예측했으므로, 중국정부는 2021년 '국내총생산과 도시, 농촌 주민 1인당 소득이 2010년보다 2배'가 되는 목표를 예정대로 달성했다고 선포할 수 있겠다.

중미 마찰은 왜 더 심각해지는가

전염병은 지나갈 수 있지만, 중국에 더 오래 영향을 주는 요소는 중미 무역마찰이다. 미국은 중국에 많은 무역적자가 있는데, 미국 트럼프 대통령 재임 시, 적자는 미국의 손해를 의미한다고 생각했다. 실제로 미국이 중국에서 구매하는 물건은 미국이 생산할 수 없어서가 아니라 중국에서 구매하는 것이 더 저렴하므로 무역에서 각 국가의 비교 우위가 다른 결과로 발생하는 것이다. 2차 세계대전 이후, 미국은 자본이 풍부한 고소득 국가로서 줄곧 국외에서 노동집약형 상품을 수입했다. 특히 일본과 '아시아 네 마리 용' 등의 동아시아 경제체에서 수입했다. 1980년대 중국이 개혁개방을 시작한 이후, 일

56 https://www.imf.org/en/Publications/WEO/Issues/2020/09/30/world-economic-outlookoctober-2020.

본과 '아시아 네 마리 용'은 임금 상승으로 인해 노동집약형 산업에서 비교우위를 상실하게 되었다. 이런 산업은 임금수준이 낮은 중국대륙으로 이동해 대미 무역흑자도 중국대륙으로 집중되었다. 전통적으로 미국은 동아시아 국가에 대한 무역적자가 컸다. 이전의 미국 대외무역 적자에서 80%는 동아시아 국가에서 발생했고, 1980년대에 가장 많을 때는 100%에 이르렀다. 현재 미국의 대외무역 적자에서 중국의 비중이 증가하고, 전체 동아시아의 비중은 감소하고 있다. 따라서 미국 대외무역적자 증가는 중국이 초래한 것이 아닌, 주로 미국 국내요소에서 야기된 것이다. 적자는 소비가 과도하고 저축이 부족한 결과이다. 미국이 장기간 적자 확대를 지속한 주요 원인은 달러가 국제기축통화로서의 특권이 있어, 미국이 통화 증발로 전 세계에서 구매할 수 있게 하기 때문이다.[57]

트럼프 집권 후 중국상품에 대한 관세를 추가로 징수했는데, 실제로는 '제 발등을 찍는 것'이었다. 미국이 2017년 관세정책을 쓰기 시작했지만 2018년의 무역적자는 여전히 증가하고 있었다. 대중 무역적자는 11.7% 증가했으므로 추가징수 방식이 적자 문제를 해결할 수 없는 것은 분명했다.

무역적자를 제외하고 현재 미국은 지식재산권 보호 명목으로 중국기업에 대한 규제조치도 취했다. 각국 기업 간에 지식재산권 침범 행위가 있을 수 있지만, 중국은 1980년 세계지식재산권기구의 계약국으로서 지식재산권 관련 법률과 지식재산권 법원을 갖고 있으므로 중국기업이 관련 침해행위를 하면 외국기업은 법에 호소할 수 있다. 과거 10년 동안 외국기업의 중국기업에 대한 침해소송의 84%는 외국기업이 승소했고, 같은 기간 미국에서 외국

57 Justin Yifu Lin and Xin Wang, "Trump economics and China-US trade imbalances", *Journal of Policy Modeling*, 2018, 40 (3): 579-600.

기업의 미국기업에 대한 침해소송은 외국기업 승소비율이 50% 정도에 불과했다. 이런 데이터는 중국 정부에서 미국 정부가 지적하는 것처럼 국가적 행위로 중국기업이 미국의 지식재산권을 절취하도록 독려하지 않았음을 보여준다. 미국측에서는 중국정부가 미국기업에게 지식재산권이나 기술을 이전하도록 강요한다고 지적하지만, 미국기업이 중국에서 투자하는 것은 상품을 중국시장에 판매하거나 중국을 생산기지로 삼아 상품을 국제시장에 판매하려는 목적이 있다. 중국시장이든 국제시장이든 상품이 경쟁력이 있으려면 반드시 가장 좋은 기술로 생산해야 하므로 미국기업은 중국에서 가장 새롭고 좋은 기술로 생산한다. 이는 미국기업이 자체 이윤 극대화를 위한 자발적 선택이지 중국정부의 강제 정책이 아니다.

사실 미국의 중국에 대한 각종 고발과 조치는 '항장이 유방을 죽이기 위해 춘 검무'에 해당한다. 무역적자는 핑계일 뿐 실제로는 중국의 발전을 억압하기 위함이다. 이는 1980년대 미국이 유사한 방법으로 일본을 억압한 것과 비슷한 이치이다.

중국은 어떻게 중미 무역마찰을 대응할 것인가

중미 무역마찰에 직면하여 중국에게 가장 중요한 것은 발전을 향한 추진력을 유지하고 개혁을 지속적으로 심화하며 개방을 확대하면서, 중국이 2030년까지 연 8%의 성장 잠재력을 잘 이용해 2030년 이전까지 연 5-6% 성장을 이루는 것이다. 이런 성장 속도에 도달할 수 있다면 중국은 두 가지 이정표를 이룰 수 있을 것이다. 첫 번째는 2025년을 전후로 중국 1인당 GDP

가 12,700달러를 넘어 고소득 국가가 되는 것이다. 현재 전세계 16%의 인구가 고소득 국가에서 생활하고 있는데, 중국이 고소득 국가가 되면 고소득 인구비율은 34%에 이르게 될 것이다. 두번째는 2030년까지 중국 전체 경제규모가 시장환율 계산에 따라 미국을 초월한 세계 제1대 경제체가 되는 것이다. 미래에 2008년 국제금융위기나 현재의 코로나19 같은 일이 발생한다면 중국의 성장 속도는 5-6%까지 느려질 수 있어서 첫번째 이정표는 몇 년 늦춰질 수 있다. 하지만 외부의 글로벌 충격이 있을 경우, 미국은 2008년의 금융위기와 현재의 코로나19를 직면한 정도의 충격을 받을 가능성이 있으며, 이로 인해 미국의 성장 하락폭이 중국보다 더 커지면 중국이 두 번째 이정표를 이룰 시간이 2030년 이전으로 앞당겨 질 수 있다.[58] 이를 기초로, 중국이 계속 개방한다면 미국이 중국을 억압하는 것은 쉽지 않을 것이다. 2008년 국제금융위기 이후 중국은 현재의 구매력에 따라 계산하면 세계 최대 단일 시장이고, 미래의 중국은 세계시장에 연 30%정도의 성장에 공헌할 수 있다. 각국의 성장은 국내와 국제 시장 및 자원을 잘 이용해야 하는데 다른 국가는 미국처럼 패권을 다투거나 세계 패권을 유지하려는 야심이 없다. 따라서 각국에서는 각자의 발전을 위해 중국과 우호적인 관계를 유지하면서 중국의 시장을 충분히 이용해 자신의 경제를 발전시키려 할 수 있다.

중미 마찰은 중국의 1인당 GDP가 미국의 절반에 도달해야만 멈출 수 있을 것이다. 중국 인구는 미국의 4배이므로, 중국의 1인당 GDP가 미국의 절

---

58 1978-2008년 중국 연평균 성장 속도는 9.9% , 미국은 2.9%로, 중국이 미국보다 7% 높았다. 금융위기 충격으로, 2009년 중국의 성장 속도는 9.4%, 미국은 -2.8%로, 중국이 미국보다12.2% 높았다. 2019년 중국의 성장 속도는 6.1%, 미국의 성장 속도는 2.2%로, 중국이 미국보다 3.9% 높았다. 국제통화기금의 전망에 따르면, 2020년 미국의 성장 속도는 -4.3%, 중국의 성장 속도는 1.9%로, 중국이 미국보다 6.2% 높게 될 것이다.

반에 도달한다는 것은 중국 경제규모가 미국의 2배가 됨을 의미한다. 또한 중국 내에는 지역적 차이가 있으므로 베이징, 톈진, 상하이, 산둥, 장수, 저장, 푸젠, 광둥 등 총인구 규모가 미국과 비슷한 성(省)의 1인당 GDP는 미국과 비슷하게 될 것이다. 이 도시들의 산업기술이 미국과 같은 수준에 도달한다면, 미국이 중국의 발전을 억압하는 데 사용하는 기술적 우위는 사라지게 될 것이다. 이밖에 중국 중서부 10억 인구의 1인당 GDP는 대략 미국의 1/3로, 경제규모는 미국처럼 크지만 후발자 우위가 있어 발전속도가 더 빠를 수 있다. 이때 미국에서는 중국이 미국을 초월한다는 사실을 바꿀 방법이나 능력이 없을 것이다. 미국은 자신의 발전을 위해서 중국의 시장을 충분히 이용해야만 중미 간 평화로운 발전을 이룰 것이다. 이 목표를 실현하기 위해서 중국은 2030년 이전에 8%의 성장잠재력으로 5-6%의 성장을 유지하고, 2030년에서 2040년까지 6%의 성장잠재력으로 4-5%의 성장을 이루며, 2040년에서 2050년까지 5%의 성장잠재력으로 3-4%의 성장을 이뤄야 한다. 이렇게 한다면 2049년 신중국 성립 100주년인 해에 중국의 두 번째 100년 목표인 사회주의 현대화 강국 건설을 이룰 수 있다.

2020년은 중국이 첫 번째 100년 목표를 완성하고 두 번째 100년 목표로 매진하는 해인데, 중국은 코로나19와 중미 마찰로 인한 시련에 부딪혔다. 미래를 전망하면, 100년 동안 유래없는 중미 국제 경제 지위 변화의 대격변 속에서 중국은 각종 자연 요소, 지연정치 요소로 인한 어려움에 직면할 수 있다. 하지만, 문제발생의 원인, 변화의 방향을 명확히 분석하여 발전을 향한 추진력을 유지하며 지속적으로 개혁을 심화하고 개방을 확대해 잠재력을 발굴하고 안정적인 성장을 유지한다면 중국의 발전은 중국과 세계에 모두 유리하므로 중화민족의 위대한 부흥이라는 목표도 반드시 실현될 수 있다.

경제구조 전환 및 '14차 5개년' 기간 각지에서의 양질의 발전

제3대 발전경제학인 신구조경제학은, '지성일체(知成一體: 역주; 지행합일(知行合一)을 초월한 저자가 제시한 개념)'를 강조했다. 우리는 신구조경제학의 차원에서, '14차 5개년' 계획기간에 어떻게 각지에 양질의 발전을 실현할지 논하고자 한다.

'14차 5개년' 계획은 중국에게는 중요한 계획이다. 중국이 신시대로 진입한 이후 제정한 첫 번째 5개년 계획이고, 전면적 샤오캉 사회(역주: 중산층 사회)를 건설한 후, 2050년까지 중국을 사회주의 현대화 강국으로 건설하기 위한 2보 전략을 실현한 첫 번째 계획이기 때문이다. 이 전략 목표 실현을 위해서는 기초를 공고히 다져야 한다.

'14차 5개년' 계획 기간에 중국은 1인당 GDP 12,700달러의 문턱을 넘어 중등 소득 국가에서 고소득 국가로 변할 수 있다. 이는 인류역사에서 하나의 이정표가 될 것이다. 현재 고소득 국가의 인구는 전 세계 총인구의 15%에 불과한데, 중국이 고소득 국가가 된 이후에는 고소득 국가의 인구는 전세계 인구의 15%에서 34%까지 증가할 수 있다.

중국은 14억 인구 대국으로 국내지역의 발전 격차가 상당히 크다. 1인당 GDP가 이미 2만 달러를 넘은 14개 도시는 베이징(北京), 상하이(上海), 톈진(天津), 광저우(广州), 선전(深圳), 샤먼(厦门), 주하이(珠海), 난징(南京), 우한(武汉), 닝보(宁波), 우시(无锡), 창저우(常州), 오르도스(鄂尔多斯)이며 총인구는 1.5억에 이른다. 반면에 간수(甘肃), 산시(山西), 윈난(云南)등의 지역은 1인당 GDP가 7,000달러 이하이며 이 지역 6억 인구의 월소득은 1,000위안 정도이다. 이렇게 격차가 큰 대경제체 안에서 중국은 어떻게 양질의 발전을 실현할 것인가?

'14차 5개년' 기간은 2016년 20개국 단체가 항저우 정상회의에서 제기한 신산업혁명이 바야흐로 빠르게 발전하는 시기가 될 것이다. 이런 시대적 배경에서, 각 지방이 각자의 실제 경제 상황과 국내외 상황 변화에 따라 양질의 발전 계획을 어떻게 제정할 지는 사람들의 관심 과제이자 '지성일체'를 신봉하는 신구조경제학이 생각해야 할 과제이다.

비교 우위에 따른 각지의 경제 발전

신구조경제학의 차원에서, 어떤 발전단계에서든 경제 발전을 나타내는 것은 소득수준의 향상이다. 소득수준 향상을 위해서는 기존 산업기술의 끊임없는 혁신, 부가가치가 더 높은 새로운 산업의 끊임없는 출현을 통해 노동생산률의 수준을 향상시켜야 한다. 아울러 신산업, 신기술의 수요에 따라 전력, 전기통신, 도로, 항구 같은 하드웨어 기반 시설 및 금융환경, 비즈니스환경, 법제환경 등과 같은 소프트웨어 제도장치를 끊임없이 완비하여 거래 비용을 감소시켜 기술과 산업의 생산력이 충분히 발휘될 수 있게 해야 한다. 이는 경제발전의 일반적 메커니즘이다.

그렇다면 이러한 메커니즘으로 어떻게 각지에서 지속가능한 양질의 발전을 추진할 것인가? 각 지방에서 기술혁신, 산업업그레이드를 할 때에는 반드시 각 지방의 요소부존 구조가 결정한 비교 우위를 충분히 이용해 비교 우위를 경쟁우위로 변화시켜야 한다는 것이 기본원칙이다.

왜 반드시 각지의 비교 우위를 충분히 이용해야 하는가? 그 이유는 발전시키려는 산업이 현지의 비교 우위에 부합해야만 생산비용이 최저가 될 수 있기 때문이다. 이는 경쟁우위를 구성하는 물질적 기반이다. 하지만 시장에서의 경쟁이 생산비용의 경쟁이 아니라 총비용의 경쟁이라 생산비용 이외에 하드웨어 기반 시설과 소프트웨어 제도장치로 결정되는 거래 비용도 포함한다.

그렇다면 어떻게 기업가가 각 지방의 요소부존이 결정한 비교 우위에 따라 산업과 기술을 선택하게 할 것인가? 어떻게 각 지방의 비교 우위를 경쟁우위로 변하게 할 것인가? 전자는 제도장치가 필요한데 바로 각종 요소의 상대가격으로, 반드시 요소들이 그 지방의 상대적 희소성을 반영해야 한다. 자본이 상대적으로 부족하고 노동력이 상대적으로 풍부하다면 자본이 상대적으로 비싸고 노동력이 상대적으로 저렴할 것이다. 자본이 상대적으로 풍부하고 노동력과 자연자원이 상대적으로 부족하다면 자본이 상대적으로 저렴할 것이다. 이런 요소 가격체계가 있다면 기업가는 자신의 이윤 극대화를 위해 풍부하고 저렴한 요소를 많이 이용하며, 희소하고 비싼 요소를 적게 사용하게 된다. 기업가가 선택한 기술은 현지 요소부존이 결정한 비교 우위가 있는 기술에 부합할 수 있으며, 진입한 산업은 현지 요소부존이 결정한 비교 우위가 있는 산업에 부합할 수 있다. 어떻게 해야 각 지방 요소의 상대적 희소성을 충분히 반영할 수 있는 가격체계를 형성할 수 있는가? 이는 상품과 요소시장이 충분히 경쟁하는 '효과적 시장'이 필요하며, 이것이 비교 우위에 따라 경제를 발전시키는 제도적 기반이다.

그러나 경쟁적 시장은 기업가가 요소부존 구조로 결정된 비교 우위에 따라 산업과 기술을 선택하도록 유도할 수는 있지만 영향을 주는 것은 생산과정에서의 요소비용뿐이다. 경쟁우위로 변하게 하려면, 발전시키려는 산업에 상응하는 하드웨어 기반 시설과 소프트웨어 제도 환경이 있어야 한다. 기반 시설과 제도 환경의 완비는 기업가가 스스로 할 수 없으며 정부에서 협조하거나 제공해야 한다. 그래서 각지의 비교 우위에 따라 산업을 발전시키려면 효과적인 시장 외에도 유능한 정부가 각 지방의 비교 우위를 가진 산업에 따른 적합한 하드웨어 기반 시설 및 소프트웨어 제도 장치를 제공하고, 기업가를 도와 현지의 비교 우위를 국내외 시장의 경쟁우위로 변화시켜야 한다. 따라서 경제가 빠르게 발전하기 위해서는 한편으로는 반드시 효과적인 시장이 있어야 하고, 다른 한편으로는 유능한 정부가 있어야 하는데, 두 가지 모두 매우 중요하다.

'맞춤형 성장 촉진'과 '역발상'

각 지방이 '14차 5개년 계획' 기간 동안 현지 비교 우위를 이용한다는 기본원칙에 따라 계획을 제정하여 산업전환 업그레이드를 어떻게 추진하고, 구체적으로 어떻게 할 것인가? 신구조경제학은 어떤 발전단계에서든 각 지방의 산업을 세 가지 차원에 근거해 구분한다. 첫째는 기존의 산업이 전국 및 전 세계의 기술과의 격차가 얼마나 큰가? 혹은 전국 및 전 세계 기술의 선두에 있는가? 아니면 선두와 일정한 격차가 존재하는가?이다. 둘째는 이 산업이 현지의 비교 우위에 부합하는 것인가? 아니면 비교 우위를 위배한 것인가? 과거에는 비교 우위가 있었는데, 현재는 비교 우위를 상실한 것인가?이다. 셋째는 이 산업의 상품과 기술의 연구개발 주기는 짧은 주기(반년, 1년, 18개월)인가? 아니면 긴 주기(10년, 20년, 30년)인가? 앞서 서술한 바와 같이, 신구조경제학은 이 세 가지 차원에 근거해 각 지방의 산업을 다섯 개의 유형으로 나눴는데 추월형, 선도형, 전환 업그레이드 진입형, 커브길 추월형, 국방안전과 전략형이다.

이 다섯 가지 산업에 대해 각 지방의 정부가 어떻게 시장에서 '유능한 정부'의 역할을 발휘해 발전을 촉진시킬 것인가? 신구조경제학은 두 가지 방법을 제기했는데, 첫째는 '맞춤형 성장 촉진', 둘째는 '역발상'이다.

맞춤형 성장 촉진의 주요 목표는 비교 우위 산업으로, '추월형, 선도형, 커브길 추월형'을 포함한다. '추월형'은 현지 산업이 낮은 수준의 상품과 질에서는 비교 우위가 있지만 선진국과 비교하면 기술이 상대적으로 낙후되어 있다. 그렇다면 어떻게 기술격차를 축소할 것인가? 첫째는 이 분야의 인재를 육성해야 하고, 둘째는 해외의 선진기술을 도입해야 한다. 기술을 도입할 때에는 어떤 경우는 더 좋고 새로운 설비를 구매하고, 어떤 경우는 특허를 구매하며, 어떤 경우는 해외에 연구개발센터를 설립하여 현지에서 높은 수준의 인재를 고용하거나 국내에 연구개발센터를 설립해 그 기술을 장악한다. 각 지방정부는 기존의 산업 상황을 분석해 기업의 수요를 이해해야 하며, 현지 기업이 기술 추월 과정에서 마주할 수 있는 어려움을 극복하여 더 빠르게 기술과 상품의 질 수준을 향상시킬 수 있도록 도와야 한다.

선도형 산업은 반드시 끊임없이 신상품, 신기술을 연구·개발하여 국내 및 국제시장에서 선도적 지위를 유지해야 한다. 기초과학연구와 신상품, 신기술의 개발에서 기업은 개발에 대해 적극적이다. 신상품, 신기술 개발이후, 특허를 취득하면 국내 및 국제 시장에서 독점이윤을 얻을 수 있어 성공 후의 수익이 특히 높기 때문이다. 하지만 신상품, 신기술의 개발에서 성공하려면 반드시 기초과학연구의 돌파가 있어야 한다. 그렇지 않으면 신상품, 신기술의 개발은 뿌리 없는 나무가 될 수 있다. 중앙과 지방정부가 힘을 합해 국가실험실, 성·지방급 실험실을 설립하여 산학 연구 협력을 구축하고 선도형 산업의 신기술, 신상품 개발에 필요한 기초과학연구를 지원하면서 기업이 기초과학연구에서의 병목을 돌파하도록 도와야 한다.

전환 업그레이드 진입형 산업은 과거에는 비교 우위가 있어 지방 경제 발전에 대한 공헌이 컸지만, 일반적으로 노동집약형 산업이라 현재는 점차 비교 우위를 상실하게 되었다. 각 지방의 '1현1품(一县一品)', '1시1품(一市一品)' (역주: 중국의 브랜드 지원활동)은 대부분 이런류의 산업이다. 이런 산업은 일부 '기계가 인력을 대체'해 생산력 수준을 향상시킬 수 있지만, 부가가치의 병목 제한으로 인해 이 분야에서는 일정한 한계가 있다. 일부 유능한 기업은 브랜드를 구축하여 상품 디자인, 시장 판매 채널을 통해 부가가치가 비교적 높은 생산 활동으로 진입할 수 있다. 그 중 생산·가공부문에서 '기계가 인력을 대체'하는 비용이 너무 높다면, 임금수준이 비교적 낮은 중서부 성이나 해외 지역으로 이동하여 제2의 전성기를 만들어야 한다. 미소곡선 양단 진입에 필요한 디자인 인재의 경우는 지방정부가 직업훈련학교를 설립하여 기업을 도와 육성할 수 있고, 만약 전국이나 전세계 시장 채널중심으로 전환한다면, 지방정부가 필요한 기반 시설과 비즈니스환경을 제공할 수도 있다. 다른 지역으로 이동해 제2의 전성기를 만들려는 기업에 대해 현지 정부에서 기업 인수단을 조직해 인수 지역의 정부와 연계하여 그 지역에 터를 잡아 투자유치와 인재유치를 하며 기업이 빠르게 성장할 수 있도록 할 수 있다.

커브길 추월형 산업에 대해, 신산업혁명의 스마트 제조 및 스마트 연결 소프트웨어와 하드웨어 산업은 인적자본을 가장 주요한 투입 요소로 삼는다. 어떻게 유능한 사람을 모아 새로운 산업을 발전시킬까? 만약 현지에 좋은 대학이 있다면 많은 인재가 있을 것이고, 선전처럼 대학이 비교적 적다면 유리한 환경을 만들어 기업과 인재를 유치할 수 있다. 중국 일부 성은 꿈의 마을을 만든 것 같은 많은 성공의 경험이 있다. 혁신 능력이 있는 인재를 그 지역에 집중시켜 브레인스토밍을 진행하면 신상품, 신개념, 신기술, 신경영 방식을 개발할 수 있다. 차세대 상품을 개발해 대규모 생산을 하려고 하거나 새로운 생산 및 영업모델을 개발할 때도 자본 투입이 필요하다. 만약 벤처캐피털의 투입이 필요하다면 지방정부가 선도펀드를 설립하여 혁신형 기업을 지원하고 벤처캐피털을 유인해 투자할 수 있다.

국방과 경제안전에 관련된 전략형 산업은 비교 우위를 위배하여 시장에서는 영리요구를 실현할 수 없으므로 전체적인 중앙정부의 재정보조가 있어야 한다. 1960-70년대에 많은 3선 구축은 이런 방식에 속한다. 중미 관계가 협력 동반자에서 경쟁상대로 변했기 때문에 국방 안전과 경제안전은 중국의 진일보한 발전에 매우 중요하며 '14차 5개년' 기간 전략형 산업에 장족의 발전이 있을 것이다. 이 항목은 항상 뿌리를 내리고 있어야 하므로 각 지방에서 중앙의 정책에 맞춰 이 산업이 뿌리를 내릴 수 있게 하며 '역발상'을 위한 조건을 만들 수 있다. 보통 전략형 산업의 인적자본과 물질자본이 특히 집약되어 있으며 한 지역의 요소부존이 결정한 비교 우위를 초월하게 된다. 지방정부가 자신의 역량으로는 이런 산업의 진일보한 업그레이드와 발전을 지원하기 어렵지만, 지방정부는 이런 산업이 가져온 기술역량과 관련 산업 사슬을 이용해 '역발상'이 가능하므로, 현지의 노동력이나 자연자원의 부존조건을 결합하면서 현지 비교 우위에 부합하는 산업을 발전시킬 수 있다. 개혁개방 이후, 이러한 성공의 예가 적지 않았다. 예를 들면 쓰촨 멘양(四川绵阳)은 3선 구축의 중요 도시로서, 자본과 기술이 특히 집약된 비행기 엔진, 레이더 등 국방군수산업 최전선의 상품을 생산할 수 있었다. 개혁개방 이후, 양의 창훙전기는 원래 레이더 생산을 하던 공정의 기술역량을 현지 노동력과 결합하여, 레이더 보다 낮은 자본과 기술이 필요한 가전용 컬러 텔레비전을 생산하면서, 1980-90년대 국내에서 가장 유명한 컬러 텔레비전 브랜드가 되었다. 충칭도 중공업 기지로서 탱크를 생산할 수 있었는데, 1990년대 그 기술 및 산업 조합 우위를 이용해 전국 최대의 규모와 최고의 경쟁력을 가진 오토바이 생산 기지가 되었다. '14차 5개년' 기간에 각 지방은 현지의 요소부존이 결정한 비교 우위에 따른 '맞춤형 성장 촉진' 산업 업그레이드 외에도 전략형 산업이 '역발상'을 할 수 있다면, 보유한 자본과 기술보다 낮은 단계에서 현지의 요소부존에 따라 군민이 결합해 비교 우위에 맞고, 국내외 시장에서 큰 수요가 있는 새로운 민간산업을 발전시킬 수 있다.

'14차 5개년'에 새로운 발전이념 관철 실행

'14차 5개년' 기간 신산업혁명 관련 산업은 중국에서 많이 발전할 수 있을 것이다. 이런 산업은 인적자본 투입을 위주로 상품 기술 연구·개발의 주기가 짧은 커브길 추월형 스마트 기술산업에 속하는 것이 상당히 많은데, 해당 조건을 갖춘 지방에서는 이 기회를 잡아야 한다. 동시에 이러한 새로운 스마트 기술로 전통 산업을 개조하여 생산의 효율성을 제고하고, 새로운 스마트 기술을 사용한 시장 마케팅 방식을 개혁해야 한다. 이 때 새로운 경영방식을 만들면서 전통산업이 신산업혁명 시대에 새로운 봄을 빛내게 하는 것이 특히 중요하다. '14차 5개년' 기간동안 각 지방은 현지기업이 이러한 방향으로 열심히 탐색하도록 격려하고 지원해야 할 것이다.

'14차 5개년' 기간동안 중국은 고소득 국가가 되기 위한 문턱을 넘게 될 것이다. 소득수준의 향상에 따라, 국민은 삶의 질에 대해 관심을 갖고 환경과 친환경 발전에 대한 더 높은 요구가 있을 것이다. 따라서 각 지방에서는 '14차 5개년' 기간에도 친환경 발전을 유지해야 한다. '12차 5개년', '13차 5개년' 기간에 적지 않은 지방의 친환경 기술 및 산업이 잘 발전되어 태양에너지, 풍력에너지가 중국 내에서 선도형 산업이 되었다. 전 세계 기후온난화 문제에 대한 관심이 높아짐에 따라 이 분야의 수요는 점차 높아질 수 있다. '14차 5개년' 기간 태양에너지 산업이 있는 지방은 기업이 선도하도록 계속 지원을 유지해야 하고, 전국 각지에서 친환경 기술로 전통산업을 개조해, 오염과 배출을 감소시켜, 환경을 개선하면서, 국민의 행복한 생활에 대한 수요를 만족시켜야 한다.

중저소득 단계에 있을 때, 노동집약형에 속한 많은 비교 우위 산업은 규모경제가 비교적 작아, '일향일품(一乡一品)', '일현일품(一县一品)', '일시일품(一市一品)'이 많이 나타났다. 향(乡), 현(县), 시(市) 안에 산업 관련 공급사슬을 함께 집중 관리하여 효율적이고 경쟁력 있는 산업 클러스터를 형성했다.

'14차 5개년'의 고소득 단계에 진입하면서, 비교 우위 산업은 자본집약형으로 변화되어, 경제규모가 커졌다. 따라서, 한 산업에 필요한 각종 부품, 설비의 생산이 하나의 향, 현 심지어 성에서도 집중하기가 어렵게 되었다. 상술한 새로운 상황에 맞춰 중앙에서는 창장경제벨트, 베이징 톈진 허베이 협동발전, 광둥·홍콩·마카오만 지역, 청위지역 두 도시 경제권 등의 지역발전 전략을 제기했다. 지역을 초월한 산업클러스터 발전에서 각 지방은 현지의 부존조건에 근거해 산업클러스터 안에서 비교 우위 산업을 발전시키고, 지역 내에서 다른 도시의 산업발전에 협조하면서 전국에서 전 세계에 이르는 경쟁우위를 갖춘 하나의 산업클러스터를 형성해야 한다. 그러므로 '14차 5개년' 계획을 실시하는 기간 동안 지역 내 각 지역의 조화로운 발전을 특히 중시해야 한다.

상술한 원칙에 따라 '14차 5개년' 기간의 산업전환 업그레이드 계획을 세정한다면, 시진핑이 제기한 '혁신, 협조, 친환경, 개방, 공유'가 되는 양질의 발전을 이룰 수 있다. 혁신은 각 지역 경제발전 과정 중에서의 기술과 산업의 끊임없는 업그레이드가 요구된다. 추월형 산업이라면, 도입 소화 흡수할 수 있으며, 세계 선두에 있는 선도형 산업이나 선진국과 동일 출발선에 있는 커브길 추월형 산업 및 전략형 산업이라면, 혁신은 반드시 자체 연구개발에 의존해야 한다. 발전과정에서 지역을 초월한 협력이 필요하고, 환경과 사회의 협조가 필요하다. 행복한 생활에 대한 국민의 기대를 만족시키기 위해서는 반드시 친환경 발전을 견지해야 한다. 동시에 각 지방이 비교 우위에 따라 발전하려면, 전략형 산업 외에도 국내외 시장 및 자원 개방을 발전에 충분히 이용해야 한다. 마지막으로, 비교 우위에 따른 발전은 지속가능하므로 많은 취업기회를 만들 수 있다. 이는 노동생산력 수준과 임금을 향상시켜 모든 사람들과 발전의 결실을 나눌 수 있다.

'14차 5개년' 기간 각 지방의 비교 우위를 잘 이용해 '효과적 시장'과 '유능한 정부'가 그 역할을 발휘하도록 해 비교 우위를 경쟁우위로 변하도록 하여 양질의 발전을 실현한다. 그리하여 우리는 중국을 가난하고 낙후된 개발도상국에서 고소득 국가로 발전시키려는 목표 달성을 목도하고 참여하며 공헌하게 될 것이다. 이는 중국 발전사 및 인류 근현대사에서 중요한 이정표가 될 것이다.

발전을 향한 추진력으로 성장 반등 실현[59]

제도우위를 발휘해 안정적 성장 실현

'14차 5개년' 시기는 중국이 샤오캉 사회(小康社会)를 전면적으로 건설하는 첫 번째 100년 분투 목표를 실현한 후, 그 기세로 사회주의 현대화 국가를 전면적으로 건설하는 새로운 여정인 두 번째 100년 분투 목표를 향해 나아가는 첫 번째 5년으로 중국은 새로운 발전단계에 진입하며 새로운 기회와 도전에 직면할 것이다.

중국 내에서, 중국사회의 주요 모순은 나날이 증가하는 행복한 생활에 대한 국민의 수요와 불균형하고 불충분한 발전 간에 존재한다. '14차 5개년' 기간 동안 중국 인민의 소득 수준은 한층 더 향상될 것이며, 국민의 행복한 생활에 대한 기대가 새롭게 나타나게 될 것이다. 동시에 중국의 혁신 능력이 양질의 발전요구에 적응하지 못한 것, 농업기반이 안정되지 못한 것, 도시

---

59 본문은 2020년 7월 28일 인민망재경(人民网财经), 2020년 9월 16일, 17일 <대공보(大公报)>, 및 2020년 9월 17일 <중국 기율검사 감찰보(中国纪检监察报)>가 저자에게 진행한 특별 인터뷰에 근거해 정리.

농촌 지역발전과 소득분배 격차가 비교적 큰 것, 생태환경보호의 책임이 무겁고 갈 길이 먼 것, 민생보장에 단점이 존재하는 것, 사회 거버넌스가 취약한 것 등에 대한 방안을 구축해야 사회주의 현대화 강국 건설을 위한 기초를 다질 수 있다고 시진핑은 강조했다.

국제적 환경에서 보면, 현재 세계는 100년 만에 유례없는 큰 변화를 겪고 있다. 코로나19의 발생도 이러한 불확실성을 더욱 촉진시켰다. 중국은 현재 세계 제2대 경제체가 되었는데, 구매력평가에 따른 기준으로는 이미 제1대 경제체이다. 2000년 이전 G7 국가 그룹의 경제 총량은 전 세계의 2/3를 넘었고, 현재는 중국 등 신흥 경제체의 비중이 점차 더 커지고 있다. 2008년 국제금융위기 이후, 중국은 성장을 빠르게 회복했고, 매년 세계 경제 성장에 30%정도 공헌하고 있다. 또한 1978년에서 2019년까지 중국은 연평균 9.4%의 높은 성장을 이뤘다. 중국의 현재 1인당 GDP는 1만 달러를 갓 넘겼으나 미국의 6.2만 달러와 유럽, 일본, 한국 등 선진국의 4만 달러에 비하면, 격차가 적지 않다. 이는 중국의 산업과 기술 전체 수준이 추월 단계에 있으며, 기술혁신과 산업업그레이드에서 '후발자 우위'에 있음을 의미한다.

양질의 발전을 실현하기 위해서는 반드시 중국이 얼마나 발전 가능한 잠재력이 있는지 알아야 하고, 발전잠재력을 국내외 상황 변화에 맞춰 새로운 이념에 따라 양질의 발전을 실현해야 한다.

중국의 현재 발전단계에서 보면, '후발자'와 '커브길 추월'의 두 가지 우위를 가지고 있어 2030년 이전까지 연평균 8%정도의 성장잠재력이 있다. 성장잠재력은 공급측 차원에서 얼마나 발휘될 수 있는지는 수요측에서 결정한다. 현재 외부 수요가 장기적으로 부진한 상황이므로, 중국은 국내 수요를 잘 파악해야 한다. 중국은 14억 인구가 있는 큰 시장으로서 사용할 수 있는 정책 수단도 많다. 중국이 심화개혁, 개방확대를 계속 견지하고 새로운 발전 이념에 따라 국내 순환을 위주로 하면서, 동시에 국제와 국내 쌍순환 상호촉진을 추진해 과학기술과 인재라는 두 요소에 의존하며 중국의 제도우위를 잘 발휘하면 '14차 5개년' 계획 기간에 안정적인 성장 실현에는 문제가 없을 것이다.

불확실성 환경에서 확실성 선택

2020년 상반기 중국경제 '성적표'는 좋았다. 원래의 예측했던 것보다 더 좋았다고 말할 수 있다. 여기에는 특수한 전제가 있는데, 코로나19는 전 세계 경제에 큰 충격을 주었고 대부분 국가의 경기가 하강하고 있다는 것이다. 중국의 1분기 GDP는 전년 대비 6.8% 하락했다. 2분기에 중국은 3.2%의 빠른 성장을 이루었는데 이는 전 세계에서 유일하다고 할 수 있다. 내가 보기에 중국이 이런 성과를 이룬 것은 확실히 쉽지 않은 일이다.

동시에 중국은 외부환경의 불확실성이 아직 존재하고 있다는 것도 봐야 한다. 전세계적으로 전염병 발생이 지속적으로 반복된다면 경제 성장에 부정적 영향을 줄 수 있다. 이 밖에도 미국 등 국가의 무역 정책 및 중국 관련 산업에 대한 악의적 억압은 경제 발전에 불확실성을 가져올 수 있다. '군사는 장군으로 막고, 물은 흙으로 덮는' 방식으로 상황에 따라 적절히 대응하고 중국이 전염병에 대해 방역을 철저히 하고, 경제 성장에 유리한 조건을 찾아 발전을 향한 추진력을 유지하며 시진핑이 강조한 것처럼 자신의 역량을 집중해 자신의 일을 잘한다면 나는 중국이 전세계 경제 성장의 가장 주요한 동력이 될 수 있다고 믿는다.

불확실성에 직면해 중국은 어떻게 정책 도구를 잘 이용할 것인가?

중국은 중앙정부와 지방정부를 합한 부채의 GDP 점유 비중이 60% 이하지만, 선진국과 다른 개발도상국은 보편적으로 100%가 넘기 때문에 중국은 적극적인 재정정책을 이용할 수 있는 공간이 비교적 충분하다. 통화정책에서는 다른 국가가 제로금리, 마이너스금리를 시행하기 시작했지만, 중국은 여전히 금리가 플러스이고, 지급준비율도 비교적 높아서 통화정책을 이용할 공간도 충분하다. 동시에 중국의 거시정책은 목적성과 시효성이 있어 감세 및 비용인하, 금융지원 등의 일련의 조치도 효과적으로 정착했다.

중국의 성장 공간이 넓은 것이 더 중요한데, 특히 기술혁신, 산업업그레이드 공간이 크다. 스마트 제조, 5G 기술, 인공지능 등 분야에서 중국과 선진국은 같은 출발 선상에 있다. 중국은 큰 국내시장을 갖고 있어서 기술혁신 돌파 이후 규모 경제가 나타날 수 있다. 전체적으로, 중국의 유리한 요소를 분명히 보고 중국의 발전을 향한 추진력을 유지하며 개혁개방을 계속 견지한다면, 외부환경이 어떻게 흔들려도 중국은 바람을 타고 파도를 헤치며 나아갈 수 있을 것이라 믿는다.

'6가지 안정' '6가지 보장'의 관건은 취업보장, 안정적 성장

2018년 7월, 중앙경제업무회의에서 처음으로 '6가지 안정' 방침을 제기했다. 2020년 4월 중앙은 다시 '6가지 보장'의 새로운 임무를 제기했다. '6가지 안정'이 지칭하는 것은 안정적 취업, 안정적 금융, 안정적 대외무역, 안정적 외자, 안정적 투자, 안정적 예측으로 현재 중국 경제 생활에서의 주요한 방면을 포함하고 있다. '6가지 보장'이 지칭하는 것은 주민고용 보장, 기본 민생 보장, 시장 주체 보장, 식량 에너지 안전 보장, 산업 사슬과 공급사슬 안정 보장, 하부조직 운영보장이다.

'6가지 안정', '6가지 보장'의 관건은 취업보장과 안정적 성장이다. 취업이 보장되면 사회가 안정될 수 있고, 가정소득이 증가할 수 있으며, 소비가 활발할 수 있어, 중국의 생산잠재력이 발휘될 수 있다. 취업 보장의 최대 원천은 무엇인가? 경제 성장이다. 경제가 성장해 투자가 있으면 취업 기회가 증가한다. 동시에 새로운 취업 기회의 증가는 산업 업그레이드 및 기술혁신과 노동능력 수준 향상에 맞는 노동자 임금 수준 향상을 촉진할 수 있다.

현재 중국 내에는 좋은 투자기회가 많다. 이런 효과적 투자는 중국의 경제절상을 받쳐주게 되므로 중국의 거래 비용을 인하할 수 있다. 예를 들면 '새로운 기반 시설 구축' 발전은 전체 경제의 효율적 향상을 한층 더 추진할 수 있다. 4G가 있어야 이동통신과 온라인 결제를 더 잘 실현할 수 있듯 5G 시대의 도래에 따라 스마트 인터넷이 더 많은 고부가가치의 새로운 경영방식을 만들어 내어 많은 취업 기회를 만들 수 있을 것이라 믿는다.

경제개혁과 발전이 성공하려면, 효과적 시장과 유능한 정부라는 '두 손'이 반드시 함께 사용되어야 한다. 이것이 바로 중국 경제발전의 우위이다. 중국은 유능한 정부가 있기 때문에 경제발전과정에서 시장의 역할을 더욱 중시하고 있다. 이는 코로나19 방역과정에서 충분히 보여줬다. 코로나19 방역은 중국에게 '클로즈 북 시험'으로 중국은 이 문제에 답하는 과정에서 문제의 본질을 빠르게 이해하고, 적극적이고 효과적인 조치를 취했다.

개혁보너스와 인구보너스는 영원히 존재

개혁보너스와 인구보너스가 이미 사라졌다는 것이 학계와 매체에서 유행하는 견해이지만, 나는 이런 견해에 동의하지 않는다. 무엇을 개혁의 보너스라 부르는가? 한 문제를 해결하면 새로운 문제가 나타나므로, 개혁은 진행만 있을 뿐 완료의 시기가 없다고 시진핑은 말했다. 확실히 중국의 현재 체제와 메커니즘에서 적지 않은 문제를 개선해야 하지만, 잘 개선한 이후에는 생산력이 증대되고 효율성이 제고될 수 있다. 그러나 새로운 문제가 다시 출현한다면, 그 문제를 개선하면서 새로운 개혁보너스가 있는 것이 아닌가?

2016년의 G20 항저우 정상회의에서는 구조적 개혁을 심화하는 아젠다를 제기했다. 각 국가 모두 구조적 개혁을 해야 하며 중국, 미국, 유럽도 구조적 개혁을 해야 한다. 개혁을 할 수 있다면, 생산력이 증대될 수 있다. 선진국도 물론 개혁해야 할 적지 않은 구조적 문제가 있지만 중국은 개발도상국이라서 개혁할 수 있는 부분이 더 많을 것이다.

1980년대 중국이 계획경제로 갓 전환했을 때, 확실히 많은 왜곡이 있었고, 각 영역에서 모두 개혁조건을 갖춘 것은 아니었다. 만약 전부 개혁하려고 했다면, 소련과 동유럽처럼 경제가 붕괴될 수 있었다. 이런 상황에서는 새로운 것들을 보고 개선한 후, 중국의 생산력이 발산될 것인지, 중국경제가 안정될 것인지, 중국 성장을 촉진할 것인지 등을 봐야 하므로 중국은 점진식 개혁을 채택했다.

기존의 문제는 개선되었지만, 새로운 문제는 반드시 출현한다. 그래서 개혁의 기회, 개혁의 보너스는 영원히 존재한다. 중국이 자만하지 않고, 결심과 용기가 있어 발전수준의 제고에 따라, 끊임없이 새로운 문제를 발견하고 새로운 문제에 직면하여 심화 개혁을 끊임없이 한다면, 개혁보너스는 영원히 존재할 수 있다.

나는 인구보너스가 사라졌다는 견해에도 동의하지 않는다. 이런 견해에서는 과거 중국의 발전이 빨랐던 것은 인구보너스가 있었기 때문으로, 두 가지의 이유가 있다고 생각한다. 첫째는 노동력이 생산력 수준이 낮은 농촌에서 생산력 수준이 높은 도시제조업으로 이동했기 때문이다. 둘째는 원래 가족 계획이 출생률을 감소시키면서, 전체인구에서 노동인구 비중이 높아졌기 때문이다.

하지만 나는 이것이 중국의 빠른 경제 성장에서 일부 부차적 원인을 설명한 것에 불과하다고 생각한다. 인도와 아프리카의 농촌인구는 중국보다 많고, 젊은 인구의 비중도 중국보다 높다. 상술한 이론에 따르면, 인도와 아프리카가 중국보다 발전이 빨라야 하지만 실제로는 그렇지 않다.

이에 대해 다음과 같이 생각한다. 첫째, 농촌노동력 인구를 도시제조업으로 이동시킨 것처럼, 노동력을 저생산력 수준의 업종에서 고생산력 수준의 업종으로 이동시키는 것에 인구보너스 이론의 중점이 있다. 하지만 이런 보너스는 농촌노동력에서 도시제조업 노동력으로 변하는 과정에서 만들어질 수 있고, 노동력이 저부가가치의 제조업 산업에서 부가가치가 더 높은 산업으로 이동하는 과정에서도 마찬가지로 있을 수 있다. 제조업 내에는 많은 단계가 있으므로 끊임없는 산업 업그레이드를 통해 저부가가치 산업에 있는 노동력을 노동생산력 수준이 높은 제조업으로 재배치한다면, 이 분야의 인구보너스는 계속 존재할 수 있다.

둘째, 계획출산이 초래한 인구노령화로 인해 총인구에서 노동인구의 비중이 감소한 것은 사실이다. 하지만 노동력의 생산에 대한 지표는 하나는 수량이고, 다른 하나는 질이다. 순수하게 수량에 대해서만 생각해 본다면, 중국은 퇴직연령을 조금 뒤로 미룰 수 있다. 중국에서는 일반적으로 남성은 60세, 여성은 55세에 퇴직하지만, 외국은 일반적으로 65세에 퇴직한다. 퇴직연령을 연장한다면 노동력이 증가하게 되지 않는가? 이보다 더 중요한 것은 노동력의 질이다. 노동력의 질 향상은 교육의 개선에 의존할 수 있는데, 중국의 교육은 최근 많이 향상되었다. 교육은 노동력의 질을 높일 수 있어서, 노동력 수량 하락을 보상할 수 있다.

따라서 인구보너스 이론은 과거 중국경제의 빠른 성장의 원인을 분명히 분석하지 않은 것이다. 현재 인구보너스가 감소하여 경제성장의 동력이 부족하다는 견해는 인구와 노동력의 경제 성장 과정에서의 역할을 분명히 분석하지 않은 것이다.

발전은 내부 순환을 주체로 하지만, 고립경제는 불가

코로나19가 국외경제의 둔화를 초래했기 때문에, 국제시장이 축소된 데다 미국이 중국경제에 대한 봉쇄와 억압을 진행할 수 있으므로, 국내시장의 중요성이 높아질 수 있다. 정부에서는 5G, 클라우드 컴퓨팅, 인공지능 등을 포함한 새로운 기반 시설 구축 프로젝트로 국내수요를 증가시킬 것을 제기했다. 이밖에, 일반적인 기반 시설 투자도 가능하며, 고속철도, 도심 간 철도 교통망 구축을 통해 더욱 효과적으로 도시 그룹을 구축할 수 있다. 중국같이 큰 경제체 안에는 국내에 거대한 성장공간과 자유재량이 있으므로, 이러한 프로젝트를 통해 양질의 발전을 이뤄 중국 업그레이드 발전의 새로운 수요에 확실히 적응해야 한다. 그리하여 당 중앙에서는 국내외 정세에 기초해, 국내 대순환을 주체로 하고, 국내, 국제 쌍순환으로 상호 촉진하는 새로운 발전구도를 빠르게 만들 것을 제안했다.

중앙정부의 이런 견해가 과거 줄곧 주장해왔던 국내외 시장 및 자원과 모순이 없는 것은, 대국으로서 중국이 예로부터 국내시장을 중시해왔기 때문이다. 대국과 소국을 비교한다면, 국내시장의 규모가 비교적 컸다. 예를 들어 싱가포르는, 수출과 수입의 두 항목을 더하면, GDP 점유비중이 100%를 넘지만, 중국은 세계 제1대 무역국으로서, 2019년 수출의 GDP 점유비중은 17%, 수입은 GDP의 14%에 불과해, 두 항목을 더 해도 31%에 불과했다.

중국에게는 국내시장이 줄곧 중요했다. 일반적으로 GDP의 20% 정도는 수출이고, 생산된 80%는 국내수요를 만족시켰으며, 코로나19로 인해 현재 수출의 GDP 비중이 15%로 하락이 나타난다 하더라도 85%는 국내소비가 될 것으로 국내시장의 비중이 확실히 증가할 수 있겠지만 기본 구도는 여전히 같다.

친환경 산업화를 위한 기업 장려[60]

유엔은 2015년 <2030 지속가능발전 의제>를 통과시켰으며, 빈곤종식, 기아종식, 건강한 삶 보장과 복지 증진 등을 포함한 17개 목표를 제시하였고, 이는 모든 국가가 공동실현해야 한다. 이 17개 목표에 도달하기 위해 가장 중요한 점은 국민에게 더 좋은 일자리 기회를 제공하여 친환경 발전을 실현하는 것이다. 이 목표를 실현하려면 민영기업에서 변혁을 일으킬 자체적 사회적 가치를 갖고 있어야 한다는 것이다.

빈곤과 기아를 종식시키고, 사람들에게 더 건강한 삶의 보장과 복지를 증진시키기 위해서는 충분한 수입이 보장되는 일자리가 필요하다. 충분한 수입이 보장되어야 사람들이 가난에서 벗어나고, 스스로 생활할 수 있으며, 건강을 유지할 수 있을 것이다.

내가 세계은행 수석경제학자로 근무할 당시, 많은 아프리카 국가를 방문했는데 이 지역 사람들은 가난했지만 일자리가 없는 것은 아니었다. 그들이 가난한 이유는 전통적인 농업에 종사해, 생산력과 소득수준이 아주 낮았기

---

60 본문은 2020년 6월 22일 <베이징 일보>에 원문 게재.

때문이었다.

이삼백 년 전, 세계의 모든 국가는 오늘날과 비교해 보면 아주 가난했는데, 주로 농업생산 위주였기 때문이었다. 18세기 이후, 몇 개 국가는 비교적 운이 좋아 가난을 벗어나 번영을 이뤘다. 이는 그들이 전통농업에서 부가가치가 더 높은 산업화 생산으로 전환해, 산업화의 단계에 따라, 노동집약적 산업에서 끊임없이 자본집약형 산업으로 업그레이드하면서, 생산력과 소득수준을 향상시켰고, 빈곤과 기아를 해결하며, 건강을 실현했기 때문이다.

그러나 산업화를 실현하려면, 에너지 밀도와 탄소배출이 큰 폭으로 증가할 수 있어, 지구온난화를 초래하므로, 열세 번째 지속가능한 발전 목표(기후변화와 그로 인한 영향에 맞서기 위한 긴급 대응)실현에 영향이 있음을 우리는 알고 있다. 산업화를 실현하고, 소득수준이 높은 일자리를 제공하는 동시에 기후온난화에 대응하려면, 반드시 새롭고, 친환경적인 산업화가 있어야 한다.

친환경 산업화를 실현하기 위한 전제는 기술혁신이 있어야 한다. 기술은 하늘에서 떨어지는 것이 아니다. 반드시 기업을 통해 친환경 혁신을 진행하고 친환경 산업화를 추진해야, 모든 국가가 2030년에 유엔의 <2030 지속가능발전 의제> 발전 목표를 이룰 수 있음을 보장할 수 있다.

친환경 산업화를 실현하기 위해서는, 먼저 국민의 의식을 향상시키고 기업이 친환경 발전관을 수립하게 해야 한다. 친환경 산업화가 없다면 가난한 나라에는 좋은 일자리 기회를 제공할 수 없고, 그 안에서 사회와 정치의 안정을 확보할 수 없기 때문에 추진할 만한 사업이 없게 된다. 친환경 발전을 실현할 수 없다면, 현재 우리가 지속적으로 상업활동을 할 기회가 있다 하더라도 다음 세대에는 기후온난화로, 환경이 악화되면서, 인류의 생존이 위협

받게 될 것이다.

이와 동시에 사람들의 의식향상만으로는 부족하다. 충분한 인센티브 메커니즘을 제공하여 기업이 동력을 갖고 친환경 기술 발전을 촉진하도록 보장해야 한다. 기업이 환경을 오염시킨다면, 소비자는 그런 상품의 구매를 거부해야 할 것이다.

정부도 정확한 인센티브 메커니즘을 확보해야 할 것이다. 기업이 낡은 생산기술을 사용하고 끊임없이 환경을 오염시킨다면 이에 대해 환경오염세를 징수해야 할 것이다. 일부 기업이 새로운 친환경 기술을 사용하고, 친환경 발전을 추진한다면 이를 장려해야 할 것이다.

친환경 산업화를 실현해 각 개인에게 좋은 일자리 기회를 만들어 주는 것이 빈곤과 기아를 종식시키고, 건강을 확보하며, 지속가능한 발전을 실현하는 관건이다. 이는 우리 시대 사람들에게 유익할 뿐만 아니라, 다음세대에 행복을 가져다 줄 수 있다.

좋은 아이디어로만은 부족하고, 반드시 행동으로 실행해야 한다. 기업은 이상적인 아이디어가 아닌 실제 실행 가능한 것을 생각해야 한다. 또한 기술적인 측면에서 실행가능할 뿐 아니라 비즈니스에서도 실행가능하여 이득을 얻을 수 있도록 해야 한다. 동시에 사회에서도 관련 역할을 하면서, 가정, 소비자, 정부 등 모두 이러한 노력에 동참하고 협심하며 함께 노력해야 한다.

소비자는 친환경에 대한 의식을 향상시켜 오염기업에 대한 상품들은 배척하고 거부해야 할 것이다. 정부는 세수정책을 운용해, 기업이 사회적 가치를 만들도록 격려하고, 오염기업이 이익을 얻을 수 없게 만들어 기업이 해야 할 일을 하도록 유도해야 한다.

제9장

글로벌 협력을 통한 공생

글로벌 경제의 새로운 동향[61]

나는 다보스포럼에 10회 이상 참가했는데, 오늘 날씨가 가장 좋다. 눈도 없고 햇볕도 따스하고 기온도 그다지 낮지 않다. 하지만 분위기는 가장 가라앉아 있다. 여러분과 대화를 하면서 많은 걱정을 하고 계시다는 것을 느낄 수 있었다. 이는 일종의 새로운 변화인데 이러한 변화는 왜 나타난 것일까? 나는 몇 가지 원인이 있다고 생각한다.

첫 번째 원인은 선진국이 2008년의 글로벌 금융위기에서 완전히 완전한 회복을 하지 못했기 때문이다.

지난 데이터를 보면 미국과 유럽 국가를 포함한 선진국은 위기 이전에 연평균 경제성장 속도가 3-3.5%였다. 현재 미국의 회복세가 가장 좋은데도 작년 미국의 성장 속도는 트럼프의 큰 감세 조치에도 불구하고 2.9%에 불과해 부진이 지속될 수 있다. 현재의 전망에 따르면 내년 미국의 경제성장률은 2.5%까지 하락하고, 내후년에는 2%까지 하락할 수 있다. 유럽 국가는 2008년 이후 1.5% 내외의 성장률을 유지하고 있고, 일본은 1991년 이후 1% 내외

61 본문은 2019년 1월 23일 2019 텐센트 동계 다보스포럼에서 저자의 '글로벌화 4.0과 중국의 포용성 성장' 을 주제로 한 만찬 기조연설에 근거해 정리한 것이다.

의 성장률을 보이고 있다.

위기가 지난 지 이미 10년도 더 되었는데, 선진국은 왜 회복하지 못하는 것일까? 선진국이 구조적 개혁을 단행하지 않았기 때문이다. 지난 10년 동안, 선진국은 양적완화 정책을 시행해, 제로 금리 또는 마이너스 금리로 경제를 지탱해 왔다. 본래 이렇게 낮은 자금원가를 시행하는 목적은 자본이 실물경제로 흘러 들어 생산력을 향상시키고 고용 창출을 이루려는 것이다. 그러나 현실은 이와 달랐다. 선진국에서 저금리 자본은 투기와 주식 시장으로 몰렸다.

2008년 6월 나는 세계은행 부총재 겸 수석 경제학자가 되었다. 당시 미국 주식시장 다우존스 지수가 12,000포인트였는데, 세계은행, 국제통화기금 및 다른 경제연구소의 경제학자들은 미국의 주가지수가 너무 높아 과도한 버블이 형성되었음을 인식했다. 10년의 세월이 흐른 지금, 실물경제는 회복되지 않았지만, 다우존스 지수가 높을 때는 26,000포인트에 달하기도 했고 현재는 24,000여 포인트에 머무르고 있다. 이는 왜 일까?

방금 앞에서 언급한 저금리정책은 자본이 증시에 몰리도록 장려한 것에 불과했던 것이다. 실물경제는 회복되지 않고, 증시는 두 배 이상 상승했다. 2008년에 버블이 이미 커졌다면, 지금 그 거품이 더 커진 것이 아니겠는가?

나는 바람이 불면 새가 널뛰기를 하는 것처럼 증시도 단숨에 몇 백 포인트의 하락과 상승을 반복하는 것이 시장의 보편적인 현상이라고 생각한다.

나는 증시가 비교적 큰 조정에 직면할 것이라는 말을 많이 들었다. '조정'이라는 단어가 비록 과격하지는 않지만, 바꿔 말하면 증시의 버블 붕괴가 발생할 수 있다는 의미이기 때문에 여러분들의 마음이 가라앉아 있는 것이다.

두 번째 원인은 반세계화 때문이다.

다보스포럼은 본래 세계화를 추진하는 중요한 플랫폼으로 많은 다국적 기업가와 정부 지도자들이 세계화를 제창(提唱)했지만 세계화는 좌절되었다. 왜 일까? 여기에는 그만한 원인이 있다. 과거 세계화는 선진국이 추진했는데, 오늘날 반세계화 역시 선진국이 주도하고 있다. 이는 선진국 내부에 적지 않은 문제가 존재하기 때문이다.

문제는 세계화 진행 과정에서 실질 임금을 평가해보면, 많은 노동자의 임금이 30-40년 동안 상승하지 않았다는 것이다. 이 과정에서 사회의 결정적 힘이 되는 중산층의 비중이 미국과 일부 유럽 국가에서 감소하면서 소득분배가 급격히 악화되었다. 이런 문제와 세계화가 동시에 발생하자, 선진국의 많은 사람이 이런 문제들의 원인으로 세계화를 지목하였다.

더 깊이 분석하자면 많은 사람이 앞서 언급한 견해에 동의하지 않을 것이라 생각한다. 예를 들어 선진국인 미국의 경우 임금이 장기적으로 상승하지 않은 것은 중국이나 다른 개발도상국에게 일자리를 빼앗겼기 때문이 아니라 중국이나 다른 개발도상국이 미국에 파는 노동집약형 상품의 부가가치가 더 낮아 선진국에서는 일찍이 생산하지 않았기 때문이다.

현재 선진국의 임금 수준이 상승하지 않은 것은 세계화 과정에서 일자리를 신흥 경제체에 빼앗겼기 때문이 아니라 선진국의 인건비가 높아서 기업들이 자동화로 노동자를 대체한 것이 주요 원인인 것이다.

이런 상황에서 세계화는 일반 가정에는 좋은 점이 많다. 노동자의 임금이 상승하지 않아도 그들이 사는 소비품 가격이 하락하기 때문에 실제 생활 수준이 향상될 것이기 때문이다.

중산층 비중 감소와 소득 분배 악화라는 두 문제는 서로 연관되어 있다. 그 주원인은 무엇인가? 1970년대 금융 자유화는 많은 부의 이윤을 월가로 집중시켰고, 80년대 이후 첨단기술의 발전은 많은 과학기술 신화를 만들어 소수의 사람들을 순식간에 억만장자로 만들었다.

일반 국민들은 금융기관과 첨단기술 산업에 종사하지 않았기에 그들의 임금은 상승하지 않았다. 반면, 월가의 금융가와 첨단기술 산업에 종사하는 엘리트들의 부는 급격히 증가해 우리가 현재 직면한 선진국 중산층 비중의 감소, 소득분배의 악화라는 사람들의 불만족을 야기하는 문제를 초래했다.

하지만 일반 국민들은 경제학자가 아니다. 그들은 중국과 다른 개발도상국의 발전만 보고 부의 불평등한 분배, 오르지 않는 임금에 대해 스트레스를 느꼈다. 일부 정치인들이 국민들의 이런 불만족 정서를 이용해 포퓰리즘을 부채질하고, 보호주의의 기치를 내세워 반세계화 흐름을 부추겼다. 하지만 그 결과는 모두가 알듯이 영국의 브렉시트, 미국 트럼프의 뉴딜 정책, 프랑스의 노란 조끼 운동, 중미 간에 나타난 무역 마찰 등을 초래했다. 중국에 "봄에 강물이 따뜻해지면 강물에 있던 오리가 먼저 안다"는 속담이 있다. 다보스는 세계화를 추진하는 포럼으로 이런 세계화를 거스르는 흐름을 더욱 빨리 감지할 수 있다.

세 번째 원인은 중국과 관련이 있다고 생각한다. 2008년 글로벌 금융위기 이후 매년 세계 경제 성장의 30%를 중국이 기여했다. 중국은 2008년 이후 세계 경제 안정과 발전에 가장 중요한 동력이었다. 그러던 중국이 2018년에 경제 성장 하락세가 나타났다. 2010년부터 시작된 하락세는 2010년 이후의 중국 경제성장률을 한 계단씩 낮추고 있다. 2016년 중국의 경제성장률은 6.6%까지 하락했다가 2017년에 6.8%로 회복했다. 2018년 상반기에는 6.8%의 성장률을 유지했지만 3분기에는 6.6%, 4분기에는 6.4%에 불과했다.

이런 하락세에 직면해, 일부 학자들은 일부 데이터 분석을 통해 중국의 경제성장률이 4% 이하로 떨어질 것으로 예측했다. 이러한 전망이 매체에 널리 퍼지면서 사람들의 심리에도 영향을 끼쳤다.

국가통계국의 데이터에 따르면 2018년 중국의 경제성장률은 6.6%로 2017년의 6.8%에 비해 다소 하락했다. 이 6.6%의 성장률은 다른 지표로 증명할 수 있기 때문에 나는 이를 받아들인다. 예를 들면 대외무역 성장률은 14.2%이고 전력, 교통운수업은 아직 성장하고 있기 때문에, 비록 4분기의 하락세 압박이 비교적 크더라도 연평균 성장률 6.6%는 믿을 만하다.

모두가 세계 경제와 선진국 경제에 대한 믿음이 없는데 중국이라는 경제성장의 견인차마저 속도가 줄어든다면 비관적 정서는 더욱 짙어질 것이다.

왕치산(王岐山)은 중국의 선택은 꿋꿋하게 자국의 일을 잘하는 것이라고 밝혔다. 자국의 일을 잘하는 것은 중화민족의 위대한 부흥을 실현하는 데 필수적이며 세계에 이바지하는 것이기도 하다.

자국의 일을 잘하려면 2010년 이후 경제성장률이 왜 하락했는지와 2018년 하반기에 경제가 왜 급격한 하락세를 보였는지를 반드시 파악해야 한다.

이 문제에 대해서 학자들의 다양한 분석이 있다. 일부 학자들은 중국 체제의 문제라고 한다. 국영기업이 지나치게 많고 그 효율성이 낮기 때문이라고 한다. 또다른 학자들은 인구고령화로 인해 인구수가 정점에 도달했다가 이제 감소하기 시작했기 때문이라고 한다.

물론 이 모든 문제들이 존재하는 것은 사실이지만, 나는 이것이 2010년 이후 경제 성장의 주요 하락 요인은 아니라고 생각한다. 앞서 언급된 문제들은 이미 오랫동안 존재해왔다. 인구고령화도 느린 변수의 문제로 단기간 내에 그렇게 큰 영향을 줄 수 없다.

2010년 이후 경제 성장 속도의 하락 원인에 대해 나는 충분한 분석을 하였고, 이미 여러 장소에서 언급한 적이 있다. 주로 외부적·주기적 문제이므로 여기에서는 더 이상 언급하지 않겠다. 2018년 하반기에 중국 경제 성장이 왜 급격히 하락했는가? 나는 그 주원인이 중국이 주도적으로 공급측 구조적 개혁을 단행했기 때문이라고 생각한다.

2008년 글로벌 금융위기 이후, 각국이 모두 구조적 개혁을 논했지만 실제로 추진한 국가는 적었다. 중국은 구조적 개혁을 제기하고 시행한 국가 중 하나이다. 중국의 구조적 개혁은 어떤 내용을 담고 있는가? 탈생산, 탈재고, 탈레버리지, 비용 절감, 단점 보완이 있다. 지난 시간 비교적 많이 시행했던 정책은 앞의 세 가지: 탈생산, 탈재고, 탈레버리지이다. 이 조치들은 축소 지향적이어서 경제 성장을 억누른다. 이 과정에서 민영기업이 가장 큰 압박을 느낄 수 있다.

탈생산주의 전환 산업은 주로 업스트림에 속하는 철근, 시멘트, 판유리, 석탄 등이 있다. 탈생산 이후, 고무적인 결과는 공급량 감소로 가격이 올라 업스트림의 수익이 2018년에 증가한 것이다. 업스트림에 국영기업이 다수를 차지하고 있어서 2018년 국영기업의 수익 상황이 좋았다. 그러나 그 대가로 다운스트림이 더 큰 비용 부담을 감당하게 되었는데 다운스트림이 모두 민영기업이었다.

탈레버리지는 신용대출자금 감소를 초래했는데 민영기업은 원래 규모가 작아 대출 시 불리하다. 신용경색을 가장 먼저 느낀 곳이 민영기업이었다. 게다가 현재 은행은 수익을 위주로 하여 다운스트림에 속한 민영기업의 경영 비용이 상승해 수익 가능성이 줄어들게 되면 은행이 그들에게 해줄 수 있는 대출은 더욱 감소하게 된다.

이런 상황에서 중국 정부가 국유자산을 투입시켜 민간자본을 강제 철수시키는 정책을 취했는데 이 때문에 민영기업에 대한 전망이 비관적인 것은 아닌지에 대한 논의가 많았다. 사실 중국 정부는 이런 정책을 시행한 적이 없다. 중국 정부는 국가경제와 민간경제를 확고하게 지속적으로 발전시켰지만, 공급측 구조 개혁 과정에서 민영기업이 엄청난 부담을 감당해야 하는 예측치 못한 결과가 발생한 것이다.

우리는 중국 정부가 용기를 갖고 축소 지향형 구조 개혁을 단행하는 것에 감탄하고 있다. 하지만 부대적 효과로 경제 성장이 둔화되고, 민영기업이 큰 부담을 감당해야 했다.

정책은 늘 조정된다. 2019년과 2020년을 전망해 보면 나는 상황이 다소 변할 수 있다고 생각한다. 왕치산이 언급한 것처럼 중국이 자국의 일을 잘하는 것이 중국에게 중요하다. 중국이 자국의 일을 잘하려면 안정적인 성장과 취업 시장이 필요하다.

공급측 구조 개혁은 계속 시행되겠지만, 다소 조정될 것이다. 앞에서 언급한 '세 가지 탈'은 어느 정도 단계적 성과를 거두었기 때문에 성과를 공고히 할 필요는 있지만 계속 강화하지는 않을 것이라고 생각한다.

네 번째 원인인 비용 절감과 다섯 번째 원인인 단점 보완은 향후 몇 년 동안 중국이 더 큰 노력을 기울일 부분이라고 생각한다.

비용 절감은 정부의 관리 비용, 세수 비용 절감을 뜻한다. 사실 중국 정부는 2018년 말 중소기업을 위해 큰 폭의 감세 조치를 시행했다. 1년 영업소득이 300만 위안 이하인 중소기업의 소득세율은 10%, 영업소득이 100만 위안 이하인 중소기업의 소득세율은 5% 인하했다. 이는 분명한 세금인하로 민영중소기업의 발전에 유리하다.

그 밖에 단점 보완 측면을 보면 중국은 여전히 보완해야 할 단점들이 많다. 중국의 일부 산업은 생산능력이 과잉 상태인데, 이런 산업 중 미들-로우엔드 산업은 미들-하이엔드 산업으로 업그레이드할 수 있다. 인프라 또한 계속 완비될 수 있는데, 특히 도시 내부의 인프라가 부족하다. 친환경 관련 발전에도 투자해야 한다. 또한 중국은 현재 도시화 과정에 있는데 이는 중국이 개발도상국으로서 선진국과 가장 다른 점이다.

선진국은 경제가 부진해도 많은 투자를 해야 한다. 그러나 선진국의 산업은 세계 선두에 있어 생산능력의 과잉 현상이 나타날 때 우리 개발도상국과 달리 좋은 투자 기회가 도처에 없어 적절한 투자처를 찾기 어렵다. 선진국은 환경이 좋아 인프라가 다소 낡았을 뿐 모두 갖춰져 있고 도시화도 모두 완료되어 있다.

그래서 투자에 있어서는 중국의 자유재량이 크다. 자유재량이 있다면 반드시 돈이 있어야 한다. 중국의 상황은 상대적으로 좋은 편이라서 재정 적자의 GDP 점유율이 세계 최저인 국가 중 하나이다. 중앙정부, 지방정부, 지방투자 플랫폼 등의 부채를 합쳐도 GDP의 60% 정도에 불과해 중국의 재정 적자 상황은 타국과 큰 차이를 보인다. 타국의 재정 적자는 일반적으로 소비를 지원하는데 쓰지만, 중국의 재정 적자는 투자를 지원하는데 쓰여 순자산을 감안하면, 사실 중국의 GDP 대비 순재정적자 비중은 60%보다 훨씬 낮다.

국제통화기금은 2018년 보고서에서 과거 정부의 재정 적자를 논할 때는 부채 명목금액만 봤지만, 지금은 순부채를 봐야 한다고 지적했다. 정부의 투자가 자산을 만들었다면, 그 자산에서 적자를 공제해야 하는 것이다.

그래서 나는 중국이 운용할 수 있는 재정정책의 선택지가 많고, 통화정책도 완화할 여지가 있다고 생각한다. 이 밖에도, 중국은 민간저축률도 높다. 투자가 있으면 일자리를 창출해 가구 소득이 증가하고 소비도 증가할 수 있다.

향후 몇 년 동안, 안정적인 성장과 취업 시장을 위해 중국의 자유재량, 가용수단을 모두 이용해야 한다. 나는 중국이 2019년 6.5% 정도의 성장 속도가 가능할 것이라 믿는다. 6.5%보다 높을지 낮을지는 국내외 정세를 봐야 할 것이다. 하지만 국제 정세가 어떻든지 자국의 일을 잘하면 이 성장률은 달성할 수 있으며, 양질의 성장 또한 가능하다고 믿는다.

만약 이 성장 목표를 달성할 수 있다면, 2008년 이후처럼 매년 세계 경제 성장에 대한 중국의 공헌도가 30%에 이르게 되므로 중국은 세계에서 가장 중요한 경제 성장의 동력이 될 것이다.

새로운 국면에서의 글로벌 경제 거버넌스 시스템[62]

2018년 6월 중앙에서 '외교 사무회의'를 열었을 때, 시진핑 주석은 매우 중요한 판단을 하며, 세계가 100년 동안 유례없는 큰 변화를 겪고 있다고 말했다. 2020년 코로나19가 전 세계에 만연하면서, 세계의 변화가 더 뚜렷하게 나타났다. 글로벌 거버넌스 시스템은 세계 각국이 협조해 공동으로 업무를 처리하고, 글로벌 도전에 대응하는 체계라는 것을 우리는 알고 있다. 나는 제2차 세계대전 이후 형성된 글로벌 거버넌스 시스템이 도대체 어떤 성과가 있었고, 어떤 문제가 있는지 회고한 후, 글로벌 거버넌스 개혁이 주로 무슨 내용을 담고 있고, 방향이 무엇인지 나의 견해를 이야기하고자 한다.

제2차 세계대전 이후, 세계 각국은 제1차 세계대전 30년 이후 또다시 한 차례의 세계 대전이 일어난 것을 교훈삼아, 유엔을 주축으로 한 글로벌 거버넌스 시스템을 구축했다. 유엔에서 각국은 평등하며 투표 방식으로 전 세계 문제에 대응하자는데 협의했다. 유엔 산하에 설립된 브레튼우즈체제(Bretton Woods System) 및 국제통화기금은 각국이 거시적 안정을 유지하도록 돕고,

62 본문은 저자의 2020년 9월 8일 샤먼(厦门) 2020년 국제투자포럼에서의 기조연설에 근거해 정리한 것이다.

세계은행은 각국의 전쟁 후 재건 및 개발도상국의 발전을 추진해 빈곤 퇴치를 지원한다. 또한 유엔산업개발기구는 개발도상국의 산업화 추진, 유엔식량농업기구는 개발도상국의 농업 현대화 실현, 세계보건기구는 각국의 질병 예방을 돕는다. 또한 유엔교육과학문화기구는 각국의 교육 현대화를 지원하며 세계무역기구의 전신인 관세무역일반협정은 자유 무역과 세계화를 추진한다. 제2차 세계대전 종식 후 구축된 글로벌 거버넌스 시스템의 최대 임무는 세계의 평화 안정을 유지하는 것이다. 물론 일부 지역에서 무력 충돌이 있었지만 되돌아보면, 1945년에서 2020년까지 75년의 시간은 인류 역사상 가장 평화로운 시기였을 것이다. 이런 글로벌 거버넌스 구도 속에 아시아의 네 마리 용과 중국은 전 세계에서 가장 가난했던 지역에서 경제 발전이 가장 빠른 지역으로 탈바꿈했다. 아시아의 네 마리 용은 1960년대에 신흥공업 경제체로 변모해, 지금은 고소득 경제체가 되었다. 중국은 1978년 말에 개혁개방을 실시한 후, 41년 연속 연평균 GDP 성장률이 9.4%에 달하는 고속 성장을 이루었다. 인류 역사상 어떤 국가나 지역도 이렇게 빠른 성장을 이룩하며 긴 시간 동안 고속 성장률을 지속한 적은 없었다.

통계 데이터를 보면 제2차 세계대전 종식 후 구축된 글로벌 거버넌스 구도는 대부분의 남아시아, 라틴아메리카, 아프리카 국가를 저소득 단계에 머물게 하거나 중진국을 함정에 빠뜨렸다. 현재 전 세계 인구 중 13억 명이 매일 1.9달러의 국제빈곤기준선 미달의 생활을 하고 있다. 중국이 개혁개방 이후 감소시킨 7억 여명의 빈곤 인구를 제외한다면, 세계 빈곤 인구는 75년 동안 감소하지 않고 오히려 증가하고 있다. 연구에 근거하면 이번 코로나19의 전 세계적인 확산으로 4-6억 명에 달하는 사람들이 다시 빈곤해질 수 있다. 빈곤 문제가 해결되지 않았기 때문에 많은 개발도상국 정치와 사회가 불안정하고 이로 인해 많은 난민과 불법이민자가 발생했다. 2008년 글로벌 금융위기 발발 이후부터 지금까지, 선진국의 성장은 두드러지게 부진한 모습을 보이고 국민소득은 증가하지 않아 중산층이 감소하고 있다. 불평등한 소득분배 문제로 인해 선진국에서는 포퓰리즘이 고개를 들기 시작했고, 개발도상국은 발전 상황이 좋지 않자 반세계화 물결이 일기 시작했다. 현재 세계 최강국인 미국이 유엔국제법원, 유엔교육과학문화기구와 같은 글로벌 거버넌스에서 탈퇴했다. 따라서 제2차 세계대전 이후 구축된 글로벌 거버넌스에 적지 않은 내홍이 발생했다고 말할 수 있다. 일부 국가와 지역 경제는 왕성하게 발전하는데, 대다수의 국가와 지역 경제는 왜 그렇다 할 성장세를 보이지 않는지 많은 사람이 회의적인 시각을 갖게 되었다. 우리가 글로벌 거버넌스 시스템의 미래 발전 방향이나 개혁의 중점을 말하려 한다면, 먼저 성공과 실패의 원인이 무엇인지 이해해야만 증상에 맞는 약을 처방할 수 있다.

제2차 세계대전 이후, 13개의 경제체가 중진국 함정을 극복하고 부유한 국가 대열에 들어섰는데 이들은 모두 다섯 가지 공통된 특징이 있다. 첫 번째 특징은 개방경제로 국내외 시장과 자원을 충분히 이용해 발전했다. 두 번째 특징은 13개 경제체 모두 거시적 안정을 실현했다. 세 번째 특징은 높은 투자와 저축이다. 네 번째 특징은 시장경제였거나 1978년 이후의 중국처럼 시장경제로 전환한 것이다. 다섯 번째 특징은 적극적이고 유능한 정부가 있었다.

제2차 세계대전 이후, 개발도상국은 대체적으로 식민지나 반식민지 상황에서 벗어났고,자신의 운명을 스스로 개척하기 시작했다. 당시 그들의 발전에 대해 대세적 이론은 선진국의 방식을 따르도록 했다. 이 점은 내가 앞에서 상세히 소개한 바 있다. 이런 발전 사고 방식 속에서 그들은 현대화 산업을 구축할 수 있었지만, 효율성이 떨어지고 경제가 침체되어 빈곤문제를 해결하지 못했다.

이와 반대로 성공한 동아시아 경제체는 1950-60년대에 노동집약형 가공업을 발전시켰고, 수출 우위를 점하여 외화를 벌어들인 다음, 산업 업그레이드를 점진적으로 진행했다. 1980-90년대는 각국이 모두 경제 전환기에 있을 때로, 당시 주류는 사유화, 시장화, 자유화였다. 중국, 베트남, 캄보디아처럼 전환하기 비교적 좋은 국가는 이원화제 점진식 개혁을 추진해 안정을 유지했다. 이렇게 성공을 거둔 경제체는 모두 효율적 시장과 유능한 정부(efficient market and facilitating state)라는 '두 손'을 동시에 운용했다.

제2차 세계대전 이후 구축된 글로벌 거버넌스가 왜 실패했는지 돌이켜보면, 나는 사고 방식이 실패의 주요 원인이라고 생각한다. 과거의 경험이든 현재의 문제 해결이든 제기된 모든 이론은 당시 그 국가의 경제 발전 수준, 사회, 경제, 정치, 문화를 전제로 한다. 이런 이론들은 적용 전제가 있는데 단순히 선진국의 이론을 가지고 개발도상국에 적용하면, 필연적으로 문제가 따른다고 앞에서 여러 차례 강조한 바 있다. 나는 소수의 개발도상국이나 경제체가 공통된 특징을 지니고 있는 것을 보았는데, 그것은 바로 사상 해방과 실사구시 정신이었다. 먼저 자신이 무엇을 가지고 있는지, 또 무엇을 잘할 수 있는지를 파악하고, 정부와 시장이라는 '두 손'의 역할에서 잘할 수 있는 것을 잘해내면서 경쟁력을 강화시키는 것이다.

사실 제2차 세계대전 이후 형성된 국제 거버넌스 시스템의 목표는 숭고하다. 그것은 바로 세계 평화와 안정 그리고 발전을 유지하는 것이다. 그 체계가 완비되어 유엔이 존재하며, 그 산하에 국제통화기금, 세계은행, 세계보건기구, 유엔산업개발기구, 유엔농업개발기구, 유엔교육과학문화기구, 세계

무역기구가 있는데 모두 국제 거버넌스의 각 방면과 밀접한 관계가 있다. 글로벌 거버넌스 시스템에는 문제가 없지만, 시스템 운영의 지도 사상 방향이 기본적으로 선진국의 이론과 경험을 바탕으로 하고 있어 개발도상국이 무의식적으로 선진국의 이론과 사고 방식을 지도 사상으로 삼는 것이 문제라고 생각한다. 성장 실현에 성공한 국가나 경제체는 그 당시 주류 사회의 이론과 방법을 따르지 않았다.

현재 새로운 상황에서 글로벌 거버넌스 토론은 개발도상국이 자신의 성공과 실패의 경험을 교훈으로 삼고, 자신의 위치에서 문제를 직시하고 문제의 해결책을 도모하게 하는 것이 가장 중요하다. 이런 사고 방식이 형성된다면, 현재 유엔을 주축으로 하는 글로벌 거버넌스 시스템은 완비된 것이다. 이런 반성의 과정에서 중국은 세계에서 발전이 가장 빠른 국가로서 자신의 경험을 정리하고 문제를 해결하면서 다른 개발도상국과 협동해 개발도상국의 성공과 실패의 원인을 규명한 후, 개발도상국 문제 해결을 위해 서로 협조하고, 발전을 이룰 책임이 있다. 나는 의리상 중국이 이를 거절하지 않을 것이라고 생각한다.

코로나19는 우리에게 이러한 반성의 계기를 마련해 주었다. 기존의 글로벌 거버넌스 시스템 속에서 지속적으로 세계화의 사고 방식에 따라 각 국가가 무엇을 보유하고 있고, 무엇을 잘할 수 있는지를 논의하며, 정부와 시장이라는 '두 손'의 공동 노력 속에서 잘할 수 있는 것을 더욱 크고 강하게 만든다면, 인류 운명공동체가 추구하는 전 세계 공동 번영은 필연적으로 실현될 수 있으리라 믿는다.

코로나19 시대의 글로벌 경제와 중국의 대응[63]

기세등등한 코로나19에 직면해 중국 정부와 세계보건기구 및 각국은 정보를 공유하고, 일련의 방역 조치를 취했다. 그리하여 중국은 전국 전염병 방역에서 큰 전략적 성과를 거두었고, 국제사회가 전염병에 대비할 귀중한 경험과 든든한 지원을 제공했다. 세계보건기구가 2020년 3월 코로나19를 팬데믹으로 평가 분류하는 결정을 했지만, 당시 많은 국가가 이를 중시하지 않아 효과적인 조치를 취하지 않으면서 전염병이 전 세계로 급속히 확산되어 여러 국가가 전염병 창궐을 겪게 되었다. 코로나19가 세계 경제에 가져온 충격 속에서 중국 경제의 영향과 중국의 대응 및 글로벌 거버넌스 완비가 어떠했는지 깊이 탐구할 만하다.

63 본문은 <경제일보> 2020년 6월 4일 이론버전에 게재한 원문이다.

전염병이 세계 경제에 가져온 도전

전염성이 강한 질병이 한 국가에서 만연하는데 사용할 수 있는 백신이 없다면 가장 좋은 대응책은 자가격리, 도시 봉쇄, 변경 봉쇄 조치를 취하는 것이다. 이탈리아, 스페인, 미국, 영국, 독일, 오스트레일리아, 캐나다 등을 포함한 절대다수의 선진국 및 개발도상국은 유사한 조치를 취했다. 그러나 이와 같은 조치는 생활에 영향을 끼칠 뿐만 아니라, 생산에 부정적인 영향을 초래할 수 있다.

2019년 하반기부터 국제통화기금, 세계은행 등 국제발전기구는 여러 차례 세계 각국의 성장률 전망치를 하향조정했다. 코로나19의 세계적 확산과 유가 급락으로 인해 미국 뉴욕 증시는 2020년 3월 4차례나 서킷 브레이커가 발동했고, 다우존스 지수는 추락했다. 미국 증시 붕괴를 필두로 다른 선진국과 개발도상국의 증시도 일제히 하락했다.

코로나19로 인한 격리와 도시 봉쇄 조치는 하락세를 걷던 경제에 설상가상이었다고 말할 수 있다. 일부 선진국은 제로나 마이너스 금리정책을 시행하고 있었다. 특히 비정상적인 양적완화에서 심지어 무제한 양적완화 정책에 이르기까지 GDP의 10%에서 20%까지에 달하는 정책지원계획을 채택했지만, 미국과 다른 선진국의 경기 침체 현상은 필연적이었다. 국제통화기금이 2020년 4월 발표한 예측에 따르면 2020년 미국 경제가 5.9% 하락할 수 있다고 한다. 1월의 전망치보다 7.9퍼센트 포인트(%p) 하향 조정되었고, 유로존 경제는 7.5% 하락으로, 1월 전망치보다 8.8%퍼센트 포인트(%p) 하향 조정 되었으며, 세계 경제는 3.0% 하락으로, 1월의 전망치보다 6.3퍼센트 포인트(%p) 하향조정 되었다.

무증상 코로나19 감염자는 대부분 전염성을 보유하고 있어, 전염병 상황이 타국으로 유입될 위험이 있어 전염병이 일파만파 퍼질 수 있다. 세계 각국이 공조 방역 조치를 취하지 못해 전염병이 확산되고 심지어 1918년의 세계적인 유행성 인플루엔자처럼 많은 국가에 더 심각한 2차 유행이 발생한다면 선진국 및 세계 경제가 1930년대에 발생한 경제대공황에 빠지는 것도 불가능한 일은 아니다.

전염병이 중국 경제에 미친 영향과 중국의 대응

2020년은 중국이 전면적 샤오캉(小康) 사회 건설을 이룩하는 마지막 해이다. 첫 번째 100년의 목표를 실현하기 위해 중국의 2020년의 성장률은 대략 5.6%에 도달해야 한다. 2030년 이전, 중국의 연평균 성장 잠재력은 8%로 정상적 상황이라면 목표 달성이 어렵지 않았다. 그러나 갑작스러운 코로나19의 발생으로 중국은 도시 봉쇄, 자가격리 등의 방역조치를 취해야 했다. 비록 단기간 안에 전염병 확산을 잘 억제했지만, 어쩔 수 없이 어느 정도의 단기성 경제적 대가를 감당해야 했다. 2020년 2월에 많은 기업이 조업 및 생산을 중단했다가 3월에 잇따라 조업 및 생산을 재개하기 재개하였지만, 글로벌 투자, 상품무역과 인적 교류가 큰 폭으로 감소해 많은 수출 기업이 주문량이 급감하거나 취소되는 어려움에 직면하게 되었다. 해외유입 사례 및 2차 발생을 예방하기 위해 방역작업이 상시화되면서 생산과 생활에 어느 정도의 영향을 주고 있다. 4월 17일 국가통계국이 발표에 데이터에 따르면 중국의 1분기 GDP가 전년 동기대비 6.8% 하락한 것으로 나타났는데, 이는

1992년 분기별 통계 데이터 이래 처음으로 마이너스 성장세를 보인 것이다.

세계무역기구는 코로나19가 전 세계적으로 창궐하는 것을 감안해 2020년 전 세계 상품 무역량이 13-32% 하락할 수 있고, 그 하락 폭이 2008-2009년 글로벌 금융위기 때의 하락 폭을 넘어설 수 있다고 예측했다. 세계 최대 상품수출국인 중국은 2020년 국내 시장과 내수에 의존한 성장을 해야 할 것이다. 해외유입 사례 및 2차 발생 예방을 위한 방역작업이 상시화되기 때문에 2분기에 전면적인 조업이 재개된다 하더라도, 경제 성장이 완만한 회복세를 보일 뿐 연간 성장률은 주로 3, 4분기의 반등에 의존할 수밖에 없다.

중국의 거시적 정책과 정부의 집행 능력으로 볼 때 연간 5%나 더 높은 성장에 도달하는 것이 결코 불가능한 것은 아니다. 다만 이를 위해서는 3, 4분기의 전년 동기 대비 성장률이 15% 정도에 도달해야 하는데, 세계 경제에 많은 불확실성이 있는 것을 고려하면, 향후 1-2년은 어느 정도 정책 조정의 여지를 남겨둬야 한다. 사실 세계 경제성장률이 3.0%로 하락한다는 전망 하에 중국이 3-4%의 성장률을 달성할 수 있다면 대단한 성과이다. 게다가 2021년 전 세계 전염병 확산 상황이 억제되어 경제 회복 가능성이 높다면, 중국의 경제성장률이 6% 정도의 정상 궤도로 회복할 가능성이 높다.

과거 금융위기가 경제에 끼친 충격이 주로 수요자측에 있었다면, 이번 코로나19는 수요자측과 공급자측 모두에게 충격을 주었다. 내수 감소, 해외주문량 급감의 영향으로 많은 기업 특히 중소기업의 상황이 더 어려워지면서 고용 상황이 악화되었다.

과거 위기 충격에 대한 중국의 대응은 주로 통화정책과 재정정책으로 투자를 지원하여 경제 성장을 안정시켰지만, 이는 취업 기회 창출과 내수를 지연시킬 수 있다. 이번에는 이미 제기된 '새로운 인프라 구축' 외에, 가계 소비를 동시에 지원해 중소기업이 어려움을 극복할 수 있도록 도와야 한다. 도시에서는 빈곤 가구, 중저소득 가구 및 실업 인구에게 소비 쿠폰을 지급하고, 농촌에서는 최저생계보장비와 저소득 가구의 지원금을 인상해야 내수 진작, 중소기업 보호, 고용 확대, 빈곤 퇴치 목표를 올해 실현하는데 유리하다. 또한 기업 보호를 위해 기업 대출 원리금 상환을 유예하고, 기업 대출 증액, 세금 및 '5대 보험 1기금(역주: 양로보험, 의료보험, 실업보험, 공상보험, 출산보험 및 주택공공기금)'의 납부 감면, 임대료 감면 등의 조치를 시행할 수 있다.

중국은 글로벌 경제의 불황 속에서 합리적인 성장 속도를 유지할 능력이 있다. 따라서 글로벌 경제 불황은 물론 심지어 공황이 발생한다 하더라도 2008년 이후처럼 앞으로도 글로벌 경제 성장에 대한 공헌도가 30% 정도 될 것이라 믿는다.

글로벌 거버넌스 완비에 대한 견해

현재 코로나19는 200여 개 국가 및 지역으로 확산되어 아프리카, 아시아 및 라틴아메리카의 일부 빈곤국까지 확산되고 있다. 하지만 도시에 검사 장비와 인공호흡기가 거의 없고 정부의 재정 여력도 없어 대규모 자금을 투입해 필요한 방역 초지를 취하기 어렵다. 또한 경기 하락으로 인해 부채율이 높은 많은 저소득 국가가 채무 만기가 도래했지만, 상환이 어려운 위기에 봉착했다.

이런 인도주의 위기 상황 속에서 중국은 타국과 방역 경험을 공유하고 마스크, 방호복, 진단키트, 인공호흡기 등 방역에 필요한 물자를 생산 공급하여 타국에 수출하여 전염병을 억제하고 인류 운명공동체 이념과 국제 인도주의 정신을 견지함으로써 타국을 최대한 도와 전염병이 인간의 건강과 생명을 위협하는 위험을 줄였다. 그 뿐만 아니라 20개국 단체 및 국제통화기금, 세계은행 다자간 국제기구는 개발도상국이 위기를 극복하도록 돕자고 제창하며, 필요한 긴급 원조 및 채무 상환 유예 등의 지원을 제공하였다.

코로나19의 전 세계 확산은 생산력 수준이 고도로 발달한 21세기라 하더라도 치명적인 전염병 앞에서 인류의 생명과 경제, 사회 조직이 여전히 취약함을 깨닫게 했다. 앞으로도 인류 사회는 많은 자연재해와 글로벌 금융위기의 도전에 직면할 것이다. 이런 재해와 위기 앞에서 각국은 반드시 힘을 합쳐야만 재난 발생을 피하고 그 피해 정도를 최대한 줄일 수 있다. 코로나19의 교훈을 통해 글로벌 거버넌스 개선, 인류 운명공동체를 공동 구축해 미래에 나타날 수 있는 글로벌 위기를 완화하거나 해소할 계기가 되었기를 바란다.

중국 경제 및 중미 관계의 과거, 현재, 미래[64]

2019년은 중국에 매우 중요한 한 해이다. 신중국 건국 70주년이자 중미 수교 40주년을 맞이한다. 나는 신중국 건국 70주년, 특히 중미수교 이후의 발전에 대해 회고하고자 한다. 과거와 현재를 이해하면 미래를 더 잘 예측할 수 있다.

중국 경제 70년: 가난에서 세계 선두로

70년 전, 마오주석은 톈안먼(天安门) 성루에서 중화인민공화국 건국을 선포하며 전 세계에 중국 인민이 일어났음을 선언했다. 1949년 이후 민족 부흥, 윤택한 국민의 삶, 강대한 국가 건설의 염원을 실현하기 위해 중국 정부와 국민은 많은 노력을 기울였다. 1960년대에 중국은 원자폭탄 실험에 성공했고, 70년대에는 인공위성 발사에 성공했다. 이런 과학기술 산업이 이룬 성

64 본문은 저자의 2019년 혁신 공장 10주년 투자자 연례 회의에서의 기조연설에 근거해 정리한 것이다.

과는 중국이 경제와 문화적으로 낙후된 농업 기반에서 비교적 완비된 산업 체계를 구축했다는 것을 의미한다.

그러나 1978년 중미 양국이 수교성명을 발표할 때만 해도, 중국은 매우 가난한 나라였다. 세계은행의 지표에 따르면, 당해 중국의 1인당 GDP는 156달러에 불과했다. 당시 중국의 경제규모는 2,119억 달러, 글로벌 순위는 9위로 미국 GDP의 9%에 불과했다. 또한 중국의 대외무역액도 매우 적어서 매년 206억 달러, 대미 무역은 9.9억 달러에 불과했다. 당시 중국의 외환보유액 또한 매우 적어 1.67억 달러밖에 되지 않았다.

중국 경제의 낙후된 모습을 변화시키기 위해 1978년 덩샤오핑(邓小平)은 개혁개방을 추진하기 시작했다. 이 40년 동안, 중국의 연평균 경제성장률은 9.4%에 이르렀다. 인류 경제사상 어떤 국가나 지역도 이렇게 높은 경제성장률을 장기간 유지한 적은 없었다. 중국의 대외무역액의 연평균 성장률은 14.5%에 이르렀다. GDP와 무역의 고속 성장을 기반으로 2010년 중국의 경제규모는 일본을 초월해 세계 제2위 경제체가 되었다. 당해 중국의 수출은 독일을 제치고 세계 최대수출국이 되었고, 수출한 상품의 97%가 공산품인 중국은 '세계공장'으로 불렸다. 2013년 중국의 무역총액이 미국을 넘어서면서 최대무역국이 되었다. 2018년 중국의 1인당 GDP는 9,750달러에 도달해 중진국이 되었다. 중국의 경제규모는 1978년 고작 미국의 9% 수준에서 현재 65%까지 증가했다. 또한 중국은 7억여 명의 인구가 빈곤에서 벗어나면서 지난 40년 동안 세계 빈곤 퇴치 공헌률이 70%를 넘었다. 개혁개방 이후 빈곤에서 벗어난 중국의 7억여 명을 제외하면 세계 빈곤인구는 감소하지 않고 오히려 계속 증가하고 있다.

지난 40년 중국 경제의 고속 발전은 중미 수교와 중미 무역에 지대한 공헌을 했다. 한 국가의 경제 성장은 일반적으로 수출, 투자, 소비로 이루어진 삼두마차가 이끈다. 1978-1984년, 중미 양국 무역은 기본적으로 균형을 이루었다. 당시 중국의 대미 수입이 대미 수출보다 많았으나, 1985년부터 중국의 대미 수출이 증가하기 시작해 당해 6,000만 달러의 흑자를 기록했다. 그 후 무역흑자가 계속 증가해 2018년 중국의 무역흑자는 3,200억 달러에 이르렀다. 미국의 대중무역 적자는 1985년 대외무역 적자총액에서 0.3%밖에 되지 않았지만, 현재 약 45%까지 증가했다. 무역수지의 변화로 인해 최근 중미 양국 관계가 불안해져 많은 마찰을 빚고 있는데 이는 모두가 보았으리라 생각한다.

개혁개방 40년 동안, 중국 경제는 어떻게 기적적인 성장을 할 수 있었는가

향후 발전을 전망하려면 반드시 다음의 몇 가지 문제를 알아야 한다. 첫 번째 문제는 개혁개방과 중미수교 이후, 중국의 경제가 어떻게 이토록 기적처럼 성장할 수 있었는지 그 원인을 알아야 향후 중국 경제가 나아갈 수 있는 발전 방향을 판단할 수 있다.

개혁개방 이후, 중국 경제의 고속 발전은 지속적인 노동생산성 향상에 의존했다. 노동생산성 향상은 기술혁신을 필요로 하는데 기술혁신이 생산의 효율성과 퀄리티를 향상시켰다. 또한 부가가치가 더 높은 신흥 산업이 끊임없이 생겨나 자원 배분이 최적화되었다. 이는 노동생산성을 향상시키는 두 가지 메커니즘으로 발전 수준을 막론하고 모든 국가에 적용된다. 선진국은 높은 생산성과 세계 선두 기술을 보유하고 있고 신기술 R&D에 의존해 기술혁신과 산업 업그레이드를 이룰 수 있다. 선진국은 이 방식에 의존해 19세기 말 이후 연평균 3-3.5%의 성장률을 달성했다. 그러나 개발도상국과 선진국은 노동생산성과 기술력에서 큰 격차를 보인다. 개발도상국이 선진국과의 산업 및 기술 격차를 이용해 기술혁신과 산업 업그레이드를 이룬다면 이에 따르는 비용과 리스크는 선진국보다 훨씬 낮을 것이다. 이렇게 해야 선진국보다 더 빠른 속도로 기술혁신과 산업 업그레이드를 추진할 수 있는데, 이를 경제학에서는 '후발자 우위'라고 말한다. 이런 가능성을 잘 이용하면 개발도상국의 발전이 선진국보다 더 빠를 수 있다.

1978년 말 중국이 개혁개방을 실시한 후, 경제가 이토록 빠르게 발전할 수 있었던 가장 주된 요인은 중국이 후발자 우위를 충분히 이용했기 때문이라고 생각한다. 사실 지난 40년 동안, 몇 년에 한 번씩 중국 경제 붕괴설이 있었다. 하지만 실제로 이 40년 동안 중국은 유일하게 시스템적 금융위기가 나타나지 않았던 국가였다. 이는 왜 일까? 그 원인은 한 가지 사실과 관련이 있다. 사실 후발자 우위의 기회는 1978년 이전에도 있었지만, 그 당시 중국은 자발적으로 후발자 우위를 포기했다. 당시 중국의 성장 전략은 영국과 미국을 추월하는 것으로 선진국이 보유한 산업과 기술을 당장 발전시켜야 이들을 빠르게 추월할 수 있었다. 선진국의 기술은 특허로 보호받고 있고 국방군수산업과 관련된 것이 많다. 로열티를 지불해도 살 수 없기 때문에 중국이 자체 발명할 수밖에 없는데, 이는 중국이 기술도입, 산업 유치의 후발자 우위를 포기한다는 것을 의미한다. 중공업은 자본집약형 산업인데 당시 중국은 경제와 문화가 낙후된 농업국가였으므로 자본집약형 산업에서 비교 우위를 점하지 못해 기업은 국가보조금에 의존해야만 산업을 구축할 수 있었다.

그러나 산업 보호를 위한 보조금은 경제를 왜곡하고 자본 분배의 불균형 등의 문제를 초래했다.

1978년 개혁개방 이후, 중국은 비로소 새로운 길을 개척하며 중국의 비교우위에 따라 경제를 발전시켰다. 1980-90년대 중국 경제는 노동집약형 가공업을 주로 발전시켰다. 예를 들면 연해 지역의 노동집약형이자 수출주도형의 가공업이 주요 발전 대상이었다. 이런 노동집약형 산업은 곧 중국의 비교 우위였으므로, 중국은 비교 우위를 경쟁우위로 변하게 했고, 국내외 시장에서 많은 이윤을 창출해 빠르게 자본을 축적하며, 산업 업그레이드 시 후발자 우위를 이용해 고속 성장을 이룰 수 있었다.

1980-90년대, 모든 사회주의 국가가 개혁을 단행하고 있었고, 개발도상국 역시 개혁을추진하고 있었다. 대부분 국가는 당시 주류 모델인 '워싱턴 컨센서스'가 주창했던 충격요법에 따라 개혁을 추진했지만, 경제 침체와 붕괴, 계속되는 위기로 선진국과의 격차는 점점 더 커졌다. 하지만 중국은 안정적이고 빠르게 성장하면서 선진국과의 격차를 끊임없이 줄여 나갔다. 이는 산업 전환 전에 적절한 정부의 개입이 비교 우위를 점하지 못한 산업이 존재할 수 있도록 필요한 제도적 장치라는 것을 충격요법이 간과했기 때문이다. 국가보조금 정책을 모두 철폐한다면 원래 자생력이 없는 기업은 모두 파산할 수 있는데, 만일 파산 이후 대규모 실업자 양산, 정국 불안, 사회 불안을 야기한다면 어떻게 경제를 발전시킨단 말인가? 또한 전력, 전기통신은 자본집약형 산업으로 경제운용에 필수적이며, 자본집약형 국방군수관련 산업도 존재의 필요가 있다. 기업이 사유화된다 해도, 보조금을 제공해야 하는데, 민영기업 소유자가 정부에게 지대추구를 할 가능성이 더 커져 부패 현상이 만연하고 소득 분배 격차가 더 커질 수 있다. 그래서 중국의 이원화제 점

진식 개혁은 최적의 개혁 방식이라 할 수 있다. 오래된 국영기업에는 지속적으로 보조금을 지급해 안정을 유지하고, 새로운 산업의 진입을 허용하여 후발자 우위를 이용해 빠른 발전을 이루도록 해야 한다. 자본을 축적하면 비교 우위를 점하지 못한 산업이 점차 비교 우위를 점하는 산업으로 변화되어 보조금이 어려움에 직면한 기업들에게 도움의 손길이 된다. 그러나 보조금이 기업에게는 좋아도 부패, 소득분배 격차의 문제를 야기할 수 있기 때문에 중국은 2013년 전면적 개혁 심화를 내세워 시장이 자원 배분에서 결정적 역할을 하도록 했다. 이것이 내포한 의미는 각종 보조금을 모두 철폐한다는 것이다. 하지만 중국이 시장의 효과적 운용에 필요한 제도적 장치를 구축하지 않아 경제 성장이 둔화되면 중국 경제가 곧 붕괴될 것이라는 전망이 국제사회에서 잇따라 나왔다.

중미무역 구도에 왜 큰 변화가 발생했는가

반드시 알아야 할 두 번째 문제는 중미 양국의 무역 구도에 왜 변화가 발생했고, 왜 중국이 점차 유리한 입지를 차지하게 되었는지다.

구도의 변화를 이해하려면 먼저 중미 양국 사이에 큰 무역적자가 발생한 원인을 알아야 한다. 일부 매체는 중국이 지식재산권 관련 법률을 위반해 미국이나 외자기업에 기술이전을 진행하도록 강요하거나, 중국이 인위적으로 환율을 조작했기 때문으로 분석하는데 나는 이것이 정확한 분석이 아니라고 생각한다. 실제로 중미무역 적자가 커진 원인은 중국과 미국의 비교 우위가 서로 다르기 때문이다. 미국은 19세기 말 이후 세계 제1의 선진국이 되었는데 임금 세계 최고에 달해 노동집약형 기업은 비교 우위가 사라졌다. 반면 동아시아 경제는 상대적으로 낙후되어 소득수준이 낮기 때문에 동아시아는 노동집약형 산업에서 비교 우위를 점하고 있었다. 1950-60년대 미국이 필요로 하는 노동집약형 산업이 생산한 생활필수품은 보통 일본에서 수입을 하여 미국의 대일 무역적자는 상당했다. 1960-70년대에 이르러 일본의 소득 수준도 상승했다. 당시 아시아의 네 마리 용이 부상하기 시작했는데 임금 수준이 낮아서, 일본에 비해 노동집약형 산업에서 비교 우위를 점하였다. 이에 따라 일본의 노동집약형 산업은 아시아의 네 마리 용으로 이동했고, 미국의 무역적자국도 일본에서 아시아의 네 마리 용으로 이동했다.

중국이 개혁개방을 실시한 이후, 미국의 무역적자는 동일한 이유로 중국으로 이동했다. 아시아의 네 마리 용과 일본의 무역수지가 적자에서 흑자로 바뀌면서 미국의 적자가 중국으로 집중된 것은 비교 우위 변화의 결과였다. 미국의 이러한 무역 구도는 사실 제2차 세계대전 이후 형성된 것이다. 1980년대 미국의 대외무역 적자의 80% 이상이 동아시아 경제에서 나왔고, 최고였던 해는 100%를 넘기도 했다. 현재 미국의 대중무역 적자는 0.3%에서 45%로 변해서 많이 증가한 것처럼 보이지만, 미국의 전체 동아시아에 대한 무역적자는 원래 80% 이상, 심지어 100%를 넘었고 현재는 60% 정도로 하락한 것이다. 이렇게 보면 미국의 대외무역 적자 확대는 사실 중국이 초래한 것이 아닌 것이다.

중미 양국 간의 무역적자 발생은 양국 간의 비교 우위가 서로 다르기 때문에 나타난 것이다. 미국은 자본집약형, 기술집약형 산업에서 우위를 갖고 있고, 중국은 노동집약형 산업에서 우위를 점하고 있다. 이것이 바로 오랫동안 중미 무역불균형이 존재했던 이유이다. 미국의 대외무역 적자가 과도하게 증가하는 주요 원인은 자체적 구조 문제이다. 미국 정부의 소비와 국민 소비가 많은 반면 저축률은 낮다. 소비가 많고 저축률이 낮은 상황에서 국내 생산으로 내수를 만족시킬 수 없다면, 어느 국가라도 외국에서 수입을 해야 하기 때문에 적자가 발생할 수밖에 없다.

대다수 국가의 경우 이런 적자는 2, 3년 동안 유지될 수 없는데, 미국이 장기간 높은 무역 적자를 감당할 수 있었던 것은 달러가 국제기축통화여서 달러를 발행해 물건을 살 수 있기 때문이다. 최근 미국의 무역적자액이 계속 확대하는 것은 소비가 점차 증가해 달러 발행에 의존해 상품 수입을 유지했기 때문이다. 이때 대중 수입 비중이 비교적 커진 것은 원래 미국의 아시아에 대한 적자가 중국으로 이동한 것뿐이다. 사실상 전체 동아시아에 대한 적자는 감소하고 있다.

이런 상황에서 미국 정부가 중국 상품에 대한 관세를 인상한 것은 도움이 안되고 이는 오히려 무역적자를 가중시킬 수 있다. 2018년 트럼프 정부는 무역적자 축소를 위해 중국, 일본, 유럽연합, 한국에 대한 관세를 인상했다. 하지만 2018년 미국의 적자는 2017년에 비해 12.1% 증가했고, 대중 적자는 11.7% 증가했다. 증상에 맞게 약을 처방해야 병이 낫는 법인데 미국은 문제의 본질은 보지 못하고 잘못된 원인 분석으로 조치를 취함으로써 중국, 세계, 미국 모두에게 불리한 상황을 초래했다.

향후 10년 전망: 중국경제는 어떻게 연평균 6%의 성장을 할 수 있는가

우리가 이런 배경을 이해한 후 중국의 향후 발전 전망 및 중미 관계의 발전 추이를 이해하는 것이 더 중요하다. 중국은 과거 후발자 우위에 의존해 빠른 경제 성장을 이룩했는데 이런 후발자 우위는 얼마나 더 지속할 수 있을까? 혹자는 40년이 지나면 이런 우위는 없어질 것이라고 한다. 나는 이 견해에 동의하지 않는다. 후발자 우위는 몇 년을 지속했는지에 있는 것이 아니라 선진국과의 기술 격차가 얼마나 있는지에 있다. 그렇다면 어떻게 기술 격차를 평가하는가? 최적의 평가 지표는 1인당 GDP를 보는 것이다. 1인당 GDP는 평균 기술 수준과 평균 산업 부가가치 수준을 의미한다. 저명한 경제학자 앵거스 매디슨의 통계 데이터에 근거해 2008년 중국의 1인당 GDP를 구매력평가에 따라 계산하면 미국의 21%에 달한다. 이는 1951년 일본과 미국과의 격차, 1967년의 싱가포르, 1975년의 타이완, 1977년 한국과 미국과의 격차에 해당한다. 이 동아시아 경제체들은 선진국과의 기술 격차를 이용해 20년 동안 연평균 8-9%의 성장률을 이루었다. 이들은 제2차 세계대전 이후 후발자 우위를 이용해 경제의 고속 성장을 이룬 13개 경제체에 속하는 국가다. 이는 무엇을 의미하는가? 이는 중국이 2008년 이후 20년 동안 8%의 성장 잠재력을 가져야 한다는 것을 의미한다.

2010년 이후 중국의 경제 성장 속도는 점차 둔화해 2010년 10.6%, 2018년 6.5%, 2019년 1분기는 6.4%, 2분기는 6.2%, 3분기는 6%로 계속 하락했다. 성장 속도 둔화의 원인에 대해서는 각종 논란이 존재한다. 혹자는 중국의 점진적인 이원화 개혁에 대한 정부의 지나친 개입, 과다한 국영기업, 인구고령화 등이 원인이라고 분석한다. 이런 문제가 확실히 있긴 하지만, 나는 이것들이 중국 경제 성장 속도의 둔화 요인은 아니라고 생각한다. 2010년 이후 모든 브릭스 국가의 경제 속도도 하락했는데, 그 하락 폭이 중국보다 컸다. 브릭스 국가뿐만 아니라 타이완, 한국, 싱가포르를 포함한 동아시아의 신흥 고소득 경제체도 마찬가지로 2010년 이후 경제 성장 속도가 하락했는데 그 하락세가 중국보다 컸다. 이 경제체들은 중국이 안고 있는 문제들이 없으므로 이런 현상의 원인을 외부에서 찾을 수 있다. 2008년 글로벌 금융위기는 선진국에서 발생했고, 선진국들은 지금까지도 완전한 회복을 하지 못하고 있다. 앞서 언급한 선진국의 장기적 성장 속도는 3-3.5%로 선진국 중에서 미국의 상황이 가장 좋았지만, 2018년 성장 속도는 2.9%에 불과했고, 2019년은 2.3%에 그칠 것이다. 유럽 국가의 성장률은 2008년 이후 장기적으로 2% 내외를 유지하고 있고, 일본은 1991년 이후부터 지금까지 성장률이 1% 내외를 오가고 있다. 이런 상황에서 선진국 GDP의 전 세계 점유율은 여전히 50%에 이른다. 이들의 경제 성장이 부진하면, 수요 증가 속도가 느려져 글로벌 무역 성장 속도가 하락하게 된다. 현재 글로벌 무역성장 속도는 세계 경제 성장 속도보다 느리다.

그렇다 보니 개발도상국 수출이 줄어들면 삼두마차 중 하나가 사라지는 것이다. 2008년의 금융위기에 대응해 각국은 적극적인 재정정책을 취하며 인프라 구축 등을 통해 내수 활성화, 일자리 창출에 힘썼다. 하지만 오늘날 이런 프로젝트가 완료되었는데도 세계 경제는 여전히 회복되지 않아 민간투자가 감소하여 정부는 다시 새로운 재정정책을 추진할 수밖에 없다.

미래를 전망하자면 나는 선진국의 경제에 대해 비교적 비관적이다. 선진국이 지금까지 해야 할 구조적 개혁을 하지 않아 구조적 모순이 여전히 존재하기 때문에 선진국은 일본의 뒤를 따라 장기적 성장 둔화가 나타날 것이다. 따라서 발전 속도가 둔화될 것으로 전망한다. 중국의 경우 대외수출에서 출구를 찾지 못한다면 경제 성장은 반드시 내수 성장, 즉 투자와 소비 성장에 의존해야 한다. 이런 차원에서 보면 중국 경제의 규모는 크고 발전 가능성이 커서 운용할 수 있는 수단이 많다.

투자 측면에서 보면 첫째, 중국은 중진국으로 미들-하이엔드 산업에서 업그레이드를 진행할 여지가 있어 좋은 투자 기회가 많다. 둘째, 인프라 투자에서 중국이 최근 구축한 인프라는 고속철도, 고속도로와 같이 대부분 도시 사이에 있는 것이다. 도시 내부의 인프라는 여전히 부족하다. 셋째, 환경 보호와 도시화에 투자해야 한다.

투자는 자본을 필요로 하는데 중국 정부의 재정적자의 GDP 점유율은 60% 이하, 민간저축률은 45% 정도에 이른다. 이는 세계 최고로 정부의 자본을 이용해 민간 투자를 움직일 수 있다. 이밖에 중국은 3.1조 달러를 비축하고 있어 투자 항목에서 기기설비를 수입해야 한다면 자본은 충분하다. 이 세 가지는 중국이 다른 개발도상국과 다른 점이다. 다른 개발도상국은 세계 경제가 둔화될 때에도 투자를 늘려야 많은 기회가 있지만, 정부의 재정 상황이 좋지 않고 저축액과 외환보유액이 부족해서 투자를 할 수 없다. 그러나 중국의 상황은 그렇지 않다.

미래를 전망해 보면 중국은 합리적 투자로 성장 속도를 유지할 수 있다. 투자가 이루어지면 일자리가 창출되고, 취업 시장이 활성화되면 가계소득이 증가하며, 가계소득이 증가하면 소비가 늘어난다. 그래서 중국은 2018년이나 길게는 2030년까지 여전히 연평균 8%의 성장잠재력을 가지고 있다. 국내의 유리한 환경을 이용하면 6% 정도의 성장률 실현은 문제가 없다고 판단한다.

이 기간 동안 중국의 세계 경제 성장에 대한 공헌도가 연평균 30%를 넘어서 중미관계 완화를 위한 물질적 토대를 마련할 수도 있다. 중국의 소득수준이 향상됨에 따라 중국이 고소득 국가로 변모한 후, 노동집약형 가공업은 중국에서 베트남, 캄보디아 나아가 아프리카 국가로 이동할 수 있다. 이는 1960년대 노동집약형 산업이 일본에서 아시아의 네 마리 용으로 이동한 후, 80년대 다시 아시아의 네 마리 용에서 중국으로 이동한 것과 유사하다. 미국의 대외무역 적자도 중국에서 다른 국가로 이동할 것이기에 중미무역에서 미국은 흑자 실현을 이룰 것이다. 중미관계 경색의 원인 중 하나라도 해소가 된다면 중미관계에 새로운 국면이 나타날 수 있다.

요약해 보자면 중미수교 40년은 중국 개혁개방의 40년이기도 하다. 중국의 경제 발전이 두드러지게 빠른 것은 대단한 성과이다. 이 성과는 중국이 추진한 점진식 개혁과 중국이 비교 우위와 후발자 우위를 충분히 이용한 것과 관련이 있다. 중국이 지속적으로 이 길을 유지하려면 향후 10년 혹은 더 오랜 시간 동안 연평균 6% 정도의 성장률을 실현해야 한다. 중국이 고소득 국가로 변모하면 매년 세계 경제 성장에 대한 공헌도가 30%를 넘게 될 것이다. 이런 발전 추세는 많은 기회를 만들 수 있다. 많은 산업을 업그레이드 하려면 투자가 필요하다. 현재 중국의 일부 산업은 세계 선두에 도달해 혁신을 필요로 한다. 중국이 인적자본과 금융 자본으로 인공지능, 디지털 경제 등과 같은 새로운 과학기술이 가져다준 기회를 잘 포착한다면 기업에 큰 발전 가능성을 제공할 수 있다.

중미 무역마찰에 대한 세 가지 견해[65]

견해1: 무역은 상호이익으로 윈윈하는 것

미국이 중국 상품을 구매하는 것은 미국이 중국에 은혜를 베푸는 것이 아니다. 이런 상품은 미국에서 자체 생산을 하지 않는데 국내에서 수요가 있다보니 어쩔 수 없이 외국에서 수입을 해야 하는 것이다. 미국은 중국이 아닌 다른 나라에서도 수입을 할 수 있는데도 중국에서 수입을 하려는 것은 저렴하고, 상품 품질이 좋기 때문이다.

물론 기성복, 신발 등의 생활필수품 같은 일부 상품은 미국이 자체 생산할 수 있지만, 국내에서 생산하면 비용이 지나치게 높아 국민들이 그 부담을 감당해야 한다. 그래서 대미 수입은 미국이 가격을 고려한 것이라는 점이 중미 무역의 기본 원칙이다.

미국이 매년 대중 무역적자가 그렇게 크면 미국이 손해를 보는 것일까? 글로벌 무역을 논할 때, 양국의 무역적자나 흑자로 문제를 보면 안되고 한

65　본문은 저자의 2019년 5월 22일 베이징대학 국가발전대학 '랑룬 · 거정(朗润·格政)'포럼에서의 발언을 정리한 것이다.

국가와 세계 무역수지로 접근해야 한다.

2018년 중국의 흑자가 2.6%였던 것처럼 일부 국가도 글로벌 무역에서 흑자를 실현한다. 일부 적자가 발생하는 국가도 있는데 미국이 적자가 특히 많은 나라이다. 한 국가의 무역적자는 소비가 많은데 반면 저축이 부족하기 때문이라는 것을 경제학을 공부한 사람들은 알고 있다. 무역적자 문제를 해결하려면 반드시 국내에서 모종의 조치를 취해 저축을 증가시키고 소비를 감소시켜야 한다. 이렇게 하지 않으면 정반대의 상황이 발생할 수 있다. 예를 들면, 트럼프가 지난 2년 동안 각 무역국에 대해 적지 않은 조치를 취했지만, 2018년 통계데이터에 따르면 미국의 대외무역 적자는 12.1% 증가했을 뿐, 전혀 줄어들지 않았다.

중국에 대해서도 마찬가지이다. 2018년 미국의 대중 무역적자는 11.7% 증가했다. 마찬가지로 문제를 해결하지 못해서 무역수지 악화의 결과를 초래했다. 이는 미국 내 중국의 수출품을 투입품으로 사용한 생산업체와 국민이 더 많은 대가를 지불한 것에 불과하다.

이러한 상황에서 수입품에 더 높은 가격을 지불해야 한다면 일반 가정이 가용할 수 있는 돈은 적어진다. 국내에서 생산하고 제공하는 서비스를 사는데 쓰는 비용이 증가하면, 사실 미국의 취업 시장에도 불리하다.

처음에 미국이 무역적자를 언급했다면 지금은 무역불균형, 중국의 기술이전 강요 등 그럴듯한 명분으로 많은 문제를 지적하고 있지만, 미국은 구체적인 증거를 제시하지 못하고 있다. 미국이 국내법에 근거하여 301조사를 진행해 발표한 보고서는 매우 두꺼운데, 자세히 읽어보면 대부분의 내용이 추측 속에서 작성된 것임을 발견할 수 있다. 그래서 예일대학의 스티븐 로치(Stephen Roach)교수는 이 보고서는 일종의 중상모략으로 증거 없이 쓰여진 이런 보고서를 근거로 정책 제정을 하는 것은 미국에 불리하다고 지적했다.

미국은 중국이 기술이전 진행을 강요한다고 말하지만, 미국 회사가 중국으로 진출해 투자하면 자연스럽게 기술을 가져올 수밖에 없다. 그런데도 중국이 강요해 기술을 이전했다고 말할 수 있는가? 실제로는 그렇지 않다. 미국 회사가 중국에서 상품을 생산하기 위해 중국 시장에 진입하려는 것인데 가장 좋은 기술을 쓰지 않는다면 어떻게 상품 경쟁을 할 수 있단 말인가?

자동차 산업을 예로 들어보자. 중국은 현재 세계 최대 자동차 제조국이자 최대 자동차 소비국이다. 미국 자동차뿐만 아니라 독일, 일본, 한국 자동차도 중국에서 생산하고 있다. 미국의 제너럴 모터스(GM), 포드가 최고의 기술을 쓰지 않고 중국에서 생산하면 그 자동차를 살 사람이 과연 있을까? GM과 포드가 현재 중국에서 생산하는 자동차는 미국보다 많고 이윤이 주로 중국에서 창출된다는 것을 우리는 알고 있다. 그래서 가장 좋은 기술로 중국에서 생산하는 것은 자체적 필요에 의해서지 중국이 강요한 것이 아니다.

중국이 최근 기술 진보가 매우 빠른 것은 사실이다. 중국 경제의 지속적인 성장, 끊임없는 자본 축적, 부단히 이루어지는 산업의 업그레이드로, 기술이 끊임없이 혁신하고 있다. 이런 혁신은 주로 중국이 스스로 학습하고 연구와 개발을 통해 얻은 것이다.

미국에서도 당시 세계은행 수석경제학자, 미국 재무장관, 하버드대 총장을 역임한 로런스 서머스(Lawrence Summers)처럼 비교적 객관적 태도를 취하는 학자는 중국의 최근 기술 진보는 중국의 발전 그리고 중국의 노력으로 얻은 것이지 강요하거나 훔친 것이 아니라고 말했다.

그렇다면 트럼프는 왜 항상 무역적자와 '불공정경쟁'을 내세우며 중국을 저격하는가? 내 개인적인 생각으로 이는 '항장이 검무를 추는 의도가 유방을 죽이려는 것'에 있는 것과 같은 이치라고 생각한다. 실제로 트럼프는 중국이 이토록 빨리 성장하는 것을 보고 중국의 발전을 억제하고자 화웨이를 악의적으로 봉쇄하고 억압하여 중국의 기술혁신과 산업 업그레이드를 저해하려는 의도를 적나라하게 드러냈다.

견해 2: 협상으로 무역마찰 해결

나는 무역마찰이 협상을 통해 해결되어 중미 양국이 우호적으로 지내 중미 무역이 양국의 발전과 국민 생활 수준 향상에 도움이 되기를 바란다. 하지만 실제 상황이 우리의 기대와 달리 합의점을 찾지 못해 미국이 중국의 모든 수출품에 25%의 관세를 징수한다면 중국에 얼마나 큰 영향을 끼칠까?

무역은 윈윈해야 하는 것으로 무역을 저해하는 조치를 취하면 중국은 물론 미국도 손실을 입는다. 중국의 손실은 얼마나 될까? 현재 중국의 연평균 수출액의 GDP 점유율은 20%가 되지 않고, 대미 수출이 중국 수출에서 차지하는 비율은 2018년에 19%에 달한다. 대미 무역이 물론 중요하긴 하지만 사실 중국 무역의 일부분에 불과하다. 그렇다면 25%의 관세는 얼마나 큰 영향이 있는 것일까?

혹자는 영향이 크다고 하고, 혹자는 작다고 한다. 보편적인 견해는 끼치는 영향이 0.5퍼센트 포인트(%p) 밖에 안될 것으로 본다. 미국에 끼치는 영향은 약 0.3퍼센트 포인트(%p)로 이보다 더 작다. 절대량으로 보면 중국의 손실이 더 많고, 미국의 손실이 적어 보인다. 그러나 국제통화기금의 전망에 따르면 2019년 미국의 경제성장률은 2.5%에 불과해, 성장률이 0.3퍼센트 포인트(%p) 하락하면 성장률 12%가 손실임을 우리는 고려해야 한다. 중국은 6-6.5% 성장률을 근거로 계산하면, 0.5퍼센트 포인트(%p) 감소해도 경제성장률이 6%에 달하므로 중국의 경제성장률 손실은 8%에 불과하다.

그렇다 하더라도 중국은 전 세계에서 높은 성장률을 유지하고 있어 글로벌 경제 성장의 동력 국가이다. 2008년 미국의 리먼브라더스 파산으로 글로벌 금융위기가 촉발된 이후, 중국의 글로벌 경제 성장에 대한 공헌도가 연평균 30%에 이른다는 것은 주지하는 사실이다. 2019년 글로벌 경제 성장은 얼마에 달할 것인가? 세계은행은 2.9%로 전망했고, 국제통화기금은 3.5%로 전망했다. 설사 무역마찰이 있다해도 중국은 연평균 세계경제 성장에 30%의 공헌을 하기 때문에 여전히 세계 경제성장에 대한 최대 공헌국이다.

견해 3: 희생할 수 없는 중국의 발전

무역은 윈윈하는 것이다. 중국이 최대한 성의를 갖고, 미국과 함께 논의하여 쌍방이 만족할 수 있는 방안을 모색하기를 바란다. 미국이 원하지 않는다면 어떻게 해야 하는가? 중국은 절대 중국의 발전을 대가로 미국의 일방적 요구를 만족시키면 안된다. 왜 이렇게 말하는가? 최악의 상황이 발생해도 중국은 6%의 성장률을 지속할 수 있어 글로벌 경제 성장의 최대 동력이기 때문이다.

미국의 무리한 요구에 맞서 발전을 향한 추진력 유지, 중국의 기존 방침 견지, 전면적 개혁 심화와 개방 확대가 가장 중요하다고 생각한다. 시진핑 주석이 제시한 다섯 가지 발전 이념에 따라 혁신, 협조, 친환경, 개방, 공유로 양질의 발전을 추구하고, 이로 인한 발전 성과는 국내의 동부와 중서부 지역, 도시와 농촌은 물론 중국과 양호한 무역 관계를 유지하는 국가와도 공유해야 한다.

중국 수출에서 대미 수출이 차지하는 비율은 20% 미만이다. 중국에게는 80%의 다른 무역동반자가 있다. 대미 수출이 무역마찰로 인해 감소한다면, 중국의 대미 수입도 줄어들 것이며 연간 2조 달러 규모의 중국 수입 시장은 유럽, 일본, 한국 및 다른 개발도상국과 공유하게 될 것이다.

오늘날 세계는 발전이 가장 중요하다. 사람들이 글로벌 경제 성장에 대해 비교적 비관적이고 혼란스러워할 때, 중국의 개방은 타국이 공동 발전을 이루고 발전할 기회를 제공해 주었다.

사실 많은 미국의 기업가는 현재 전 세계 성장의 30%가 중국에서 나오는데, 미국이 자국 기업을 중국시장에서 철수시킨다면, <포춘> 세계 500위 순위에서도 퇴출된다는 사실을 잘 알고 있다. 나는 미국의 기업가, 미국 국민도 중국의 발전 기회를 함께 누리기를 바란다고 믿는다.